U0139166

教育人力資源管理

核心實務與議題

林政逸　著

五南圖書出版公司 印行

序

筆者從撰寫博士論文，到進入大學任教，不論開設課程、撰寫國科會計畫、指導研究生論文或是發表論文，皆聚焦於教育人力資源管理，已經累積不少資料。有感於教育界應該對於「人力資源」進行有系統的管理與運作，讓學校能發揮人力資源管理的「綜效」，但教育界對於人力資源管理的研究並不多見，因此，萌生出版本書的想法。

本書分爲「核心實務篇」與「相關議題篇」兩大部分。核心實務篇介紹人力資源管理、學校人力資源管理、策略性人力資源管理、人才招募、薪資制度、教育訓練、績效管理，以及高績效工作系統等相關理論。其次，在相關議題篇則探討近幾年日益受重視的教師聘任、教師待遇、教師專業發展、教師評鑑，以及大學校務基金進用教學人員與工作人員等議題。

本書可作爲學術研究及大學教師授課用書之用，適合大學開設「教育人力資源管理」或「高等教育人力資源管理」等科目使用。另外，也適合作爲「教育行政」、「學校行政」、「教育政策」或「組織行爲管理」等科目之上課用書。

本書的出版，首先要感謝五南圖書出版公司楊榮川董事長，以及感謝黃文瓊副總編輯協助聯繫安排出版與簽訂合約相關事宜；其次，感謝李敏華編輯細心協助編輯與校稿。另外，也特別感謝國立臺中教育大學提供我一個合適的研究與寫作環境，爲我國教育人力資源管理領域，再增一份文獻，也期盼教育先進針對本書不足之處，提出寶貴修正意見。

林政逸 2024年 中教大英才樓

目　錄

CONTENTS

核心實務篇

第一章

導論

本章大綱

壹、前言
貳、人力資源管理發展歷史與內涵
參、人力資源管理意涵
肆、人力資源管理目的
伍、人力資源管理功能
陸、人力資源管理角色
柒、人力資源管理效能
捌、學校人力資源管理

壹 前言

面對21世紀全球化知識經濟浪潮，任何一個國家或社會組織均無法倖免。教育係大社會系統的一個次級系統，而學校組織又係整體教育組織之一環，新世紀的學校行政領導者，置身全球化知識經濟時代的浪潮中，如何在領導的思維理念與實踐上，進行調適應變，實乃當務之急。黃富順（2002）認為伴隨著全球化知識經濟時代的發展，教育必須在政策的發展與制度的運作上作出回應。王如哲（2005）也認為在面對當前自由、民主、多元、開放的社會，如何革新我國高等教育以培植所需的高等教育專門人力，以開創新局並導引國家社會發展的方向，一直是我國高等教育的核心課題。隨著經濟的全球化，國際間的競賽日益白熱化，同時，有鑑於人力資源在知識經濟時代的重要性，各國無不卯足全力進行教育改革，而自由化與市場化可以算是主要的改革基調（楊巧玲，2004）。

由以上學者的研究可以發現，全球化知識經濟時代，一種強調知識與創新的速度革命時代，已然成形，使得人類除重視有形的土地、勞力與資本外，亦重視無形的技術、知識與智慧資本。換言之，面對全球化浪潮與知識經濟時代的來臨，學校組織必須在政策與制度上有所變革，特別是在高素質人才的培育上必須更加努力，方能因應日益競爭的環境。戴曉霞（2006）研究世界上優質高等教育機構的重要特色，發現世界一流大學特質之一是教師或行政技術支援人力十分充沛，且擁有相當高的素質。高等教育屬於教育的一環，肩負培育高等教育人才的責任，面對全球化知識經濟時代，市場化的教育競爭，必須特別重視人力資源的管理、強化人才的培育、競爭力的提升，以及追求卓越的績效，方能在激烈的競爭中脫穎而出。

另一方面，近年來，處於知識經濟時代及面對全球化趨勢下的學校組織，面臨如何提升學校競爭力的挑戰。為提升經營績效，學者紛紛研究學校引進企業經營理念及策略的可行性。

張媛甯（2006）指出在全球化、資訊科技革新及知識經濟的衝擊下，大學遭逢前所未有的挑戰。社會大眾對高等教育的需求及利害關係人對績效責任的要求日益增加，而大學的回應能力明顯不足，產生失衡的現象，故其角色與功能勢必改變尋求轉型，以建構具有競爭力而能永續經營的大學。面對內外部環境的變遷與壓力，大學須具備適應性、彈性、創新性、快速回應性及積極性的作為，這五種特性可化約為經濟學家熊彼得（Joseph Schumpeter）所謂之「企業精神」（entrepreneurship）——為了適應變動的環境，組織需要承擔風險的意志與自發精神去掌握機會、追求創新，呈現組織經營管理新典範的能力，也就是企業型大學所應秉持的理念與原則。

由於高等教育日益激烈的競爭態勢，面對內外環境的變遷與壓力，高等教育界開始出現「向企業學習」的呼聲。李隆盛（2008）指出大學技專校院面對生源減少、經費緊縮等壓力越來越大，而由於企業經營管理相當講求經濟效益，所以有一些制度或事項值得學校學習。在企業界的制度當中，人力資源管理因能有效整合組織成員的知識及能力，賦予適當的職務與工作，進而提升組織的競爭優勢，因此，各大學紛紛思考引進企業界人力資源管理制度與措施，希望能夠有效率的進行人力資源管理，整合學校的人力資源，以提升學校的教育品質與績效。有鑑於人力資源的重要性，國內許多私立大學已訂有「人力資源發展計畫」，對於教職員工考選進用、技能規劃、專長培訓、進修升遷，乃至於組織認同及激發創意等，多有積極推動的作法。

綜合前述，在教育界，特別是高等教育面臨全球化知識經濟時代的市場化國際競爭環境，必須思考引進企業界人力資源管理制度，以求有效提升教育品質與達成績效目標。

一 知識經濟與人力資源管理

人類社會邁入21世紀，伴隨著全球化浪潮的風起雲湧與知識經濟時代的來臨，整個世界政治、經濟、科技及文化等系統，產生了急遽的變動，非但衝擊著既有的慣性思維，亦且影響習以為常的組織制度運作及器物技術。1996年「經濟合作暨發展組織」（Organization for Economic Cooperation and Development，簡寫為OECD）發表「知識經濟報告」（Knowledge-Based Economy Report），認為以知識為核心的「新經濟」將改變全球經濟發展的型態。「知識革命」的浪潮接續「農業革命」、「工業革命」及「資訊革命」之後，成為人類文明的第四波革命（張光正、呂鴻德，2000）。

「知識經濟」是直接建立在知識及資訊的激發、擴散和應用之上的經濟，創造知識和應用知識的能力與效率，凌駕於土地、資金等傳統生產要素之上，成為支持經濟不斷發展的動力。昔日被視為企業競爭優勢及獲利基礎的土地、資金、廠房與設備等資源的重要性正逐漸降低，代之而起的是具有獨特性、知識性的人力資源。作為知識及技能「承載者」的人力資源，代表了企業所擁有的專門知識、技能和能力的總和，是企業創造獨占性的異質知識和壟斷技術優勢的基礎（黃勳敬，2001）。換言之，人力資本是21世紀資訊社會與知識經濟時代決定企業競爭力的因素，人力取代土地、設備、原料及工廠成為經濟活動中最重要的資源與資本，企業中優良的知識與技術需要經由素質良好的員工加以運用，才可以充分發揮其效益，此即人力資源日益受到企業界高度重視的主要原因。

除了知識經濟時代日益重視人力資源之外，企業界對於人力資源所扮演的角色與重要性亦有所改變。傳統上有形資產，例如：土地、資金與設備，一直被企業視為競爭優勢的來源，這類資產的運用是企業經營最重要的一個課題，人力資源對於組織而言僅是一個勞動力的代名詞，單純只是工作或任務的執行者，並未為組織帶來任何實質可見的貢獻。而負責人力資源取得與運用的人力資源管理，在組織中也僅被認為是作業功能的支援角色，往往是企業投資決策中最被忽略的一環。相較於組織對於生產或行銷的重視，組織通常只在乎人力資源管理中有關人力招募安置、教育訓練發展、薪資福利待遇、績效評估等活動，是否能夠有效的支援其他管理功能，使組織得以順利的營運即可。

隨著「知識經濟」時代來臨，知識等無形資產的重要性日益提升，也使得企業對人力資源的重要性改觀，企業主開始察覺透過不同人力資源管理，可以將人力資源所具有的技能與知識轉換為實質的產出，而有別於競爭者（徐治齊，2004）。現代企業除了必須面臨同業在產品上與技術上的競爭外，同時還必須面臨人力資源爭奪和運用的競爭，全球知名的McKinsey Company便稱現在為「人才爭奪戰」（the war for talent）的時代，指出企業要在這個全球化競爭、新觀念不斷推陳出新，以及人才流動頻繁的環境下求生存，就看企業找不找得到頂尖的人才。由此可知，人力資源已不單成為企業的一項重要資產，更是企業競爭優勢的來源之一（徐治齊，2004；Pfeffer, 1994）。人力資源管理的概念源自於企業界，所謂「人力資源管理」係指將組織內所有的資源作最適當之確保、開發、維持與活用的計畫，以及執行與治理的過程，包含下列五個向度：選才策略、用才策略、育才策略、晉才策略、留才策略（馬任賢，2003；謝宜倩，2002；Richard, 2001），其主要目的為有效整合組織成員的知識及能力，賦予適當的職務與工作，進而提升組織競爭優勢，創造出高利潤。

二 教育人力資源管理

21世紀是腦力掛帥的世紀，知識是社會發展的主軸，個人、企業、社會與國家成功的要素，就在於如何創造與有效運用知識。經濟學家Thurow說：「知識致富」，善用知識來創造優勢及運用資訊與科技的能力，是未來面對挑戰的致勝關鍵。在知識的世紀裡，教育決定未來人才的優劣，也決定未來國家的競爭力。以高等教育為例，黃政傑（2006）指出國內大學自1990年以來蓬勃發展，公、私立大學校數大幅增加，大學生人數迅速成長，高等教育就學機會已達普及情形。惟大學蓬勃發展的同時也出現許多問題，例如：大學定位與發展、大學特色之建立、教育品質之確保、學術研究之強化、學生素質之提升、師資水準之改善、課程與教學之改進、產學合作之推動、國際合作之促進、圖儀設備之充實、教育經費之籌措，以及自我評鑑改革機制之維護，皆為大學治理重要課題。

在全球化思潮與知識經濟時代的衝擊與影響下，學校經營較諸以往確實面臨前所未有的變革與競爭壓力。以高等教育為例，大環境脈絡的改變對大學亦造成諸多衝擊，例如：世界各國試圖透過高等教育改革以培養高素質人力與提升國家競爭力；以市場化導向調整大學教育發展，但市場機制也造成大學教育目標偏頗；大學內部管理機制更加靈活，但也因派系紛爭造成行政運作效率不彰（楊深坑，1999）；大學是否法人化以確保大學能自主性的運作，導入新的組織運作方法、實現以能力主義為主的人事制度（楊思偉，2005）；高教普及化造成大學數量過多、學生素質下降，以及品質的問題；少子化趨勢使大學面臨招生不足的壓力（張鈿富，2004）；大學追求學術卓越所造成的競爭壓力；教育主管機關透過大學評鑑與退場機制，以促使大學提升教育品質。因此，學校經營者必須思考如何提升學校的競爭力，以維持永續經營的理想。

在企業界，為因應激烈的全球化競爭，運用許多管理理論，這些理論中的理念及觀點，不僅影響企業組織的經營與運作，並且實際提升了企業的經營績效。另一方面，處於知識經濟時代及面對全球化趨勢下的學校組織，同樣面臨如何提升學校競爭力的挑戰。為提升經營績效，學者研究學校引進企業經營理念及策略的可行性。隨著學校本位管理的趨勢，學校的人力資源管理越發受到重視，新世紀的高等教育經營必須具備人力資源管理的概念，有效率的進行人力資源管理，才可促進教育品質的提升。David與Jacky（1998）指出一個成功的學校組織必須實施人力資源管理，用以提高學校成員的素質、承諾與工作表現。因此，學校領導者必須知悉人力資源管理在學校上的重要性，並實施最適當的人力資源管理。然而，如何推動人力資源去發展創造新的知識，以及如何針對組織中的人力資源加以妥適的安排與訓練，以因應社會與經濟變遷，的確是21世紀高等教育所要面臨的問題（蔡勇美、彭台光、席玉蘋，1997）。

根據2019年新修正之《大學法》，大學以研究學術、培育人才、提升文化、服務社會、促進國家發展為宗旨。在上述多重目標的期許下，大學教師肩負著重責大任。特別是近幾年來，外在的政治、經濟、社會和文化價值產生重大變化，大學教育受到相當程度的衝擊，面臨許多的變化與挑戰；再加上教育部陸續推動各項高等教育政策，例如：大學評鑑、五年五百億以發展國際一流大學與頂尖研究中心計畫、獎勵大學教學卓越計畫、高教深耕計畫、大學社會責任實踐（University Social Responsibility, USR）計畫等，大學教師比以往肩負更加沉重的教學、研究與社會服務的負擔。當社會對大學教師有更高的期許時，如能透過人力資源管理過程，有效招募與聘任優秀的教師人才、促進大學教師專業發展、有效進行教師績效評鑑與管理、建立理想的教師薪酬制度與獎勵制度等，方能有效增進大學的教育品質與績效，追求大學的卓越發展。

雖然大學希望對教師的人力資源能夠進行有效的管理，然而，實際上，現行大學的教師人力資源管理活動，存在不少問題。在大學教師聘任方面的問題主要有：現行大學教師並未修讀教育學程，不要求教學能力，有影響教學品質之虞，且長聘將造成過度保障（陳碧祥，2001）；「專任即是永聘」的迷思（侯永琪，2005）；在任用限制上仍有過多的限制。在大學教師薪資待遇方面的問題主要有：教師薪資待遇結構未能突破公務人員俸給制度的框架（林淑端，2004）；齊頭式的平等薪資制度，缺乏彈性，無法延攬國際一流人才（朱靜玉，2004；吳三靈，1996）。在大學教師專業發展方面的問題主要有：現行法規或政策不利於推動大學教師專業發展；部分大學欠缺負責推動教師專業發展之專責單位（符碧真，2007）；欠缺新進教師導入階段之輔導（林思伶，2009；黃雅容，2002）；教學評鑑結果並無明確獎懲和追蹤機制，教學評鑑結果對於教學品質之影響並不明顯，且目前公立大學過於強調教師研究績效，間接抑制教師對於教學之熱情和付出（陳琦媛，2006）。在大學教師績效管理方面的問題主要有：對教師評鑑產生誤解或疑慮，且有評鑑的壓力可能破壞校園和諧；大學教師評鑑著眼於績效管理與控制的思維，忽略教師專業發展的課題（王令宜，2004；孫志麟，2007；郭昭佑，2007；張鈿富，2008）；大學教師評鑑指標重研究、輕教學（孫志麟，2007；張鈿富，2008；畢恆達，2009）。

在中小學方面，人力資源管理活動也面臨一些困境，例如：偏鄉學校招聘不到教師；沒有接受過任何教育專業培訓之代理教師，仍然可以擔任教職；教師專業發展研習活動以一次性演講為主，缺乏系統性的規劃；中小學教師績效考核流於形式等。

由以上分析可以看出，現行各大學與中小學雖然皆實施教師聘任、教師薪資待遇、教師專業發展，以及教師績效管理等人力資源管理活動，想要透過人力資源管理的過程提升學生的教育品質、教師的績效，以及學校教育目標的達成，然而，在實施的過程中，因為現行法規體制的限制以及學校內外在環境的各種因素影響，導致主要的人力資源管理活動產生了前述學者所指陳的諸多問題。因此，針對大學與中小學現行人力資源管理進行之現況、遭遇之困難，以及解決問題的策略進行瞭解與探究，有其重要性。

貳 人力資源管理發展歷史與內涵

美國麻州理工學院教授Lester Thurow曾謂：在20世紀，企業的成功需要仰賴四大要素：豐富的天然資源、充裕的資金、先進的科技技術及具備高素質的人力。然而，隨著知識經濟及網際網路時代的來臨，促使知識密集型組織興起，使得傳統擁有龐大自然資源與充裕資金的組織不再具備以往的競爭優勢，科技與人力資源將成為企業成功的主要競爭武器與強國的要素（周慧菁，1994）。因此，越來越多的組織開始將注意力集中於知識整合與智慧資本（intellectual capital）的管理上，許多企業逐漸體會到，在資訊時代中，知識已逐漸取代土地、勞工與資本等實體資本，成為企業獲取競爭優勢的主要來源（Drucker, 1993）。

隨著知識時代的來臨，人力資源逐漸成為企業最重要的核心資源，企業逐漸體認人力資源才是組織的命脈。有鑑於「人」是企業生產要素中較難控制的一項，故對人力資源之獲得、維持、運用及發展，主張以異於傳統人事管理的方式來運作，「人力資源管理」因此而產生（林子靖，2004）。藉由適當的「人力資源管理」將可以增進組織內部人力資源的發展，使組織創造出具備競爭優勢的智慧資本，最終提升組織的經營績效與價值。

一 人力資源管理發展歷史與演變

(一) 人力資源管理發展歷史

人力資源管理（human resources management）起源於英國的勞工管理（labor management）。第二次世界大戰之後，美國學者則開始使用人事管理（personnel management），直到1970年代以後，人力資源管理一詞才正式出現（林恒斌，2008）。

人力資源管理係源自於早期的「人事管理」。人事管理主要職責在於僱用和解僱員工、建立人事資料、出缺勤紀錄及核發薪資等事務的管理，這時人事部門的重點大多是處理有關例行性作業程序方面的工作。然而，這樣的人事管理，因為較為短期性、消極性與被動性，無法因應快速變遷的社會環境。洪俊龍（2003）即指出隨著知識經濟的到來、網際網路的崛起及全球化變革等趨勢下，使得以往僅著重於組織內部行政工作的人事管理，已不敷激烈競爭環境下之需求，人力資源管理乃孕育而生。現行的人力資源管理著重於：人力資源管理活動間的互補性（complementarities），藉由彼此相輔相成的效果來提升組織整體的經營表現，並不斷地朝向創新性與價值導向的方向發展。

「人力資源管理」（Human Resource Management, HRM）開始出現後，慢慢取代傳統的「人事管理」，主要職責從建立人事資料、出缺勤紀錄及核發薪資，轉變為制定管理制度、加強薪酬獎勵、訓練發展制度及主動提供資訊。

人力資源（human resources）指的是組織中人員所具備的知識、技能、能力，以及所形成的人際網絡和組織文化等要素。它不僅存在於個人層面，包括：員工的教育、知識、技能、態度和行為，也存在於群體層面，例如：人際關係和組織文化（溫金豐、黃良志、黃家齊、廖文志、韓志翔，2020）。現今所謂「人力資源」乃泛指組織內所有與員工有關的任何資源，包含員工人數、類別、素質、年齡、工作能力、知識、技術、態度和動機等。因此，人力資源管理的本質及其在企業整體的運用，在不同的階段各有不同的角色定位、職責與目標特性，導致企業對於「人」的管理，由作業或事務層次，提升至行政事務，再提升到策略層次（黃素娥，2006）。

(二) 傳統人事管理與人力資源管理

傳統人事管理將人當成工具，只要求結果的表現；而人力資源管理則是將人置於主體地位，從人性的立場看待組織成員，重視主管如何與成員建立互動關係以及積極的激勵（江明修，2003）。

從傳統的人事管理到人力資源管理，兩者雖然皆是對人力資源進行管理，但把「人事」轉變成「人力資源」代表著一種觀念的改變，意味著不把人力看成消耗的成本，而將人力看成是一種資源。既然是一種資源，顯示出人的價值可經由培訓與教育等方法得到提升，進而替組織創造效益。人力資源管理比起人事管理更具有積極性（葉志誠，2007）。

傳統人事管理與人力資源管理作法有相當明顯的差異。吳復新（2003）將兩者主要區別歸納如下：

1. 前者是作業取向，強調人事管理本身功能的發揮；後者是策略取向，強調人力資源管理在企業整體經營中應有的配合。
2. 前者側重規章管理，依照人事有關規定行事；後者則是側重變革管理與人性管理，依企業利益與員工需求做彈性處理。
3. 前者屬於反應式的（reactive）管理模式，著重目前問題的解決或交辦事項的執行；後者則屬於預警式的（proactive）管理模式，著重防患於未然，並協助企業健全體質，以確保長期經營目標之達成。

D. E. Guest將傳統人事管理與人力資源管理兩者間之差異，整理如表1-1所示（引自黃同圳，2000）。

由表1-1可以得知，傳統行之有年的「人事管理」制度，對於人事活動做了系統性的規範。只是傳統的「人事管理」偏重由上而下的科層管理制度，重視短期的計畫，強調外部控制，忽略了成員的需求，偏重成本的最小化，使得人事管理制度淪為枝微末節瑣細的規定，無法針對外界環境演變與組織目標／願景訂定長期性的整合計畫，喪失了以「人」為焦點的整體規劃功能。反之，「人力資源管理」強調長期性的策略觀點，重視自我控制，強調成員間彼此的信任關係，重視與直線管理層面的全面整合，強調的不是成本的最小化，而是效用的最大化。

表 1-1

傳統人事管理與現代人力資源管理的差異

項目	人事管理	人力資源管理
時間與計畫觀點	短期的、反應的 專案的、邊際的	長期的、預先的 策略的、整合的
心理契約	遵守	承諾
控制制度	外部控制	自我控制
員工關係觀點	多元的、集體的 低信任的	單一的、個別的 高信任的
喜好的結構制度	科層的、機械的 集中的、正式的角色界定	有機的、投入的 彈性的角色
人力資源管理單位角色	專家／專案的	與直線管理層面全面整合
人力資源管理成效的指標	成本最小化	效用最大化 （人力成本會計）

資料來源：李誠（主編）（2000）。**人力資源管理的12堂課**。

在人力資源管理發展的過程中，深受經濟學、社會學和心理學的影響，並與組織理論的發展密不可分，由早先的注重「工作」效率，轉而重視「人」的需求，進而能兼顧「人與組織」的需求，創造企業經營的良好環境（張火燦，2005）。從人力資源管理的發展階段過程，可以發現其中的重大演變：在主要考量方面，從1900年代早期重視技術、生產力與工作效率，轉變為中期的關懷員工、重視員工的需求、強調部屬參與組織決策，再到近期強調員工的工作生活品質與調適能力；在雇主的認知方面，早期並不重視員工需求，中期則是認為員工需要有經濟的保障，以及主管的關懷，近期則強調員工需要與能力相符、具挑戰性的工作，對企業應有所貢獻；在所需技術方面，從早期重視紀律制度、時間動作研究，到中期強調重視與員工的溝通、強調公平的就業機會，至於近期則是強調因應全球化變遷的調適能力，以及重視全面品質與顧客導向。人力資源角色已從人力資源夥伴（partner）轉變成為人力資源參與者（player），不同於以往的團隊輔助者角色，而是要能主動出擊、為企業增加價值。人力資源管理從以往只負責關於員工的一般功能性事務，例如：招募、甄選、訓練、薪酬、績效評估等，轉變成現今與整體組織的策略有著密不可分的關係，根據企業的需求，將人力資源視為最珍貴的資產，做最有效率的運用與管理，同時和其他功能部門充分配合與協助，進而達到企業組織的策略目標。

(三) 電子化人力資源管理

網路科技的日新月異，使得人力資源管理在工具運用上產生改變，人力資源管理開始強調資訊技術，像是電子化的人力資源管理（electronic human resource management, e-HRM），人力資源管理部門可以利用網路科技將大部分的日常業務和行政業務重新整理安排，並且可以透過電腦或網路科技處理人工重複性和耗時費力的工作。e-HRM就是利用網際網路結合原有的資訊系統去實踐人力資源管理，透過資訊科技將人力資源業務電腦化、電子化與網路化，以提高人力資源管理的績效表現。

就e-HRM的功能面來看，主要功能除了有最基本的招募與選用、薪資福利管理、績效管理之外，亦包含企業數位學習、員工自助服務、虛擬團隊以及知識管理等。因網際網路的發展，e-HRM的功能具有即時性及跨疆域之特點，員工執行作業毋須再受時間或是所在區域限制（劉俊華，2010）。

二 臺灣人力資源管理發展階段

人力資源管理（human resources management）的演進大致可劃分為三個階段：第一個階段開始於1900年早期，人事部門開始接替了基層主管在僱用和解僱員工方面的角色，同時負責處理福利與薪資等事務工作，這時人事部門的重點大多是處理有關作業程序方面問題的工作，並確保作業程序被遵守；第二個階段是從1930年代工會運動出現開始，在此階段公司必須借重人事部門來與工會對抗，或將公司組織起來以有效處理工會的問題；第三個階段是從1960年代到1970年之間，隨著有關反歧視法律的制定而展開，由於訴訟結果可能為公司帶來巨額罰款的損失，有效的人事措施就越發重要。此時，人事仍持續提供其專業知識於招募、訓練，並逐步擴展其對組織成效的貢獻。時至今日，人事功能已加速進入第四個階段，更積極的從保護者及篩選者的角色，移轉成規劃者與改革代理者的角色，而「人事」功能則演進至「人力資源管理」的功能（張緯良，1996）。

臺灣人力資源管理大約可分成三個階段（黃同圳，2000），如表1-2所示。第一個階段為1950-1960年代的「人事管理」時期，第二個階段為1970-1980年代的「人力資源管理」時期，以及1990年代以來的第三個階段「策略性人力資源管理」。隨著時代的演進，人力資源管理的本質及其在企業整體的運用，在不同的階段各有不同的角色定位、職責與目標，導致企業對於「人」的管理，由作業或事務層次，提升至行政事務，再提升到策略層次，對人的管理與開發和運用各有不同的詮釋。

表1-2
臺灣人力資源管理發展階段

階段	時間	本質	角色定位	主要職責	目標及特點
第一階段	1950至1960年代	人事管理	辦事員	建存人事資料 提供資訊 核發薪資 出缺勤紀錄	企業的利益 著重今日 重視勞動力供給 缺乏整體架構
第二階段	1970至1980年代	人力資源管理	管理者	制定管理制度 加強薪資獎勵制度 加強訓練發展制度 主動提供資訊	兼顧組織與員工 兼顧現在及未來 發展業務執行策略 注意環境
第三階段	1990年代	策略性人力資源管理	策略夥伴	參與經營管理決策；整合企業內外環境以制定人力資源管理策略	以組織目標爲目標 經營策略的次系統

資料來源：李誠（主編）（2000）。人力資源管理的**12**堂課（頁31）。

參 人力資源管理意涵

「資源」是指可資利用的東西，包含物質資源與人力資源（張火燦，1998）。林欽榮（1997）認為「人力資源」是組織內所有與員工有關的任何資源而言。李正綱與黃金印（2001）也持相同看法，認為所謂「人力資源」係指所有與組織成員有關的一切，包括：員工性別、人數、年齡、素質、知識、工作技能、動機與態度等，皆可稱為人力資源。

一 人力資源管理三種定義

對於「人力資源管理」的定義，中、外學者都提出諸多見解，有的學者強調人力資源管理是組織內人員及組織策略與目標間的一種動態性群體互動關係。如Sherman、Bohlander和Snell（1996）認為人力資源管理是傳統人事管理的擴展與延伸，使得組織的人事功能，如：招募甄選、升遷派任、訓練發展、薪資福利等，與組織內每一位人員及組織策略性與規劃性目標間形成一種動態性的互動關係（dynamic interaction）。黃英忠（1995）認為人力資源管理是以「人」的價值理念為中心，探討人與人、人與事間的群體互助關係，並及於群體所創造的組織與制度等多邊關係，包括：企業內所有人力資源的取得、運用與維護等一切管理的過程與活動。

除了強調人力資源管理是一種動態性的群體互動關係之外，第二種有關人力資源管理的定義則是強調人力資源管理是一種觀念與技術。例如：Dessler（1994）指出人力資源管理是執行管理工作中與員工或人事相關的部分所需的觀念與技術。

除了前述兩種定義之外，第三種定義認為人力資源管理是一種活動、政策或事務，人力資源管理是企業內所有人力資源的取得運用和維護等一切管理的過程和活動，其主要目的在協助公司提升生產力、提升員工生活品質、符合政府法令規定等。例如：張火燦（1998）認為人力資源管理指的是管理組織中與「人力資源」有關的一切事務，亦即透過一些活動，有效的運用組織中的人力資源，以達成個人、組織和社會的利益或目標。他認為人力資源管理的主要功能為人力資源規劃、任用、績效評估、薪酬、人力資源發展及勞資關係等。換言之，即為遴選人才、培育人才、運用人才，以及留住人才，目的在提高生產力、改進工作生活品質等。張明輝（2002）亦持相同看法，他認為人力資源管理為組織人力資源的獲取、激勵、運用與專業成長等的過程與活動，其範圍涵蓋招募、甄選、職務管理、訓練發展、績效管理、薪資福利與組織發展等多元內涵。

人力資源包含個人或是工作群體，像是員工的教育、知識、技能、態度與行為屬於個人層面，而另一部分則是存在於群體層面。人力資源因為測量困難，所以管理上也相對困難，然而也因為這些層面不易模仿與複製，人力資源往往成為組織競爭上的優勢（溫金豐，2006）。

二 人力資源管理活動

(一) 黃英忠（1997）將組織的人力資源管理實務分為四個體系（systems）：

1. **人力之確保管理**（Acquisition）：包含人力規劃、工作研究及任用管理。
2. **人力之開發管理**（Development）：包含教育訓練、績效考核、人力異動及前程發展。
3. **人力之報償管理**（Compensation）：包含薪資管理、福利措施及勞動條件。
4. **人力之維持管理**（Maintenance）：包含人際關係、勞資關係、紀律管理及離職管理。

(二) 方世榮（2001）認為人力資源管理指的是管理工作中，對人員或員工所必須執行的政策與實務，包含：進行工作分析、勞力需求規劃、招募人員、遴選人員、新進員工導引與訓練、薪資管理、提供激勵誘因與福利、績效考核、溝通、訓練與發展，以及建立員工的承諾等。

(三) 吳秉恩（2002）認為人力資源管理為組織中的價值活動之一，旨在藉助「計畫、執行與考核」的管理程序運用於人力活動，發揮「適時適地、適質適量與適才適所」之人力供應效果，以達到提升組織成員工作績效及發展潛力，進而強化組織核心競爭優勢。

(四) Tichy、Fombrun和Devanna（1982）認為組織的人力資源管理包含：人員聘僱與任用、訓練與發展、績效評估與酬償制度，並藉由績效結果給予員工不同的回饋與訓練。在決定人員的任用後，進行員工的績效評估，依績效評估的結果決定應給予員工多少酬償或給予何種適當的訓練。人力資源管理架構可分為下列管理活動：

1. **人員任用**：包含甄選、升遷和配置，使組織內的工作與組織獲致的人力資源相配合。
2. **酬償制度**：包含各種形式的酬償，有形的財物酬償，如：薪資、福利、獎金，以及無形的非財物酬償，如：升遷機會、學習機會等。
3. **訓練與發展**：包括工作技能發展、生涯規劃和接班人計畫等。

(五) Ulrich、Brockbank、Yeung和Lake（1995）在提出的人力資源管理實務模型中，將人力資源管理活動分成六類：招募、發展、評核、薪酬、組織設計及溝通。透過招募及發展可以得到人力資源的「形成能力」，即取得組織所需要的知識與技能；透過評核及薪酬可得到人力資源的「增強能力」，就是把形成的能力更加提升，更能發揮效用；透過組織設計及溝通可以產生「維持的能力」，就是使各項能力能夠持久及體制化。

(六) Ulrich（1987）將人力資源管理實務，分為招募、發展、評核、報酬、組織設計與溝通六個類別：

1. **招募**：包含招募、甄選、聘用等程序，由外界取得組織所需之人才。
2. **發展**：透過訓練、工作輪調、任務指派、跨功能之職涯規劃等實務，來建立員工職能。
3. **評核**：將組織的期望建立成一套指標、回饋系統，讓員工有所依循並能使員工的內心期望與組織期望達成一致，此內心的期望是建立組織能力（capability）的基礎。
4. **酬償**：運用基礎薪資、績效獎金或非財物報酬的設計，激勵員工發揮職能，並使其行為與組織期望達成一致。
5. **組織設計**：涉及組織結構的設計與層級的安排、各職位的權責定位，以及工作設計等。組織透過職位的安排、工作之設計及團隊導向的人力資源管理實務，來創造團隊的知識分享與創新，使員工在職能上能自我增強，以創造組織能力。

6. **溝通**：運用溝通系統之設計，一方面將組織訊息傳遞給員工，另一方面使員工也能夠將意見反映給組織。

(七) Youndt、Dean與Lepak（1996）認為重要人力資源管理措施應包含：選擇性甄選；廣泛的訓練；行為導向的績效評估；技能本位薪資、群體獎酬、薪資之外部公平性等制度。

(八) Byars和Rue（2011）認為人力資源管理包含六項內涵：人力資源計畫、招募與甄選、人力資源發展、薪資與福利、安全與健康、勞資關係及人力資源研究。

綜合學者的觀點，人力資源管理乃是針對企業的需求、願景與價值觀，將組織內的人力做最有效的運用與管理，以提高組織成員的工作績效和發展員工潛力，進而有效地達成組織的目標及強化組織的核心競爭優勢。同時，所有人力資源管理活動都必須奠基在對整體組織績效影響最大的策略意涵下進行，方能創造最大效用。儘管學者對於人力資源管理措施的類別有不同定義及分類，但深究其內涵，不外乎是從人力資源的招募與甄選，到員工的教育與訓練、績效評估與薪資福利，以及如何維持良好勞資關係的員工活動，因此，人力資源管理為工作組織中的價值活動之一，可發揮適時適地、適質適量與適才適所之人力供應效果，達到提升組織成員工作績效及發展潛力，進而強化組織核心競爭優勢的目的。

此外，綜合前述，人力資源管理功能應包含有：工作分析、人力資源需求規劃、招募與遴選、升遷與派任、訓練與發展、薪資與福利、勞資關係、績效評估、溝通、就業保障與勞工工作安全等人力資源管理措施，可以歸納為以下五項範疇：

(一) 選才：甄選最適合的人力，安排適當的職位，此即人力資源規劃。

(二) 用才：組織選用人才後，應予以妥善運用，使人人都能發揮所長，此即人才任用。

(三) 育才：企業針對員工加以訓練、進行生涯發展，此即訓練與發展。

(四) 晉才：企業以績效考評作為評定員工升遷之依據，此即績效評估。

(五) 留才：人力係企業組織中最重要的資源，企業組織應建立各種制度與措施，以滿足員工的需求，俾使員工願意留在組織內，包含：薪資管理、福利、勞動條件、工作規則、員工紀律、工會組織與勞資關係。

肆 人力資源管理目的

對於人力資源管理的目的，以下先引述學者的看法，再加以綜合歸納：

(一) Ivancevich提出人力資源管理的目標有（引自吳復新，2003）：

1. 協助組織達成目標。
2. 有效運用人員的技術與能力。
3. 使組織擁有一群訓練良好、士氣高昂的工作人員。
4. 增進員工的最大滿足感與自我實現。
5. 發展並維持一種工作生活品質，使在組織裡工作成為一種令人愉悅的事。
6. 協助維持合乎倫理的政策與行為。
7. 從事對個人、團體以及組織均有利的變革。

(二) 黃英忠、曹國雄、黃同圳、張火燦、王秉鈞（1998）認為人力資源管理的目標為：

1. **提高生產力**：提高生產力是組織努力的重點，人力資源管理是否有助於生產力的提升，取決於其在組織中的地位，以及能否獲得其他部門及人員的合作。
2. **改進工作生活品質**：工作生活品質，包含：薪資、福利、工作條件等，若能與員工溝通，鼓勵其將自己的看法與他人溝通，對生產力的提升很有幫助。

3. **符合政府法規的要求**：在人力資源的管理上，組織必須符合許多法律、行政命令、標準和法院的判決，否則須負擔昂貴的訴訟費用和罰款，人力資源管理部門可設法避免此種情況發生。

(三) Michael Harris提出人力資源管理的目的有（葉忠達、陳俐文、梁綺華譯，2002）：

1. 降低員工的曠職率。
2. 選擇性的留才。
3. 使組織與員工具有良好的表現。
4. 抑制成本。
5. 符合法律規定。
6. 減少反生產力行為。

綜合學者的見解，人力資源管理有多重的目的，例如：降低成本，獲得最高的工作效率；改進工作生活品質等，也就是達到俗話所謂「事得其人，人盡其才」的境地，提供組織所需要的適當人才，一方面支援組織各項作業，提高生產力，協助組織達成目標；另一方面也能改進員工工作生活品質，增進其滿足感與自我實現。其最主要的目的是希望達到組織、工作、員工三者間最佳契合的狀態，畢竟在最佳契合的狀態時，組織生產力及效能才能提升至最佳狀態。

伍 人力資源管理功能

人力資源管理的主要責任是根據組織成長和發展的需求，提供適時適量且適質的人力資源，以支持組織各項作業的順利運作，實現組織的使命和目標（張緯良，2019）。Noe、Hollenbeck、Gerhart、Raymond、Hollenbeck、Gerhart與Wright（2000）認為人力資源管理指的是一切會影響員工行為、態度、績效的政策與實務。人力資源的功能，包含：分析與設計工作、決定人力資源的需求（人力資源規劃）、吸引有潛力的員工（招募）、選擇員工（甄選）、教育員工如何執行他們的工作並且為未來做準備（訓練與發展）、給予員工酬償（薪資）、評估員工的績效（績效管理），並且創造一個正向的工作環境（員工關係）。

對於人力資源管理的功能，學者從不同角度與觀點提出不同的看法：

一 第一種觀點：著重工作任務的觀點

(一) Dessler（1994）提到所謂的人力資源管理功能，應包含：招募遴選、升遷與派任、訓練與發展、薪資福利、勞資關係、就業保障與勞工安全等。

(二) 趙珮仔（2006）也提出相近的看法，她認為人力資源管理的功能主要著重於招募與甄選、訓練與發展、薪酬制度與績效管理四大項。

二 第二種觀點：著重在人力資源管理與組織發展方向、策略或績效等關係

(一) Martell和Carroll（1995）、洪俊龍（2003）提出人力資源管理活動的四項特徵：

1. **長期導向**：組織對於其人力資源的運用，具有長期性的規劃與策略上的考量，此為提升人力資源管理策略的首要步驟。
2. **人力資源管理與企業策略間的連結**：人力資源管理以往在企業中所扮演的角色，從協助企業策略執行的單向連結（one-way linkage）幕僚角色，轉而變成企業策略執行的主導角色。
3. **人力資源管理與組織績效間之連結**：以往有關於策略性人力資源管理的實證文獻中，大都認為人力資源管理對於企業策略目標的

達成有重大的影響，同時，對於組織績效的提升亦有直接貢獻。

4. **直線經理參與人力資源管理決策之內容**：組織內部重要的作業程序，直線經理最為熟悉，因此，在面對策略性人力資源管理逐漸多元化與重要性提高之際，人力資源管理的相關活動必須與直線經理共同完成，以便提升該策略的效率與效能。

(二) 吳復新（2003）認為組織的人力資源管理部門擔負以下主要功能：

1. **負責組織的界線防守**（boundary spanning）：「界線」最重要的功能在過濾一些不合組織需要的輸入，使其無法進入組織；亦即謹慎篩選員工，防止不適任的人員進入組織。
2. **協助創造良好的工作環境**：環境包含一個共同目的、角色結構、對目標障礙之消除，以及為達成目標而對成員所施予之激勵。透過建立和諧的勞資關係與公平的考績制度、確立合理的薪資制度與適當的福利措施、實施公平的升遷與獎懲制度、提供適時且有效的訓練發展機會和必要的協助輔導，以及暢通組織上下左右的溝通管道等，使其對組織成員達致激勵之效果。
3. **提供各級主管適切的建議並備諮詢**：可透過功能職權為各級主管提供適切的改進建議，供做人事決策時的參考。人力資源管理部門在組織中通常居於中立地位，因為其既不偏向管理階層，亦不袒護員工，因此，可透過組織所賦予的職權為主管提供人事決策的適切建議。
4. **履行監督與制衡的功能**：人力資源管理部門必須針對人力資源管理政策有效與適當的執行，從事稽核的工作；同時也必須維持各部門間處理人力資源管理問題的公平性，例如：有關升遷或考績的決定。
5. **參與組織變革策略的制定與執行**：此即「策略性人力資源管理」的精神，組織在從事策略制定與執行時，將人資部視為一個策略夥伴（strategic partner）。換言之，當前的人資部門在組織裡已與其他業務部門一樣，必須參與組織策略的制定與執行。

三 第三種觀點：以人力資源管理所扮演角色作區別

大致上有以下三種功能：

(一) 直線功能：指人力資源經理指揮人力資源管理部門所有屬員，執行所交付的命令。

(二) 協調功能：指人力資源管理部門對直線部門僅扮演建議、協助性的協調角色。

(三) 幕僚功能：指人力資源管理部門向直線主管提供攸關人力資源管理方面的建議及協調等方面的服務。

綜合學者的意見，人力資源管理的功能可從三種角度來看：第一種是以工作任務的角度來看，主要有招募與甄選、訓練與發展、薪酬制度、績效管理與勞資關係五大項；第二種角度是著重在人力資源管理與組織發展方向、策略或績效等的關係，人力資源管理主要具有提供各級主管適切的建議並備諮詢、監督與制衡、參與組織變革策略的制定與執行、提升組織績效、協助創造良好的工作環境等功能；第三種角度是以人力資源管理所扮演的角色作為區別，人力資源管理具有直線、協調、幕僚等三項功能。

另外，因人力資源管理的範疇與體系相當多樣化，現今人力資源管理體系建立最大的問題，不是在於如何建立各個子系統，或是各子系統如何發揮功能，而是建立之後，各個子系統之間的銜接未能環環相扣，可能導致人力資源管理的整體功能無法發揮。因此，如何整合與連結各個子系統，例如：招募與遴選系統、薪資與福利系統、教育與訓練系統、績效評估等系統，成為一個完整的人力資源管理體系，應是當今企業最大課題。

陸 人力資源管理角色

一 人力資源管理角色的認知偏失

人力資源管理在現代組織中具有重要的功能，也扮演關鍵性的角色，但過去對人力資源管理的認知偏差並不利於人力資源部門的定位。吳秉恩（2002）認為長期以來，臺灣一般企業對於人力資源管理角色的認知偏失包括下列幾點：

(一) 職務歸屬「窄化」了人力資源管理之跨界功能

人力資源部門實際上在直線與幕僚功能的分類疆界已逐漸模糊，因為前者忽略了部門亦對組織的內部系統有直接指揮、督導人力活動運作之直線功能；後者則忽略部門也有與組織共創價值與協同負責的時候。

(二) 職責派授「矮化」了人力資源管理之策略角色

過去，管理者派任給人力資源管理人員的事務或權責多侷限於簡單的人事行政處理工作，而無權參與組織策略性決策之合議，因此經常發生人事配置或運用與組織發展脫節，無法同步思考，甚至可能造成人才斷層、員工士氣低落、人事成本增加和工作生產力下降等人力管理失靈的情況。

(三) 誤用隱含職權（implied authority）「醜化」了人力資源管理之正面功能

管理者若為達到內部控制效果而不當賦予人力資源部門監控角色，使部門成員有「皇帝人馬」的錯誤認知，或是濫用其「隱含職權」，都容易對組織產生負面影響。

(四) 人力資源管理功能被「醜化」為非專業（non-professionalism）末流

人力資源管理工作過去常被視為非專業工作，但實際上，人力資源管理工作的執行需運用各種系統性或專屬性人管知識，且該知識也需具備高度實用性，負責的人員更要有一定的工作規範，如此才能讓人力資源管理回歸專業。

由於傳統上對於人力資源管理角色認知偏失，使得人力資源部門給外界的印象大都是處理有關員工聘僱、考核、薪資福利的部門，在執行任務方面，多屬以提供行政支援服務，或為營運策略的執行者為主（Tracey & Nathan, 2002），故「人事管理」的角色是大家普遍對於人力資源部門的認知。然而，近年來隨著全球化以及知識經濟時代來臨，企業普遍面臨高度的競爭態勢，均促使企業意識到唯有不斷地進行組織內、外部調適與整合，才能維持企業的高度競爭力，因之，企業內部的人力資源管理部門其身分定位、角色規範與功能分工必須有所改變。

二 人力資源管理的角色與定位

關於人力資源管理的角色與定位，學者提出許多看法：

(一) 黃英忠（1997）從作業功能區分，將人力資源分為「直線性角色」及「幕僚性角色」，此兩種角色分類又可再細分出六項人力資源管理角色，分別為：

1. **功能性角色**：賦予人力資源部門主管功能性職權，以確認其過程的執行狀況與成果的評估，並發展組織內有關員工的政策，使各單位在管理與開發其人員時有所依據。
2. **控制性角色**：根據組織特定的標準，來審查、評估各部門的績效表現是否有效的運用人力，並提供改進意見，以提高生產力。
3. **變革推動者角色**：人力資源部門須深入瞭解整個組織業務的狀況及外在環境因素的影響，並擬訂策略或多項相關因應對策，以作為決策階層的參考依據。此外，應隨時與相關部門員工溝通，使各項政策能順利推展。

4. **諮詢性角色**：以人力資源管理的專業領域提供建議、導引、顧問等給直屬上司，並對此政策的執行提供協助。
5. **服務性角色**：各部門對人員的需求、知能的提升、急難救助等事項，人力資源部門有責任予以協助及解決，並即時達成，使各部門感到滿意。
6. **協調性角色**：處理組織內各部門或人員間的衝突事件，扮演著仲裁者與協調者的角色，隨時傾聽員工的訴願，尋求解決問題的辦法，以提高員工的士氣並達成組織目標。

這六項角色中，前三項屬於直線性角色，後三項則為幕僚性角色。

(二) Schuler與Jackson（1987）提出人力資源管理人員如欲達成其組織目的，人力資源管理人員需擔負的角色有下列四種：

1. **協助政策制定的角色**：提供充分的人力資源資訊、外在環境的衝擊等資料，供高階主管作決策參考，且在政策形成的過程中，能與其他相關人員協調和溝通。
2. **提供服務和代表者的角色**：人力資源的主要工作是使直線主管的工作得以順利進行，因此，諸如員工的遴選、解僱、培訓、薪酬等，基本上是為各部門經理提供服務。另外，提供公平就業機會法案、安全和衛生標準等資料，並協助各部門經理瞭解狀況，都是重要工作。
3. **控制或稽核的角色**：人力資源管理人員有責任瞭解各相關部門和人員，以及在人力資源政策、程序和實務上推展的情形，以確保執行上的公平性和一致性。
4. **創新的角色**：人力資源管理部門應不斷吸收新知，並提供新的技術和方法來解決人力資源的種種問題，以因應競爭激烈的國際環境。

(三) 林怡嫺（2006）結合多位學者對於人力資源管理角色的定義，提出人力資源管理的六項角色：策略參與者、文化執行者、諮詢顧問、變革鞭策者、人資行政專家、員工服務者，其定義與次要構面名稱如表1-3。

表 1-3

人力資源管理角色名稱、定義與次要構面名稱

角色名稱	定義	次要構面名稱
策略參與者	人力資源管理部門必須協助檢視企業內外部環境，並參與規劃、制定企業策略流程，同時致力於將企業策略轉化爲行動，並設計符合企業策略的人力資源實務。	內外部環境檢視 策略規劃與執行
文化執行者	人力資源管理部門協助組織建立與塑造有利於策略執行的組織文化，並透過不斷宣導來讓員工認同公司文化與價值觀。	文化塑造 文化宣導
諮詢顧問	人力資源管理部門蒐集、傳遞全公司之資訊，並提供高層主管與直線單位主管有關管理技能的諮詢服務。	蒐集、傳遞資訊 管理技能諮詢服務
變革鞭策者	人力資源管理部門能參與組織變革關鍵流程之規劃與執行，且能協助組織化解變革之阻力，並於變革過程中扮演良好溝通媒介，協助組織實現變革。	參與變革規劃與執行 化解變革阻力
人資行政專家	人力資源管理部門建立一套完整之行政基礎建設（選、用、育、留、晉人力資源系統）以維持人力資源運作的順暢，並致力於整合人力資源流程及增進服務品質。	行政基礎建設
員工服務者	人力資源管理部門協助高層主管肯定、表揚員工的貢獻，並與員工建立良好的關係，透過瞭解員工需求以確保員工需求獲得滿足。	激勵士氣 建立關係

資料來源：林怡嫺（2006）。人力資源管理角色量表之建立（頁14-15）。

(四) Ulrich認為人力資源專業人員必須擔任複雜，甚至是相互矛盾的多元角色，才能為日趨複雜的企業創造價值，故依據人力資源管理可達成之成果，提出四項人力資源管理角色：策略性人力資源管

理、轉型與變革管理、公司基礎建設管理和員工貢獻管理，而其中的比喻角色分別為：策略夥伴、變革代理人、行政管理專家和員工鬥士則為最被廣為接受的分類方式。由圖1-1中可看出，Ulrich以人力資源管理角色的任務焦點和任務範圍為其交錯分類之軸線，焦點從長期／策略性到短期／營運性，範圍則從管理流程（人力資源工具與系統）到管理人員（引自尤思尹，2007）。

綜合前述，人力資源管理角色已從人力資源夥伴，轉變成為人力資源參與者，直接面對公司的策略性挑戰，且不再像以往一樣，僅為團隊的一部分，而是要主動出擊，為企業增加價值。另一方面，人力資源管理在企業所應具備的角色相當多元化，例如：提供諮詢服務、建立員工

圖 1-1

人力資源管理在建立具競爭力組織中扮演的角色

	（長期／策略性）焦點		
流程	角色：策略性人力資源管理 成果：執行策略 比喻：策略夥伴（Strategic partner）	角色：轉型與變革管理 成果：創造革新的組織 比喻：變革代理人（Change agent）	人員
	角色：公司基礎建設管理 成果：建立有效率的基礎建設 比喻：行政管理專家（Admin. expert）	角色：員工貢獻管理 成果：提升員工之承諾與專業能力 比喻：員工鬥士（Employee champion）	
	（短期／營運性）焦點		

資料來源：尤思尹（2007）。人力資源管理角色與組織績效關係之長期性研究。

承諾、參與公司的策略等，從處理一般行政事務的事務型角色，乃至於參與組織策略的策略型角色皆是。最重要的是，無論如何，企業都應找尋出人力資源管理部門角色的最佳適配情況，以其產生的綜效為組織創造出最佳的績效。

柒 人力資源管理效能

以往的研究結果證實，人力資源管理系統與組織績效間存在有顯著的正向關係（黃家齊，2001；Youndt, 1998）。多位學者的研究也發現，企業有效地實行人力資源管理，將會為企業帶來較佳的組織績效（趙珮伃，2006；Delery & Doty, 1996; Huselid, 1995）。

一 人力資源管理效能評估目的

人力資源管理效能評估，主要有以下四項目的（Tsui & Gomez-Mejia, 1988）：

(一) 提供資訊以確保人力資源管理效果

藉由人力資源管理效能的衡量，將實際結果和計畫預期兩者作比較，作為規劃、執行與監督人力資源管理活動之資訊，將有助於確保人力資源能符合企業之中、長期目標。

(二) 預知人力資源管理不良徵候

評估的結果能預先看出人力資源管理不良變動的先兆，使得問題在日益嚴重前，能事先獲得妥善的解決與處理。

(三) 強化人力資源管理功能的重要性

因以往人力資源管理部門被視為是配合與協助企業其他部門的單

位，故較著重其技術程度，鮮少考慮人力資源部門對顧客（包括直線經理、員工、應徵者、勞工部官員等）的服務性。在進行人力資源管理效能的評估後，除了瞭解人力資源管理部門在技術層面上的表現，更可以藉此強調其重要性。

(四) 評估對財務的影響，提高成本意識

藉由計算人力資源方案對財務的利弊，讓人力資源經理擁有成本意識，讓人力資源管理部門由成本中心轉變為利潤中心。

二 人力資源管理效能評估方法

在評估人力資源管理效能方面，吳秉恩（1999）認為在評估人力資源管理效能時，應該避免只認為生產導向的短期計量指標具有客觀性，而忽略人力資源活動的服務內涵與實質過程也極為重要。其評估方法主要有兩種：稽核法與分析法。

(一) 稽核法

又可分為「人事指標法（personnel indices）」和「使用者反應衡量法（user's reaction measures）」。「人事指標法」是以薪資、用人、福利、培訓與發展、考績與勞資關係的實際情況作為標準，例如：平均僱用率、甄測分數、薪資有問題之人數比率、缺席率、離職率……。這些指標屬於量化指標，但是很難使用單一指標具體且明確的將人力資源活動成效表示出來，必須綜合使用，才能衡量出人力資源管理效能，屬「生產導向」的作法。「使用者反應衡量法」是由直線經理、員工應徵者或工會職員等反應作為衡量的標準，例如：對人事單位需求的預測、訴怨的處理、薪資爭議的處理……。這種方式雖然沒有計量的數據，但是對實際負責人事活動的單位或人員的反應具有參考的價值，為「服務導向」的作法。

(二) 分析法

可分為「實驗設計法（experimental design）」和「成本效益分析法（cost benefit analysis）」。「實驗設計法」又稱為科學法，是利用人力資源活動前後結果表現做比較；「成本效益分析法」又稱為數學法，利用貨幣單位計算人力資源的效果和成本，譬如：人力資源會計、效用分析等等。

三 人力資源管理效能評估

人力資源管理效能評估指標應該顧及多元指標的運用，但是就實務面來看，還必須針對組織的整體層次或部門層次使用適當的方法及指標，亦即評估人力資源管理的指標會因為評估的重點不同，採取不同的評估方法（Tsui & Gomez-Mejia, 1988）。

在評估人力資源管理效能之前，必須對外部總體環境與內部的企業文化、企業策略，以及員工特質作偵測與瞭解。其次，應該分別就人力資源單位決策及活動與其他各部門的決策及活動有明確的分工與整合，因為單位主管會直接或間接的影響整體人力資源運作的效能。而評估的準則應該考慮以下三個構面：1.評估目的應該重視影響結果的過程及方法；2.評估重點在於整體人力資源管理效能或個別人力資源管理效能；3.指標的形式應該以計量指標或定性指標為主（謝煒頻，2000）。

人力資源管理效能可分成技術性（technical）與策略性（strategic）兩大效能（趙珮伃，2006；謝煒頻，2000；Huselid, Jackson, & Schuler, 1997），藉由這兩大類的人力資源管理效能指標來衡量整體的人力資源管理效能。

「技術性人力資源管理效能」指的是人力資源管理部門是否能有效的執行與傳統人事管理有關的活動，包含：福利制度、薪資制度、招募與訓練制度、工作安全與健康、員工教育與訓練、員工退休方案、工會與勞資關係、社會責任方案、女性及弱勢團體的公平僱用機會、勞動成本的管理、甄選測驗、績效評估制度、人力資源資訊系統，以及工作態度的調查。

「策略性人力資源管理效能」是指人力資源管理功能是否能為組織發展合適的員工，來支援組織業務的需求，包括：團隊工作設計、員工參與及授權、人力資源規劃、工作的生產力、主管與管理人力的能力開發、規劃管理者未來的生涯發展、人力資源策略性問題的研究、員工與管理者的溝通，以及員工協助方案。

謝煒頻（2000）進行臺灣企業人力資源管理效能衡量模式建構之實證研究，將「技術性人力資源管理效能」分為：員工任用、教育訓練、績效管理、報償管理、勞資關係、安全與衛生等六個次要構面；「策略性人力資源管理效能」分為：人力資源策略與規劃、團隊管理、員工生涯規劃等三個次要構面（表1-4）。

表 1-4

技術性與策略性人力資源管理效能構面與指標

構面	指標
員工任用	1.招募制度能招到適任的人選
	2.甄選流程與作業
	3.新進人員離職率（一年內）
	4.工作設計與分析
	5.員工能力與職務需求配合度
教育訓練	1.員工教育與在職訓練
	2.每位員工每年平均訓練總時數
	3.訓練費用／營業收入比率
	4.訓練費用／平均員工數
	5.教育訓練成果評估
績效管理	1.完成績效評估工作之時效性
	2.員工生產力與產出品質
	3.績效指標達成率
	4.主管對員工績效表現的回饋程度
	5.員工對績效評估制度的滿意度

表 1-4（續）

構面	指標
報償管理	1.福利制度
	2.薪酬制度
	3.勞動成本的管理
	4.員工退休及撫恤方案
	5.分紅或入股的激勵制度
勞資關係	1.工作滿意調查
	2.離職管理
	3.勞資溝通管道
	4.勞資爭議頻率
安全與衛生	1.工作環境安全程度
	2.環境衛生情形
	3.職業傷害頻率
	4.職業疾病發生率
人力資源策略與規劃	1.人力資源規劃
	2.管理者的培育計畫
	3.人力資源部門參與公司策略規劃的程度
	4.人力需求規劃與實際任用人數吻合程度
	5.人力資源部門與其他功能部門的配合程度
團隊管理	1.團隊工作成效
	2.員工參與及授能
	3.團隊成員的溝通
員工生涯管理	1.員工協助方案
	2.主管與管理人才的能力發展
	3.員工生涯規劃與發展
	4.多職能人才的培養

資料來源：整理自謝煒頻（2000）。臺灣企業人力資源管理效能衡量模式建構與實證之研究。

綜上，人力資源管理的定義主要有三：人力資源管理是動態性的群體互動關係；人力資源管理是一種觀念與技術；人力資源管理是一種活動、政策或事務。人力資源管理有多重的目的，例如：降低成本、獲得最高的工作效率、改進工作生活品質等。其功能主要有：招募與甄選、訓練與發展、薪酬制度、績效管理與勞資關係五大項。在人力資源角色方面，已從人力資源夥伴，轉變成為人力資源參與者，直接面對公司的策略性挑戰，且不再像以往一樣，僅為團隊的一部分，而是要主動出擊，為企業增加價值。

在人力資源管理效能方面，可分成技術性（technical）與策略性（strategic）兩大效能。「技術性人力資源管理效能」指的是人力資源管理部門是否能有效的執行與傳統人事管理有關的活動，包含：福利制度、薪資制度、招募與訓練制度、工作安全與健康，以及員工教育與訓練等；「策略性人力資源管理效能」是指人力資源管理功能是否能為組織發展合適的員工，來支援組織業務上的需求，包括：團隊工作設計、員工參與及授權、人力資源規劃等。

捌 學校人力資源管理

早期國內的人事制度受到軍、公、教一體的人事管理限制，制度顯得過於僵化，保障多但限制也多。政府受到主客觀環境限制，人事制度上並沒有完全依照軍、公、教不同特性來加以設計，而作一致性的管理，雖然能夠維持一定的水準，卻也越難在國際競爭、人才流動下延攬優秀人才（吳三靈，2000；陳德華，2008）。

在全球化思潮與知識經濟時代的衝擊與影響下，學校經營較諸以往確實面臨前所未有的變革與競爭壓力，因此，學校經營者必須思考如何提升學校的競爭力，以達成永續經營的理想，為提升經營績效，學者研究學校引進企業經營理念及策略的可行性。

范熾文（2004）認為學校透過人力資源管理中對教職員甄選與任

用等策略，能夠有效提升教師專業能力與素質，進而帶動學校整體效能提升。近年來，人力資源管理的概念應用於學校的研究漸漸增加，亦可以看出學校實施人力資源管理為趨勢所在。

在學校組織中，最重要的資源就是學校人力，做好學校人力資源管理（School Human Resource Management）可提升學校組織績效，並確保學校組織功能的發揮。以下先探討「學校人力資源管理」定義，再分析「學校人力資源管理」的重要性與轉變趨勢。

一 學校人力資源管理定義

國、內外學者對於「學校人力資源管理」定義，提出諸多看法。范熾文（2004）認為學校人力資源管理的內涵可歸納如下：（一）學校人力資源分析：組織外在、內在環境分析；（二）學校人力資源規劃：評估現存組織人力在質與量方面適當與否；（三）學校人力資源取得：透過各種媒介，吸引及甄選優秀教師；（四）學校人力資源發展：透過學校訓練機制，提升人力素質；（五）學校人力資源報酬：建立績效導向薪資與福利制度；（六）學校人力資源維護：以激勵、溝通、領導來建立和諧人際關係；（七）學校人力資源的未來：學校人力資源的國際化。

吳清山與林天祐（2002）認為人力資源管理的重要課題，包括：建立整體性的人力資料庫、規劃系統性的進修訓練課程、建立績效本位的薪給制度、強化分工合作的組織團隊、提升員工工作環境的品質，以及建立滿足個人與組織需求的機制。

茲將學者對於「學校人力資源管理」定義，彙整如表1-5所示。

表 1-5

學校人力資源管理定義

學者專家（年代）	定義
陳綮信（2006）	學校人力資源管理係指學校為兼顧學校與個人目標之達成，所採用之人力任用、人力維持、人力激勵、人力發展等策略，進行規劃、執行與評鑑的管理機制與活動。

表 1-5（續）

學者專家（年代）	定義
林水木（2010）	學校人力資源管理係學校爲達成教育目標，促進永續發展，對於組織的內、外部人力，透過領導、溝通、協調等策略，進行合理的人力規劃配置，期能滿足學校組織及個人的需求；並善用以校內人力爲主，校外及社區人力爲輔之手段，發揮人力資源管理整體功能，落實學校組織存在價值的一種系統化的運作程序。
曾彥霖（2012）	學校基於學校與教師的需求，制定招募、任用、培育、發展、激勵與維持等活動的計畫，協助提升教師的知能與成長，肯定其工作價值，促使學校發展，以達到學校與教師的目標，主要內涵則包含：學校人力資源的進用、學校人力資源的專業發展、學校人力資源的激勵、學校人力資源的績效評估等四層面。

資料來源：筆者自行整理。

綜合前述中、外學者對於「學校人力資源管理」所下的界定，可以瞭解學校人力資源管理是學校因應內、外在環境的變化，為達成學校願景與教育目標，對學校組織人員的管理，採用人力選用策略、人力維持策略、人力發展管理及績效管理等過程與活動，目的在於提升學校績效，有效達成學校教育目標。

二 學校人力資源管理重要性與趨勢

(一) 學校人力資源管理的重要性

一所成功的學校必須實施人力資源管理，以提高成員的素質、承諾與工作表現。學校人力資源管理具有以下重要性（謝宜倩，2002；盧中原，2006；David & Jacky, 1998）：

1. **提高學校成員的素質**：人是組織的重要資產，學校成員的素質，是提升學校工作效能的重要關鍵。學校在進行人力資源管理時，應思考到成員的專業需求，以達到適才適所的目的；同時學校也可透過人力資源管理，實施成員的教育訓練，發揮其潛力，提高學校成員的工作表現。

2. **提高學校成員的組織承諾**：透過人力資源管理，可以經由激勵、公開化的溝通管道來提升成員的承諾，促進學校成員對所屬學校目標的認同、投入及奉獻。學校中的管理者可思考下列的觀點，來進行人力資源管理：(1)清晰的組織目標與價值；(2)公開可被接受的表現評量標準；(3)讓成員參與做決定；(4)成員對組織目標有歸屬感。

3. **提高學校成員的工作表現**：透過人力資源管理來制定一套成員工作表現的評量標準，進而提升工作效率。然而，因成員工作表現的情形不一，不宜只有一個絕對的標準存在，因此，在思考成員的工作表現的評量標準時，可透過下列兩個想法來規劃：1.不斷進步與成長的想法；2.肯定其表現的支持與回饋想法。

為了執行所謂成員最適標準的評量，可思考下列觀點：(1)有一套可以測量成員投入過程的標準；(2)回饋機制的建立：肯定與支持其表現；(3)晉升機制的建立：有激勵成長的晉升管道；(4)支持機制的建立：問題解決與成長需求資源的提供。

(二) 學校人力資源管理的趨勢

在學校人力資源管理的趨勢方面，1990年代以來，學校本位管理盛行之後，學校可以自行決定人事的選用及安排，傳統的人事管理逐漸被學校人力資源管理來取代，學校被賦予人事上的自主，可以自行管理成員的遴選作業、表現績效考評、發展計畫等，進而建立出學校人事上的特色（盧中原，2006）。O’Neill（1994）認為學校人力資源管理產生以下的轉變（引自盧中原，2006）：

1. 師資來源多元化。
2. 藉由導入策略、督導計畫與專業和管理能力的鑑定，改變教師在不同生涯階段的職位安排。

3. 專業發展活動的預算編列。
4. 評鑑計畫的使用。
5. 工作表現指標的發展。
6. 薪資與工作表現之間有較佳的連結。
7. 助理職員角色的強化。

學校人力資源管理具有四項趨勢（謝宜倩，2002；Richard, 2001）：

1. 中央人事權力下放給學校後，校長被賦予更多的責任在主導學校的人事運作與安排，因此，校長必須具備前瞻性的領導思考，以學校本位領導形式估計出學校學生每年入學率情形、聘用教師的數量與品質控管情形等，以因應未來在教育上的任何變化。
2. 以每位孩子所具有的能力，是被受過培訓的教師教導出來的情形下，未來學校人力資源管理重要性將會超越課程發展。
3. 電腦科技將會大大提高人力資源管理的功能，如：應徵者的教學檔案夾、自傳、專長學歷證明、履歷表等，皆可透過網際網路來傳送。
4. 學校在面臨人力資源管理轉變趨勢下，校長必須負起人力資源管理的責任，針對學校人力進行人力資源策劃、執行與評鑑活動，改善學校行政績效、教師的教學與學生的學習。
5. 學校持續招募與遴選出不同勞動力的教師進入學校，為學生提供教學服務。
6. 校長必須有良好的績效評鑑技巧與標準，淘汰低於評鑑標準以下的教師。

學校有充沛的人力資源，而且絕大多數的教師素質精良，然而，為因應時代環境的轉變，學校人力資源管理的作法也必須有所改變，張明輝（2002）提出新世紀的學校經營應具備人力資源管理的理念，應採取前瞻性及策略性的規劃，教育組織必須加強人力資源管理，以增進學校效能。吳清山與林天祐（2002）指出，隨著知識經濟時代的來臨，社會及國際環境變動，學校的人力資源必須加以重整，期能有效發揮其專業知能。因應知識經濟時代，學校在人力資源管理方面，可以透過策略聯盟、虛擬管理、網路訓練以及創新管理的策略，使教職員能機動化提升本身的專業能力，並在工作中發揮高度的創造力，滿足學校、家長及教職員本身的需求。

由學者的論點可以得知，學校人力資源管理的重要性，表現在提高學校成員的素質與組織承諾，以及提高學校成員的工作表現上。在學校人力資源管理的趨勢轉變上，主要呈現在兩方面：第一，由於師資來源多元化，主管教育行政機關與學校，必須藉由導入策略、督導計畫與專業及管理能力的鑑定，改變教師在不同生涯階段的職位安排，因此，必須安排教師專業發展活動、進行教師評鑑與發展教師工作表現指標；第二，學校在面臨人力資源管理轉變趨勢下，校長被賦予更多的責任在主導學校的人事運作與安排，校長必須具備前瞻性思考，進行人力資源規劃、執行與評鑑活動，改善學校行政績效、教師的教學與學生的學習，特別是在教育績效的要求下，校長必須有良好的績效評鑑技巧，來淘汰低於評鑑標準以下的教師。此外，亦可透過策略聯盟、虛擬管理、網路訓練以及創新管理的策略，整合校內、外資源與人力，提升學校組織競爭優勢。

參考文獻

王令宜（2004）。大學教師教學專業發展理論與實務。教育研究月刊，**126**，60-73。

王如哲（2005）。高等教育（第六章）。國立教育資料館中華民國教育年報（**2004年版**），240-263。

方世榮（2001）。現代人力資源管理。臺北市：華泰。

尤思尹（2007）。人力資源管理角色與組織績效關係之長期性研究（未出版之碩士論文）。國立中央大學，桃園縣。

江明修（2003）。以策略性人力資源管理推動政府再造。**T&D飛訊論文集粹**，**2**，189-195。取自：http://nccur.lib.nccu.edu.tw/handle/140.119/676

朱靜玉（2004）。公立大學教師待遇暨退休金之合理性——以教育投入觀點分析（未出版之碩士論文）。國立成功大學，臺南市。

李正綱、黃金印（2001）。人力資源管理：新世紀觀點。臺北市：前程。

李誠（主編）（2000）。人力資源管理的**12**堂課。臺北市：天下文化書坊。

李隆盛（2008）。向企業學習：克伯屈的四層次評鑑。評鑑雙月刊，**5**，45-48。

吳三靈（1996）。建構教師待遇制度之芻議。人事月刊，**23**(1)，14-24。

吳三靈（2000）。教育人需要知道的事。臺北市：商鼎。

吳清山、林天祐（2002）。教育名詞：人力資源管理。教育資料與研究，**47**，134。

吳秉恩（1999）。分享式人力資源管理。臺北市：翰盧圖書。

吳秉恩（2002）。分享式人力資源管理——理念、程序與實務。臺北市：翰蘆圖書。

吳復新（2003）。人力資源管理——理論分析與實務應用。臺北市：華泰。

林水木（2010）。國民小學行政組織運作、人力資源管理和創新經營關係之研究（未出版之博士論文）。國立臺中教育大學，臺中市。

林恒斌（2008）。學校人力資源管理藍海策略之探討。學校行政，**58**，76-93。

林子靖（2004）。人力資本、六標準差管理與人力資源管理效能關係之研究（未出版之碩士論文）。長榮大學，臺南市。

林怡嫺（2006）。人力資源管理角色量表之建立（未出版之碩士論文）。國立中央大學，桃園縣。

林淑端（2004）。我國國立大學教師待遇制度改進之研究（未出版之碩士論文）。國立政治大學，臺北市。

林欽榮（1997）。人力資源管理。臺北市：前程。

林思伶（2009）。大學教師專業發展的人際途徑——教師同儕輔導歷程與管理模式。教育研究月刊，**178**，24-37。

周慧菁（1994）。面對大師：是誰決定了新世紀的競爭規則。臺北市：天下雜誌。

洪俊龍（2003）。人力資源管理系統、智慧資本與組織績效關聯性之研究（未出版之碩士論文）。國立中正大學，嘉義縣。

范熾文（2004）。人力資源管理及其在學校行政上應用。國教天地，**157**，72-78。

侯永琪（2005）。臺美兩國大學聘任制度發展之比較。教育研究月刊，**137**，56-79。

徐治齊（2004）。人力資源管理系統對組織績效之影響：內部契合與外部契合觀點（未出版之碩士論文）。眞理大學，臺南縣。

馬任賢（2003）。國民小學教職人員對人力資源管理實施現況之知覺與態度（未出版之碩士論文）。國立臺中師範學院，臺中市。

孫志麟（2007）。績效控制或專業發展？大學教師評鑑的兩難。教育實踐與研究，**20**(2)，95-128。

陳琦媛（2006）。我國公立大學教師教學評鑑之研究（未出版之博士論文）。國立政治大學，臺北市。

陳縈信（2006）。高雄市國民小學人力資源管理策略與組織效能關係之研究（未出版之碩士論文）。國立高雄師範大學，高雄市。

陳德華（2008）。臺灣高等教育面面觀。臺北市：文景。

陳碧祥（2001）。我國大學教師升等制度與教師專業成長及學校發展定位關係之探究。國立臺北師範學院學報，**14**，163-208。

張光正、呂鴻德（2000）。知識經濟時代的領袖特質。載於高希均、李誠（主編），知識經濟之路。臺北市：天下文化。

張火燦（2005）。策略性人力資源管理（二版）臺北市：揚智。

張明輝（2002）。企業管理理論在學校經營與管理的應用。教師天地，**120**，28-36。

張鈿富（2004）。臺灣高等教育擴張與衍生的問題。師友，**446**，1-3。

張鈿富（2008）。大學教師評鑑制度的建立。教育研究月刊，**168**，21-28。

張緯良（1996）。人力資源管理。臺北市：華泰。

張緯良（2019）。人力資源管理（五版）。臺北市：雙葉。

張媛甯（2006）。企業型大學之發展趨勢、待解決問題與對高等教育經營管理的啟示。教育政策論壇，**9**(4)，77-100。

符碧眞（2007）。大學教師專業成長。取自：http://www.ntnu.edu.tw/aa/aa5/sb5/file/070518a.pdf

郭昭佑（2007）。教育評鑑研究──原罪與解放。臺北市：五南。

曾彥霖（2012）。一所教育大學實施教師人力資源管理之個案研究（未出版之碩士論文）。國立臺中教育大學，臺中市。

溫金豐、黃良志、黃家齊、廖文志、韓志翔（2020）。人力資源管理基礎與應用（三版）。臺北市：華泰。

溫金豐（2006）。現代人力資源管理的趨勢。研習論壇，**72**，22-29。

畢恆達（2009年3月24日）。一味追求SCI的怪現象，聯合新聞網。取自：http://udn.com/NEWS/OPINION/OPI4/4806750.shtml

黃同圳（2000）。人力資源管理策略──企業競爭優勢之新器。載於李誠（主編），人力資源管理的**12**堂課。臺北市：天下文化。

黃政傑（2006）。推薦序。載於湯堯、成群豪、楊明宗著：大學治理：財務、研發、人事。臺北市：心理。

黃英忠（1995）。現代人力資源管理（二版）。臺北市：華泰。

黃英忠（1997）。人力資源管理。臺北市：三民。

黃英忠、曹國雄、黃同圳、張火燦、王秉鈞（1998）。人力資源管理。臺北市：華泰。

黃家齊（2001）。人力資源管理系統與組織績效──智慧資本觀點，管理學報，**19**(3)，415-450。

黃素娥（2006）。人力資源管理措施對組織績效之影響探討──以人力資源效能為中介變項（未出版之碩士論文）。國立中央大學，桃園縣。

黃富順（2002）。全球化與成人教育。載於中華民國成人教育（主編），全球化與成人教育，1-27。臺北市：師大書苑。

黃勳敬（2001）。e時代：人力資源管理的戰略革命。能力雜誌，**5**，112-118。

黃雅容（2002）。大學教師的挑戰與發展。教育研究月刊，**104**，87-95

葉至誠（2007）。高等教育人事管理。臺北市：秀威。

葉忠達、陳俐文、梁綺華譯（2002）。人力資源管理──實務導向（Michael Harris原著）。臺中市：滄海。

楊巧玲（2004）。高等教育國際化的意義與爭議。**教育政策論壇**，**7**(1)，101-110。

楊思偉（2005）。日本國立大學法人化政策之研究。**教育研究集刊**，**51**(2)，1-30。

楊深坑（1999）。兩岸大學教育發展的共同趨勢、問題與展望。載於楊深坑著，**知識形式與比較教育**。臺北市：揚智。

趙珮伃（2006）。**人力資源管理效能與組織績效之關聯性探討——以策略性人力資源角色為干擾變項**（未出版之碩士論文）。國立中央大學，桃園縣。

蔡勇美、彭台光、席玉蘋（1997）。**人力資源與二十一世紀**。臺北市：唐山。

劉俊華（2010）。**e-HR系統使用績效之研究——任務科技配適觀點**（未出版之碩士論文）。國立中正大學，嘉義縣。

盧中原（2006）。**高雄市國民中學學校人力資源管理、學校組織變革與學校效能關係之研究**（未出版之碩士論文）。國立高雄師範大學，高雄市。

謝宜倩（2002）。**國民小學教師對學校人力資源管理之執行成效與知覺及其組織承諾關係之研究**（未出版之碩士論文）。國立臺北師範學院，臺北市。

謝煒頻（2000）。**臺灣企業人力資源管理效能衡量模式建構與實證之研究**（未出版之碩士論文）。長榮管理學院，臺南市。

戴曉霞（2006）。**世界一流大學之卓越與創新**。臺北市：高等教育。

Byars, L. L., Rue, L. W. (2011). *Human resource management* (10th ed). New York, NY: McGraw-Hill.

David, M., Jacky, L. (1998). *Human resource management in school and colleges*. London: Paul Chapman.

Delery, J. E., Doty, D. H. (1996). "Modes of theorizing in strategic human resource management: Tests of universalistic, contingency, and configurational performance predictions." *Academy of Management Journal*, *39*(4), 802-835.

Dessler, G. (1994). *Human resource management* (6th ed.). New Jersey: Prentice-Hall.

Drucker, P. F. (1993). *Post-capitalist society*. New York: Harper Business.

Huselid, M. A. (1995). The impact of human resource management practices on turnover, productivity, and corporate financial performance. *Academy of Management Journal*, *38*(3), 635-672.

Huselid, M. A., Jackson, S. E., Schuler, R. S. (1997). Technical and strategic human resource management effectiveness as determinants of firm performance. *Academy of Management Journal*, *40*(1), 171-188.

Martell, K., Carroll, S. J. (1995). How strategic is HRM? *Human Resource Management*, *34*(2), 253-267.

Noe, R. A., Hollenbeck, J. R., Gerhart, B. N., Raymond, A., Hollenbeck, J. R., Gerhart, B., Wright, P. M. (2000). *Human resource management: Gaining a competitive advantage* (3rd ed.). McGraw-Hill Companies.

Pfeffer, J. (1994). Competitive advantage through people. *California Management Review*, *36*(2), 9-28.

Richard, E. S. (2001). *Human resources administration: A school-based perspective* (2nd ed.). New York: Eye on Education.

Schuler, R. S., Jackson, S. E. (1987). Linking competitive strategies with human resource management practices. *Academy of Management Executive*, *1*(3), 207-219.

Sherman, A. W., Bohlander, G. W., Snell, S. A. (1996). *Managing human resources* (10th ed.). South-Western College Publishing.

Tichy, N. M., Fombrun, C. J., Devanna, M. A. (1982). Strategic human resource management. *Sloan Management Review*, *23*(2), 47-61.

Tracey, J. B., Nathan, A. E. (2002). The strategic and operational roles of human resources: An emerging model. *Cornell Hotel and Restaurant Administration Quarterly*, *43*(4), 17-26.

Tsui, A. S., Gomez-Mejia, L. R. (1988). Evaluating human resource effectiveness. In L. Dyer (Ed.). *Human resource management evolving roles and responsibilities*. The Bureau of National Affairs, Washington DC, 1988, 187-227.

Ulrich, D. (1987). Organizational capability as a competitive advantage: Human resource professionals as strategic partners. *Human resource planning*, *10*(4), 169-184.

Ulrich, D., Brockbank, W., Yeung, A. K., Lake, D. G. (1995). Human resource competencies: An empirical assessment. *Human Resource Management*, *34*(4), 473-495.

Youndt, M. A. (1998). *Human resource management systems, intellectual capital and organizational performance*. Pennsylvania State University.

Youndt, M. A., Dean, J. W., Lepak, D. P. (1996). Human resource management, manufacturing strategy, and firm performance. *Academy of Management Journal*, *39*(4), 836-860.

第二章

策略性人力資源管理

本章大綱

壹、策略性人力資源管理意涵

貳、策略性人力資源管理重要理論

參、策略性人力資源管理模式

肆、大學教師策略性人力資源管理模式

以下先說明策略性人力資源管理的意涵；其次，針對策略性人力資源管理三項重要理論與概念：強調整合（integration）與調適（adaptation）、與組織策略相連結的人力資源管理策略、人力資源策略與組織策略的契合（fit）概念，分別進行探討與分析。最後，分析策略性人力資源管理相關研究重要結論。

壹 策略性人力資源管理意涵

隨著對於人力資源重視的提升，人力資源領域的研究議題迅速發展，人力資源管理的觀念與研究趨勢產生了相當程度的轉變，學者們研究的重點由以往的微觀層次的分析轉變為宏觀層次的關注。尤其在近年來，人力資源管理部門的角色與定位，隨著產業結構與商業行為的改變而轉換，「策略性人力資源管理」（Strategic Human Resource Management, SHRM）觀念日益受到重視，學者皆強調「策略性人力資源管理」對於組織的重要性，以及在組織中所扮演的策略性角色。林文政（2013）指出以往勞力密集導向的產業型態，人力資源部門隸屬於行政或管理部門，隨著產業結構轉向創新技術資源導向，人力資源部門逐漸轉變朝向專業經理部門角色，使人力資源部門在企業組織中具有舉足輕重的重要地位。

張火燦（2005）認為策略性人力資源管理是重視較長遠的重要決策，用以說明企業追求目標時，對其內在與外在環境的適應方式，藉以解決人力資源管理的相關問題。徐治齊（2004）認為在「策略性人力資源管理」觀念的引導下，組織開始將人力資源管理視為策略夥伴的角色，且開始因應組織環境或策略的不同需求，對人力資源管理做出相對應的調整，希望可以找出最佳的人力資源管理活動或系統，並透過此活動或系統來提升組織績效。在策略性人力資源管理的觀念下，組織實施人力資源管理活動的主要目的在於配合競爭策略以協助組織達成目標。

吳秉恩（2002）指出人力資源管理的基本目的，已由「提升工作生活品質」轉為「創造核心競爭力」、人力理念已由「成本導向」轉為「價值導向」、「因應式」（reactive）解決個別人事問題轉為「預應式」（proactive）解決人力資源整體問題，以及人力資源管理已由「單一／作業」角色轉為「多元／策略」角色。

Lawler與Mohrman（2003）針對美國企業進行人力資源角色與功能調查發現，人力資源部門在扮演策略性事業夥伴角色的時間，與5-7年前相較，有顯著的增加。由5-7年前的9.1%，增加至2001年的23.2%。由此可知，人力資源在企業中所扮演的角色，已逐漸由傳統的角色轉變成為策略性角色。Ulrich（1997）認為企業中的策略性人力資源角色，主要包含「策略夥伴」與「變革代理人」兩種，其中，策略夥伴的重心在將人力資源策略及實務和企業策略結合在一起，亦即人力資源要透過扮演策略夥伴的角色，來協助實踐企業策略。Barney與Wright（1998）指出「人力資源管理活動」被視為組織增進及培植其無形資產，進而塑造組織持久競爭優勢的有效利器。「策略性人力資源管理」強調應以整體的觀點來探討人力資源管理與組織間的互動關係，認為人力資源管理應主動回應外在環境的變化，並與企業的策略目標相互結合（Martell & Carroll, 1995）。

此外，除了扮演策略性角色之外，策略性人力資源管理對於組織績效表現亦有正面的功能。Paauwe和Boselie（2003）認為人力資源管理是最有效的工具，有助於創造人力資本、組織績效和競爭優勢。Pietersen和Engelbrecht（2005）亦認為策略性人力資源管理在策略性企業管理和組織績效表現上，扮演著逐漸重要的角色。

從前述學者的論點可以發現，當人力資源管理的角色已由傳統的人事管理，躍升為策略性的幕僚角色，所扮演的角色產生相當大的改變。吳秉恩（2002）認為策略性人力資源管理具有下列五項重要意涵：

(一) 整體性：企業在思索有關人力資源的問題時，應該從整體與跨部門的角度加以考慮，而不應該只侷限於人事部門的角度。

(二) 高層性：企業宜設計適當的管道與機會，讓人力資源部門的主管，能夠參與策略層次之決議。

(三) 關鍵性：人力資源管理必須擺脫過去的作業性與輔助性功能層次，應該提升策略性層次之內涵，思考組織未來的人力配置問題，才能真正發揮組織的力量。

(四) 互動性：人力資源管理應該與其經營環境相互結合，以便建立互動性的策略。

(五) 人性化：主管對待員工應該有情有義，如此員工的感激與回饋將會增強，其生產力與對組織的忠誠度自然也會增加。

Martell和Carroll（1995）指出策略性人力資源管理與作業性人事管理不同之處在於以下幾點：

(一) 策略性人力資源管理是長期導向的，人力資源管理的運作具備一連串完整且長期的規劃，不再是零碎、沒有組織與連貫性的政策。

(二) 策略性人力資源管理連結人力資源管理與企業策略規劃，在人力資源管理各項規劃上都與企業策略配合，除了政策執行之外，比以往更具有影響企業策略的主動方式（proactive approach），進而成為組織的策略夥伴。

(三) 人力資源策略與企業策略的結合，將直接或間接影響組織績效。

(四) 人力資源管理活動變得更加多元化，無法完全由人力資源管理部門負責，因此，將有更多直線經理人（line manager）加入人力資源管理的決策程序，與人力資源管理部門共同合作。

吳秉恩（2002）將策略性人力資源管理與傳統人事管理進行比較（表2-1），兩者在基本理念、目的、運作架構、層次角色、利益導向、問題處理等各項目都有很大的差異。

綜合前述，「策略性人力資源管理」強調組織宜以整體的觀點來探討人力資源管理與組織間的互動關係，強調企業的人力資源管理應主動回應外在環境變化，並與企業策略目標相互結合。換言之，人力資源管理不再像從前只進行行政事務的處理，而是逐漸地朝向策略性角色發展，與事業策略相互結合，讓組織的人力資本更能符合企業的需求。人力資源管理角色已從支援性的行政幕僚，轉變為協助企業競爭、發展的

表 2-1
策略性人力資源管理與傳統人事管理比較表

項目	策略性人力資源管理	傳統人事管理
基本理念	人爲資產、社會投資	人爲變動成本
最終目的	促進組織整體效能 提升長期人力價值 促進員工工作生活品質	增加個別功能活動效率 降低短期人力費用，提高勞動效率
運作架構	整合環境及情境因素	強調人事功能變數，不關心其他因素
層次角色	高階地位、負責策略性規劃、參與決策	低階地位、負責日常事務性工作，幕僚配合
利益導向	員工與股東利益	個人利益爲先
問題處理	預應式（proactive）解決人力資源整體問題，重視員工諮商	因應式（reactive）處理個別人事問題，注重抱怨統計
協調態度	建立共信，促進權力均衡	運用談判爭取權力優勢
資訊流通	上行參與之員工導向，開放溝通管道	下行控制之任務導向，傾向黑箱作業
員工發展	擴張發展空間，多元發展	員工受限較多，單元發展
活動範圍	重視策略性人力發展活動	傾向作業性人事事務活動

資料來源：吳秉恩（2002）。分享式人力資源管理——理念、程序與實務。

策略夥伴，相關工作內容也由作業性層次，擴大為策略性層次，範圍更加寬廣、更加多元。

貳 策略性人力資源管理重要理論

以下分別針對策略性人力資源管理三項重要理論：強調整合（integration）與調適（adaptation）、與組織策略相連結的人力資源管理策略、人力資源策略與組織策略的契合（fit）概念進行探討與分析。

一 整合（integration）與調適（adaptation）

策略性人力資源管理以總體導向方式，探討人力資源管理與組織的互動關係，它不僅提升人力資源管理至較高階的地位，參與決策、負責組織策略性規劃，也強調人力資源管理與組織之策略及價值觀的連結，以增進組織績效。廖純綺（2000）認為策略性人力資源管理有別於傳統人力資源管理所扮演的功能性角色，而以更總體導向的方式，探討人力資源管理與組織的互動關係，檢視組織外在的競爭環境與內在的優、缺點，確認可能的機會與威脅，將人力資源管理的各項活動與組織競爭策略相結合，提升人力資源管理的地位，協助組織獲取競爭優勢，達成組織目標。Delery和Doty（1996）認為策略性人力資源管理乃是組織為實現目標所擬訂之經營策略，進而採用不同的人力資源管理實務、競爭策略與管理活動。

另外，實施策略性人力資源管理的重點在於「上級」與「部屬」間關係的改變。呂育誠（2006）認為當策略觀點運用於組織內部時，關切重點是在於「管理者」與「被管理者」，也就是「上級」與「部屬」關係。管理者與被管理者的關係將超越狹義的「命令與管理」範圍，提升為以組織為整體考量：就管理者而言，人事管理工作不是單獨存在的，而是要與組織整體政策與目標相互結合；就被管理者而言，不僅具「受雇者」身分而已，更是組織追求競爭優勢的寶貴資源。

為使策略性人力資源管理能具體發揮功效，必須有效整合組織的使命與策略，同時進行組織結構與流程間的調適。李漢雄（2002）認為策略性人力資源管理主要是要完成兩項契合之標準：第一，人力資源之策略管理能夠與組織經營的策略契合，能夠配合整體組織文化、價值體系與核心競爭力；第二，策略性人力資源管理能夠與基本的人力資源功能結合，包括：招募甄選、績效管理、訓練發展及薪資福利等措施。

Schuler（1992）認為策略性人力資源管理主要是在於整合

（integration）與調適（adaptation），其目的是要確保三項因素：

(一) 人力資源管理可以完全整合於公司之策略和策略性需求之中。

(二) 人力資源政策能與組織內水平功能性政策及垂直層級結構保持一致性。

(三) 人力資源管理實務是經調適修正而得的，能為組織成員所接受，且為管理者與員工所共同參與。

Tichy、Fombrun和Devanna（1982）認為企業能有效地運作，策略管理須結合使命與策略、組織結構與人力資源管理三要素：

(一) 使命與策略：組織須有維持生存的理由，也要有一套方法來運用資金、資訊和人員來實現。

(二) 組織結構：人員應能有效地組織起來，並運用人力資源，完成組織使命與任務。

(三) 人力資源管理：根據部門所需，招募適當的人才，安排合適的工作，並進行績效評估，給予報償以保持員工的生產力。

策略性人力資源管理是規劃人力資源的使用和活動，使組織達到目標。主要的構面有垂直與水平兩種：就「垂直整合」而言，它促使人力資源管理的措施，和組織策略連結；就「水平整合」而言，水平整合則指不同人力資源管理實務之一致性，強調經由一些規劃行動與步驟，使不同的人力資源管理實務具有協調性與整合性。藉由兩種力量的整合，策略性人力資源管理為規劃人力資源的發展與活動，使組織具備達成目標的能力（Wright & McMahan, 1992; Wright & Snell, 1998）。

Wright與Snell（1998）提出了一個架構，以研究策略性人力資源管理中的「契合」（fit）與「彈性」（flexibility）概念。此架構著重在人力資源管理實務（HRM practices）、員工技能（employee skills）及員工行為（employee behaviors），審視此架構過去的概念及實證的研究。Wright與Snell認為「彈性」指提供組織調整現行策略或實務，可重新分配組織資源及活動，以因應環境變化的能力。對於「契合」（fit）與「彈性」（flexibility）的關係，學者有兩種看法：第一種為對立觀點，係指契合與彈性在同一連續帶上，是相反的兩端，因此，兩者無法同時並存。另一種觀點以Wright與Snell為代表，認為「契合」與「彈性」應為互補：在穩定可預期的環境下，企業能充分應付外在環境的挑戰，此時應採用整合性的人力資源管理實務，發揮現有的人力資源管理功能；但若組織處於動態且不可預期的環境中，很難獲取資訊以即時結合人力資源管理系統與組織策略，此時便需要具備彈性的人力資源管理系統，著重於發展快速適應環境的人力資源管理系統、具廣泛技能的人力資本及提高員工的行為彈性。

筆者依前述諸位學者所提，策略性人力資源管理垂直整合與水平整合理念，繪製成圖2-1。策略性人力資源管理活動在訂定組織的目標與策略之前，必須先分析組織外在的政治、經濟、社會、科技等環境。人力資源管理措施，必須和組織策略進行垂直整合，使之產生連結，所有措施或活動皆在達成組織目標；不同人力資源管理實務間並非分立，而是須進行水平整合，使之具有一致性，強調經由一些規劃行動與步驟，使不同人力資源管理實務具有協調性與整合性。藉由垂直整合與水平整合兩種力量，使策略性人力資源管理能發揮具體成效，達成組織目標。

綜合前述學者的見解，與其說策略性人力資源管理是個嶄新的理論，不如說其是強調對於組織與人員需求，以及彼此之間互動關係的嶄新詮釋，透過整合與調適的過程以提升組織績效。同時，策略性人力資源管理的實施，並非僅僅是技術或方法上的變革，它的本質乃是組織文化的變革，這也是為何Dessler（2003）強調策略性人力資源管理的目的在於改進組織績效，以及發展能夠促進創新與彈性的組織文化。呂育誠（2006）也認為，策略性人力資源管理是人力資源管理與組織目標間的有效連結，各項人事作為的最終目的均在支持總體目標的有效達成、創造組織績效與價值，以及發展能夠促進創新與彈性的組織文化。因此，一旦組織決定推動策略性人力資源管理，必須重視進行組織人事管理文化的變革，唯有如此，才有成功的機會。

圖 2-1
策略性人力資源管理垂直整合與水平整合示意

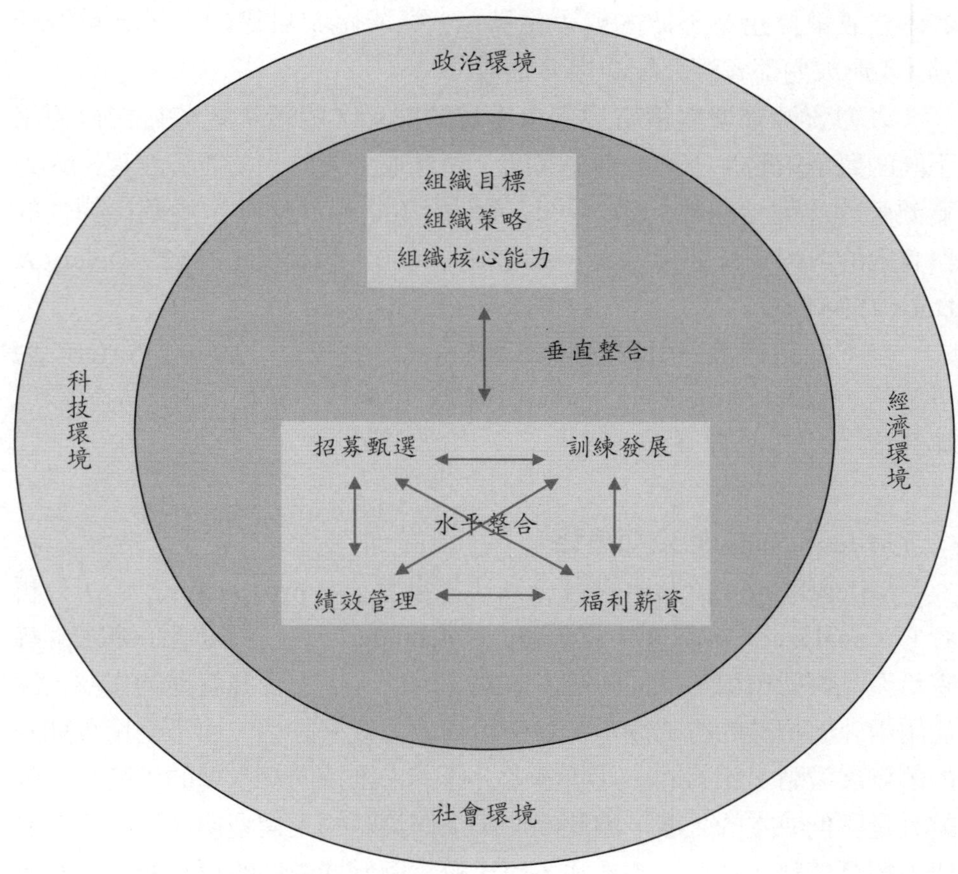

資料來源：筆者自行繪製。

二 與組織策略相連結的人力資源管理策略

策略（strategy）一詞源於古希臘文「Strategos」，原為一軍事用語，意指經由資源的有效運用而摧毀敵人，代表將軍作戰的藝術，之後則被廣義地沿用於商戰謀略等範疇（黃中怡，2002）。

對於「策略」的定義，Porter（1980）認為「策略」即定義組織獨特的位置、明確的取捨，以整合企業的各種活動。吳思華（2000）認為「策略」即企業主或經營團隊，在面對未來發展時所勾勒出的整體藍圖。策略具有以下基本要義：1.評估並界定企業之生存對策與利基；2.建立並維持企業不敗的競爭優勢；3.達成企業目標的一系列重要活動；4.形成內部資源分配的指導原則。

人力資源管理與策略規劃有密切的關係，組織為達成目標得採用不同的競爭策略；不同的競爭策略，須採取不同的人力資源管理。人力資源管理應配合組織的策略，以長期的策略發展觀點，規劃出彈性的與有效的人力資源運用方案（廖純綺，2000；賴金寬，2002；Delery & Doty, 1996）。

以下針對最常被引用的Miles和Snow提出的公司策略、Porter的競爭策略，以及Schuler和Jackson（1987）企業競爭策略內涵，加以敘述與評析。

(一) Miles和Snow的公司策略

Miles和Snow認為組織可分為「探勘者」（prospector）、「分析者」（analyzer），以及「防禦者」（defender）。「探勘者」會主動尋求新產品與新市場，並同時尋求成長。因此，人力資源管理的作為，應使用由外部招募的方式擴張，並使用績效考核來評估，而不是用長期的內部發展策略。相對的，「防禦者」僅尋求維持同樣水準的產品線，強調大量與低成本的生產，因此，使用這個策略的企業型態，比較不關心使用招募外部新進員工的方式，而比較喜歡發展內部的現有員工。介於兩者中間的，是屬於分析者的策略角色。「分析者」也會尋求成長，但是以比較穩定的、可預期的方式，經由內部產品的發展，而不是經由新市場的開發（引自孫鈴萍，2004）。Miles和Snow的公司分類策略與人力資源策略，如表2-2所示。

分析Miles與Snow所提出的策略理論，可發現是依據創新程度的差異來作為組織競爭策略的區分，高度創新的組織為探勘者（prospector），適度創新的組織為分析者（analyzer），少有創新的組織為防禦者（defender）。

表 2-2

Miles和Snow與公司策略相連結的人力資源管理策略

組織與管理特徵	防禦者	探勘者	分析者
競爭策略	有限的、穩定的產品線、透過滲透成長、強調效率	經常改變產品線透過創新與市場發展以成長	穩定但也有可能改變的產品線 注重效率也強調市場跟隨
僱用與發展策略	強調內部訓練與發展（製造人才）	強調甄選 （招募人才）	混合性方式 （視需要製造或是招募人才）
績效考核	流程導向並與訓練需求連結	結果導向並與報酬連結	大部分是流程導向
薪資政策	強調內部公平	強調外部競爭力	考慮到內部公平與外部競爭力

資料來源：孫鈴萍（2004）。臺灣傳統製造業轉型成長之策略性人力資源管理。

(二) Porter的企業競爭策略

Porter提出三種競爭策略供企業採用，分別是全面成本領導（overall cost leadership）策略、差異化（differentiation）策略與焦點（focus）集中策略（如圖2-2）。所謂「全面成本領導策略」重點在於企業必須追求成本最低的策略，以便與其他企業競爭，這是一般人最容易想像得到的策略；「差異化策略」重點在於利用各種方式，讓消費者感覺到產品與眾不同，無法接受替代品而產生忠誠度，進而使得企業產生競爭力；而「焦點集中策略」則是針對大部分的中小企業，認為其可以鎖定特定目標來提供服務或產品，以便增加利益（周旭華譯，1998）。

Porter提出的三種競爭策略，在實務運作都有執行的挑戰，例如：全面成本領導策略可能忽略產品的品質及附加價值；焦點集中策略可能忽略範疇經濟的整體綜效，故策略的執行仍必須依當時的產業環境而有權變的選擇。

Porter的企業競爭策略

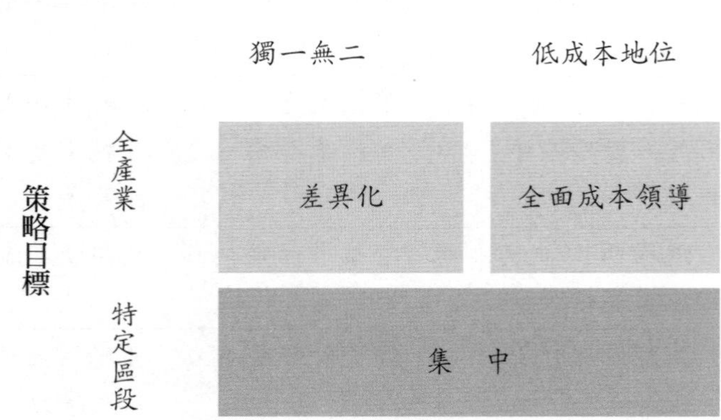

資料來源：周旭華譯（1998）。競爭策略：產業環境及競爭者分析。

(三) Schuler和Jackson（1987）企業競爭策略

Schuler和Jackson根據Porter、Miles與Snow的分類方式提出了一個重要的研究：解釋不同的角色行為和人力資源實務如何與不同的策略做搭配。根據三種不同的競爭策略：創新、品質強化、成本降低策略，茲將對應的角色與不同的競爭策略，整理如表2-3所示。

綜觀前述學者不同的看法，學者從不同角度切入提出不同的組織策略分類。Miles與Snow所提出的策略理論，是依據創新程度的差異來作為組織競爭策略的區分；Porter從競爭優勢的角度提出三種競爭策略；Schuler與Jackson則從不同的角色行為和人力資源實務須做不同的策略搭配角度出發，提出不同的策略。然而，因人力資源管理與策略規劃有密切的關係，組織為達成目標須採用不同的人力資源策略，以及不同的

表 2-3

Schuler和Jackson與公司策略相連結的人力資源管理策略

競爭策略	策略內涵	人力資源實務
創新策略	員工因為相互參與的程度高，因而需要團隊合作的精神、具有高度創新能力、長期導向、風險愛好者，並容忍模糊性	1. 團隊取向、長期導向的考核系統 2. 普遍性的技能發展與廣泛的生涯路徑 3. 薪酬制度強調內部公平 4. 彈性的薪資組合，包含股票選擇權
品質強化策略	員工需要強調生產或是服務的過程、風險接受程度降低，而且注重可預測性	1. 僱用關係保證 2. 廣泛的訓練計畫 3. 參與性的決策
成本降低策略	員工為短期導向、風險厭惡者、注重可預期性、結果導向，且喜歡獨立工作	1. 強調短期的績效考核系統 2. 幾乎無訓練計畫 3. 非常標準化的工作 4. 限制性的且為指定的生涯路徑 5. 講求持續在勞動市場上追蹤薪資報酬率的程序

人力資源管理。因此，人力資源管理應配合組織的策略，以長期的策略發展觀點，規劃出彈性的、具可執行性的人力資源運用方案，同時策略的執行必須依當時的產業環境而有權變的選擇，如此，方能應付快速變遷與競爭激烈的環境。

三 人力資源策略與組織策略的契合（fit）概念

在「策略性人力資源管理」觀念引導下，組織將人力資源管理視為策略夥伴的角色，隨著組織環境或策略的不同需求而對人力資源管理做出相對應的調整，希望可以找出最佳的人力資源管理活動或系統，並透過此活動或系統來提升組織績效。Ordonez認為企業為了建立永續競爭優勢，必須同時兼具組織彈性（資源與協調）與契合（內部與外部），以建立組織更新能力，快速回應劇烈變動之環境（引自陳汝莉，2022）。

徐治齊（2004）指出在部分學者的研究中，除印證出人力資源活動和組織績效的直接關係外，也發現人力資源管理活動和企業整體經營條件間所產生的綜效關係或契合效果對組織績效所產生的影響，統合在競爭策略下運作的人力資源活動不僅可以彼此支援配合，更可以加強策略的競爭效果，進而達成企業的整體目標。因此，策略性人力資源管理的研究，除了找出最佳人力資源管理活動的目標外，更希望瞭解人力資源管理活動間和組織策略間之契合效果所產生的影響。

在策略性人力資源管理的觀念下，實施人力資源管理活動的主要目的在於配合組織競爭策略以達成目標。而隨著政治、經濟、社會與科技情勢的改變，組織必須根據環境的不同而發展出適合自己的策略與人力資源管理活動，在此種情形下，單一獨立運作且功能有限的人力資源管理活動可能無法滿足組織的所有需求。組織必須制定出可以配合特定競爭策略且可以彼此互相支援的人力資源管理活動，才可滿足組織越來越複雜的各種需求，「契合」的觀念也因此應運而生。研究結果大多顯示契合的影響效果確實存在，並可進一步提升組織績效，互相支援且可配合組織競爭策略的人力資源管理活動可為組織帶來更多效益（徐治齊，2004）。

關於人力資源管理系統對於組織績效之影響，分為普遍觀點（universalistic perspective）、情境觀點（contingency perspective）及組態觀點（configurational perspective）等三種不同看法（廖純綺，2000；Lawler, Chen, & Bae, 2000）：

(一) 普遍觀點

又稱為「最佳實務觀點」（best practices perspective），認為在人力資源管理系統中，存在著某些特定的政策與措施，只要落實這些特定的措施，將會帶給組織正面的績效影響；換言之，組織無論處於何種情境下，皆可適用所謂的「最佳實務」，即人力資源與組織績效間有直接的關係。Pfeffer（1994）提出十六項人力資源管理實務，包括：工作保障、內部升遷制度、員工自主性、員工參與及激勵獎酬制度等，可提高組織績效。

(二) 情境觀點

強調人力資源管理措施應隨組織特性，例如：組織策略、組織文化……之不同而有所差異；組織的策略會增加或減低人力資源實務對組織績效之影響，故人力資源管理須與組織需求一致，並協調組織內不同的人力資源管理活動，結合企業策略，才能有效達成組織目標。

Delery和Doty（1996）以美國銀行業為研究對象，探討策略性人力資源管理對組織運作的影響，發現特定的人力資源管理活動對組織績效有正向影響，例如：工作保障、利潤分享計畫……，驗證了普遍觀點的主張。然而，他們也發現在特定的企業策略下，必須配合特定的人力資源管理活動，才會有較佳的組織績效，例如：結果導向的績效評估、員工參與……，故情境觀點的主張也得到支持。

(三) 組態觀點

組態觀點認為人力資源管理措施應有系統的整合，並配合組織特性作系統性的改變。

研究策略性人力資源管理的學者使用「內部契合」（internal fit）和「外部契合」（external fit）的概念，來談組織內人力資源管理實務的整合與互補問題。內部契合指的是不同人力資源管理活動間的彼此互補與支援；外部契合則為人力資源管理活動與組織特性、策略流程與內容的協調一致與整合（徐治齊，2004；孫鈴萍，2004）。

各種不同的人力資源管理策略之契合型態，可以被歸類為兩個面向：「內部契合」（internal fit）和「外部契合」（external fit），以及特定效標與無效標契合（criterion specific vs. criterion free）（孫鈴萍，

2004）。表2-4為四種人力資源管理的契合分類。

表 2-4
人力資源管理契合形式

	特定效標契合	無效標契合
內部契合	一組最佳實務的契合	組態契合（gestalt） 構面契合（bundles）
外部契合	策略性互動的契合	情境契合（contingency）

資料來源：孫鈴萍（2004）。臺灣傳統製造業轉型成長之策略性人力資源管理。

表2-4各種契合內涵說明如下（孫鈴萍，2004）：

1. **策略性互動的契合**（fit as strategic interaction）：強調連結人力資源實務與外部環境以回應企業策略，重點在於如何回應環境並與環境互動。一旦策略決定之後，人力資源策略及相關實務必須要與之配合。這樣的假設在於組織若有適當的反應及正確的配合，將會造成較佳的績效，而這裡的績效通常只是財務上的績效。
2. **情境契合**（fit as contingency）：認為組織的人力資源政策與實務若能較佳的反應外在因素的話，將會有較佳的績效，認為某一種特定的反應總是會特別的帶來好的績效。
3. **一組最佳實務的契合**（fit as an ideal set of practices）：認為存在一組人力資源最佳實務，若組織實行的最佳實務越接近理想型態的話，則越能創造好的績效。

   研究人力資源最佳實務的學者，皆認為使用越高績效的人力資源管理實務，將在生產力、員工流動率及其他財務指標上產生越好的績效，因此，皆提出一組在人力資源實務間的最佳適配。
4. **組態契合**（fit as gestalt）：強調造成有效人力資源管理的關鍵，在於找出一組適當的綜合性實務。這個觀點認為「總和大於零散」（sum is greater than parts），即所有實務的綜效將大於單獨的實務效果。

5. **構面契合**（fit as bundles）：不同型態或構面同時存在著，重點是要決定哪一個是比較有效的。理論上，有可能會同時存在好幾個組合或是構面的人力資源管理實務，則易導致較佳的績效。

Pfeffer（1994）曾提出策略性人力資源管理中存在一個「最佳活動」的概念，列舉了以下十六項創造競爭優勢的人力資源管理措施，認為這些活動為透過管理員工而達到競爭成功的組織，所共同具備的特徵：

1. 以整體性觀點審視員工關係（overarching philosophy）
2. 保障就業安全（employment security）
3. 精緻化的遴選（selectivity in recruiting）
4. 高於一般水平的薪資報償（high wages）
5. 獎勵薪資制度（incentive pay）
6. 員工認股（employee ownership）
7. 資訊分享（information sharing）
8. 參與和彰權益能（participation and empowerment）
9. 團隊和工作重新設計（teams and job redesign）
10. 訓練與技能發展（training and skill development）
11. 工作輪調與交互訓練（cross utilization and cross training）
12. 消除地位象徵（elimination of status symbols）
13. 內升優先（promotion within）
14. 長期觀點（long term perspective）
15. 降低薪資差距（wage compression）
16. 測量人力資源制度與政策的執行成效（measurement of practices）

表2-5為學者所提出之人力資源最佳實務的組合。

表 2-5
人力資源最佳實務的組合

學者（年代）	人力資源最佳實務的組合
Arthur（1992）	廣泛的工作定義、員工參與、正式的糾紛決議制度、訊息共享、具有高度技能的員工、自我管理團隊、廣泛的技能訓練、廣泛的福利措施、高底薪制度、股票選擇權
Pfeffer（1994）	員工僱用保障、甄選式僱用、高底薪制度、激勵性獎金、員工股票分紅、訊息分享、參與權、授權、工作重新設計／團隊、訓練及技能發展、跨功能運作、跨功能訓練、象徵性平等主義、薪資壓縮、內部升遷制度
Huselid（1995）	人事甄選、績效考核、激勵性薪資、工作設計、處理系統、訊息分享、意向評鑑、勞工／管理參與、甄選強度、訓練時數、升遷準則（年資vs.功績）
MacDuffie（1995）	工作團隊、問題解決團隊、員工建議、工作輪調、分權制度、甄選與僱用、條件式薪資、身分地位差異化、新進員工訓練、原有員工訓練
Delery & Doty（1996）	內部升遷機會、正式訓練系統、評估測量績效、利潤分享、員工僱用保障、申訴機制、工作明確化
Pfeffer（1998）	員工僱用保障、新進員工的甄選式僱用、自我管理之工作團隊與授權的工作設計、因組織績效而有較高的薪資、廣泛性的訓練、減低身分差異與障礙、廣泛性的財務與績效資訊分享

資料來源：孫鈴萍（2004）。臺灣傳統製造業轉型成長之策略性人力資源管理。

對於組織是否存在最佳實務，學者存在不同的看法，有些學者持相反見解，例如：Marchington和Grugulis（2000）並不認為內部契合的最佳實務，可以普遍存在於各個企業裡面；Boxall與Purcell（2003）也提出相同的質疑，但是認為尋找人力資源最佳實務的研究過程，是值得被持續探討的。孫鈴萍（2004）綜合學者對最佳實務的支持及對最佳實務的質疑，探索臺灣傳統製造業轉型成長之策略性人力資源管理，研究結果歸納出九項個案公司普遍擁有的人力資源核心實務（HR core practices），驗證了普遍性的觀點。另一方面，其研究亦提出為因應各家公司的轉型策略及公司不同的其他條件，必須加強實行四項轉型成長策略及其他的人力資源實務——改造策略架構、振興資源、改造流程與強化關係，此四項策略屬於各家公司情境性的搭配作為。

四 策略性人力資源管理相關研究重要結論

以下列舉學校、政府組織與民間企業之策略性人力資源管理相關研究重要結論。

李雅景（2002）以嘉義縣公立小學併校政策探討策略性人力資源管理，所得結論偏向正面，例如：如從管理層面而言，小學併校可達到成本管理、人力資源管理、組織精簡、便利行政業務推動、節省人事經費支出等目標；如就人力資源管理探討，併校有助老師間互動及提升老師素質，亦能穩定教師異動頻率。

在國家與政府的體系方面，施能傑（2005）以策略性人力資源管理觀點探討文官體系能力與政府競爭力之間的關係，認為為了增進政府面臨全球化大挑戰之競爭力，必須透過文官體系改造，使其具備因應全球治理的能力和行為，因此，文官體系必須朝此策略願景變革發展。為達成此項目的，現行政府人力資源管理高度法制化的作法應該鬆綁，朝必要的分權方向設計，以有效釋放政府文官的能力與競爭力。

蔡秀涓（2006）研究OECD國家策略性人力資源管理政策重要議題與對我國的啟示，研究發現OECD各會員國公共人力資源管理改革，主要目標都在藉由人力資源管理制度的彈性化，以增加文官的回應力。各國策略性人力資源管理的改革趨勢，主要為人力資源管理實務的分權化，以及人力資源管理制度的個別化與契約化。我國若欲採行更具策略性的公共人力資源管理政策，未來可朝人事體制更加授權化與機關化、人力資源管理更加個別化與開放、績效管理更加全面化，更加重視高級文官領導力等層面來進行。

范揚晧、朱正一、范熾文（2009）研究大學策略性人力資源管理，發現大學人力資源管理整體表現與企業相比，並沒有達到較具策略化與較佳化，代表臺灣整體公、私立大學人力資源管理之策略化程度不高。由此可知，大學人力資源管理運作還有改善的空間，並且值得探討大學人力資源管理運作上的問題。

陳汝莉（2022）研究臺灣一間金控在組織變革中，策略性人力資源管理的運用與影響，研究發現策略性人力資源管理舉措運用越多，變革成效越高。人力資源管理單位在個案金控變革中，屬輔導與協助的角色，能發揮穿針引線與溝通協調的功能。但面臨多變環境，未來人資也要與時俱進，除了敏捷彈性、創新、勇於突破框架，更要具備數位力、多媒體與社群經營能力，關注公司長遠發展，並協助他人職能轉換，滿足員工發展並重視員工體驗。

參 策略性人力資源管理模式

21世紀的學校經營理念，有許多源自於企業組織，雖然企業組織與教育組織兩者的目標，存在基本上的差異，特別是企業組織屬於高度競爭的組織，而教育組織（尤其是公立學校）的基本特性則屬於養護性的組織。不過，如果對於企業組織的經營理念與新觀念，學校能加以吸取，並適度的轉化，將能活化學校組織的運作，以達成學校教育目標，因此，仍有相當程度的適用性（張明輝，2001）。

組織的成功依靠優質的人力資源，藉由人力資源創造組織價值，並促進組織永續經營與發展。David與Jacky（1998）指出學校組織憑藉著學校成員的素質、承諾和工作表現等三要素得以成功；優質的人力資源管理能提升學校成員的素質、承諾和工作表現，增加學校組織效能。黃同圳（2000）指出研究顯示，越重視人力資源管理的企業，資產報酬率也越高。學校組織雖然不似企業組織以獲利為首要之務，但提供有價值的服務卻是兩者間的共通點，同樣也需要做好人力資源管理工作來提升組織績效，確保組織功能的發揮（馬任賢，2003）。學校組織的特性及結構雖與一般企業組織有別，但行之有年的人事管理制度，對於教職人員的人事活動系統做了相當程度的規範。只是傳統以來由上而下的管理制度，以及忽略成員需求的管理活動，使得人事管理制度淪為細微末節瑣細的規定，而喪失以「人」為焦點的整體規劃功能。因此，跳脫傳統僅重視事務性管理工作的人事管理制度，建構一套適合我國國情的大學教師策略性人力資源管理模式，可作為有效實施大學教師策略性人力資源管理之指引與參考。

策略性人力資源管理具有相當的複雜性，有別於傳統人力資源管理所扮演的功能性角色，必須以總體導向的方式，探討人力資源管理與組織的互動關係，它不僅參與決策、負責組織策略性規劃，也強調人力資源管理與組織之策略及價值觀的連結，探討人力資源管理與組織的互動關係，檢視組織外在的競爭環境與內在的優、劣勢，確認可能的機會與威脅，將人力資源管理的各項活動與組織競爭策略相結合，提升企業人力資源管理的地位，協助組織獲取競爭優勢，以增進組織績效，達成組織目標。基於此，策略性人力資源管理在運作過程中必定牽涉到組織的內、外在環境，涵蓋諸多不同層次的策略與目標，以及各種活動或運作實務。

為了將這些複雜的變項整合與統合在一個簡化的架構中，以提供一個整全性的宏觀視野角度來研究策略性人力資源管理的運作，以下先引介學者所提出的策略性人力資源管理模式（The Model of Strategic Human Resource Management），繼而在這些模式的基礎上，建構出一套具有系統性與整全性的策略性人力資源管理模式。

一 策略性人力資源管理模式

(一) Devanna、Fombrun和Tichy的策略性人力資源管理模式

Devanna、Fombrun和Tichy（1984）提出策略性人力資源管理的基本架構圖，如圖2-3所示，他們認為當企業外在環境，如政治、經濟、文化及科學環境變動時，將會影響組織內部的策略與組織結構、人力資源管理做適度的調整，透過相互協調整合，使組織能迅速因應環境的改變；同樣的，組織內部也須自發地調整策略、組織結構與人力資源管理，才能建構出完整的策略性人力資源管理，將人力資源提升為策略性角色。

圖 2-3

策略性人力資源管理基本架構

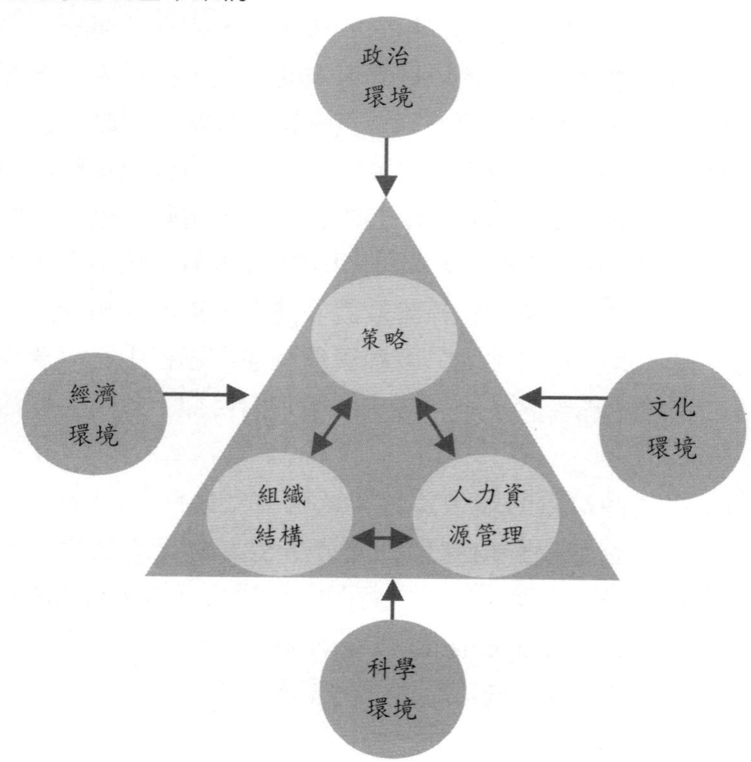

資料來源：*Strategic human resource management*, by M. A. Devanna, C. J. Fombrun, & N. M. Tichy, 1984, NewYork: Wiley.

Devanna等人提出的模式，能透過簡單的圖示描繪出策略性人力資源管理的基本架構，然而，其模式較為簡略，沒有具體呈現出策略性人力資源管理的實務活動，例如：人力招募、人力維持、人力激勵、人力訓練發展，以及績效評估等管理過程與活動。此外，組織的「策略」屬於價值觀或信念等較上位的概念，由此引導出策略性人力資源管理相關活動，故應置於較上層的位置為宜。

(二) Tompkins的策略性人力資源管理模式

Tompkins（2002）提出策略性人力資源管理模式（如圖2-4所示）。Tompkins認為策略性人力資源管理需要綜合考量組織「程序」（procedural）與「結構」（structure）：

1. **組織程序**：組織須考量不同程序間的相互配合，「人力資源目標與策略」的訂定，受到「組織使命與目標陳述」和「人力資源政策與功能」兩項程序的影響。組織一方面要從內、外在環境分析，擬訂組織的使命與目標；另一方面要從組織各項人事管理工作中，歸納出相關的人力資源政策與功能。
2. **組織結構**：要達成組織「人力資源目標與策略」，必須發揮「人力資源政策與功能」，而「人力資源政策與功能」，則必須倚賴各項工作，例如：人力招募與甄選、教育訓練與發展、薪資福利與績效管理等多項工作的有效整合。

從圖2-4中，可以看出Tompkins策略性人力資源管理的概念，然而，此圖有其不足之處，例如：Tompkins認為內、外在環境分析會影響組織使命與目標陳述。然而，事實上，組織內、外在環境的分析或改變亦會影響組織人力資源政策與功能的形成及轉化；換言之，策略性人力資源管理應該是動態循環的過程，是持續不斷進行的，組織人力資源政策與功能的形成及改變常常會受到組織政策的轉變，或組織外在政治、經濟、文化、科技等環境改變的影響，而必須加以修調。

圖 2-4
Tompkins策略性人力資源管理模式

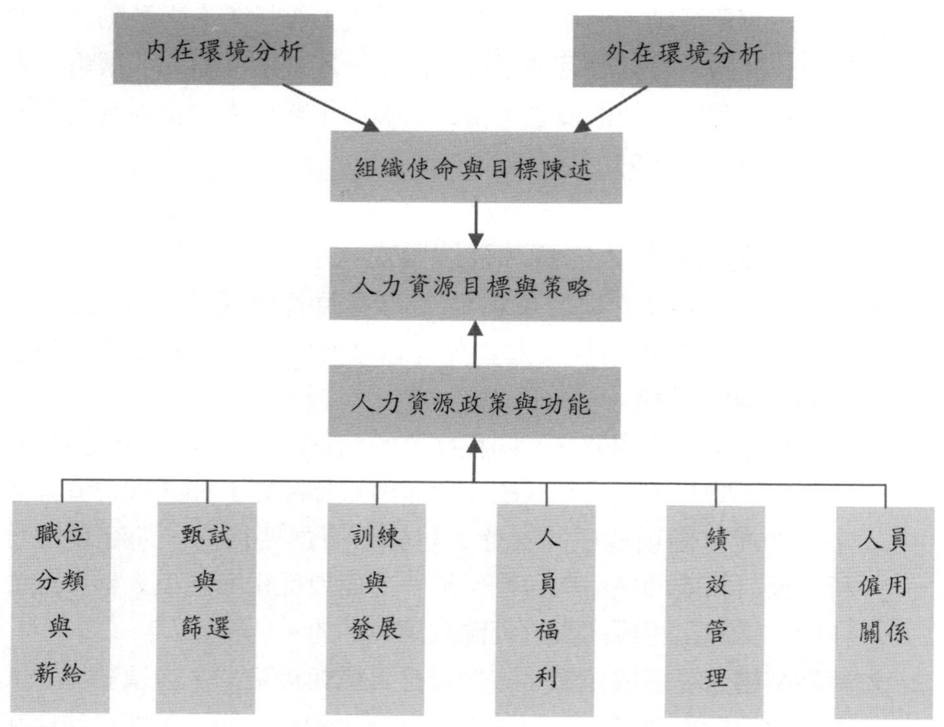

資料來源：Strategic human resources management in government: Unresolved issues, by J. Tompkins, 2002, *Public Personnel Management*, *31*(1), 97.

(三) 蔡正飛的策略性人力資源管理系統

蔡正飛（2008）提出策略性人力資源管理系統，認為策略是企業行動的方針，是建立在企業的使命、願景與理念上（Mission、Vision與Value，簡寫為MVV），它是企業與員工的心中羅盤，引領決策與經營活動。1.使命（mission）：企業存在之使命為何？2.願景（vision）：未來的展望，要成為怎樣的一個企業？3.經營理念（value）：共同的價值觀，用以秉承使命達成願景的原則。

蔡正飛（2008）認為要貫徹實施策略性人力資源管理，必須有一套系統來進行策略性人力的「選」、「育」、「留」、「用」，這些措施分為八項：1.人力規劃（workforce planning）；2.召募與甄選（recruitment）；3.教育與訓練（education & training）；4.待遇與激勵（compensation）；5.績效管理（performance management）；6.職涯管理（career management）；7.身心安康（safe & health）；8.勞資關係（labor relationship）。

這八項措施與策略的關係，以及彼此間的關係如圖2-5所示。很重要的是必須有系統性的思考（systemic thinking），來看待這些策略性人力資源管理的措施：1.所有的措施必須是為了發展與達成經營策略，此即「垂直契合」（vertical fit）。2.在設計與執行每一項措施時，必須聯想到與其他措施的關係。例如：規劃人力需求時，須聯想到「職務內

圖 2-5

策略性人力資源管理系統

資料來源：蔡正飛（2008）。企業策略性人力資源管理的道與法。

容」、「招募與甄選」、「教育訓練」、「薪酬」、「績效考核」等的搭配，此即「水平契合」（horizontal fit）。3.垂直契合與水平契合的結合即完整的策略性人力資源管理。因此，策略性人力資源管理是要發展與達成策略目標的人力資源管理系統。

(四) Wright、Dunford與Snell的策略性人力資源管理整合圖

Wright、Dunford與Snell（2001）（引自蔡正飛，2008）將策略性人力資源管理與策略領域的觀念結合，把這兩個領域中重要的元素架構成一個完整的概念，如圖2-6。特別是動態策略能力（dynamic capability）、智慧資本（intellectual capital）與創新學習（innovation learning），更是近年來以人力資源角度探索企業競爭優勢的重要議題。他們更具體的主張：企業要擁有能提升競爭優勢的核心專長（職能），必須用人力資源管理措施，經由動態策略能力的增強方使得之。其中，Barney（1991）所提之資源基礎觀（Resources-Based View, RBV）所主張的「能創造價值」、「稀有性」、「難以模仿」與「無以取代性」，這樣的企業特有資源正是企業競爭優勢的來源。

Wright等人所提出策略與SHRM整合的觀念架構，主張人力資源管理系統會改變企業的動態能力來更新企業的核心職能，使之更能創造價值、稀有、難以模仿，以及無法取代之特質，進而創造企業的競爭優勢以提升企業績效。人力資源管理系統同時也能增加企業存在於員工與組織系統中的智慧資本存量，並且增強企業學習與創新的流量，也就是知識的創新、移轉與整合；而智慧資本的存量與學習創新的流量正是企業動態能力的基礎。此外，企業動態能力也能促進學習創新與累積智慧資本（引自蔡正飛，2008）。

圖 2-6
策略性人力資源管理整合圖

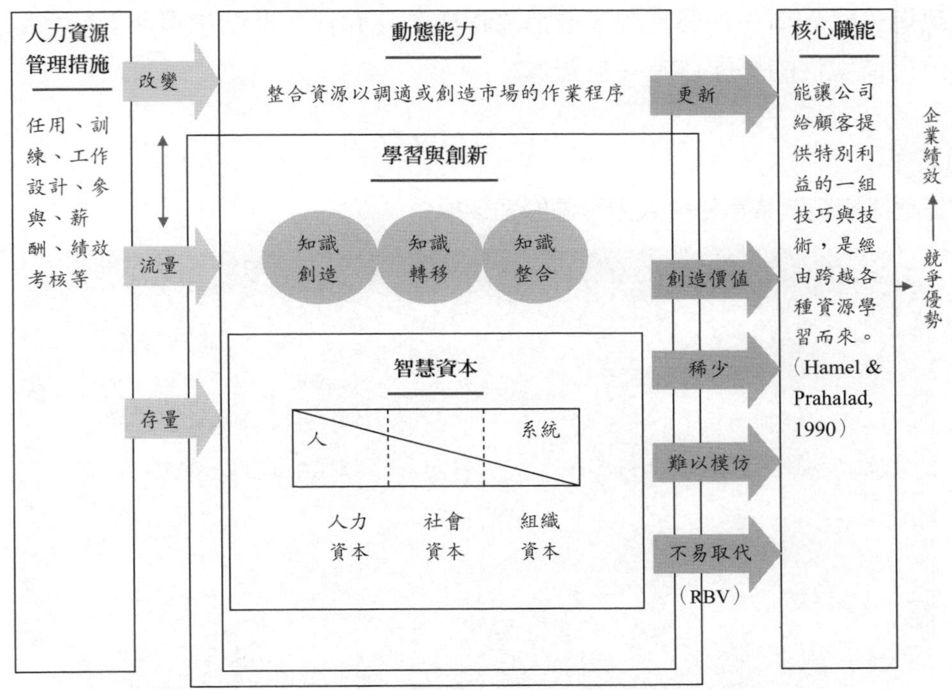

資料來源：蔡正飛（2008）。企業策略性人力資源管理的道與法。

(五) 臺灣傳統製造業策略性人力資源管理架構

孫鈴萍（2004）探究臺灣傳統製造業轉型成長之策略性人力資源管理，歸納出個案公司普遍擁有的九項人力資源核心實務（HR core practices）：招募人才時注重人格特質──以工作價值觀之穩定性、敬業精神與員工紀律為主；高底薪；廣泛的福利措施；以現金方式發放的激勵性薪資；行為導向與結果導向的績效評估；工作在職訓練與技能發展；從內部晉升；勞資關係和諧；長期僱用的工作保障等九項，這項結果驗證了普遍性的觀點。

另一方面，其研究亦提出為因應各家公司的轉型策略及公司其他的不同條件，必須加強實行四項轉型成長策略及其他的人力資源實務——改造策略架構、振興資源、改造流程與強化關係，此四項策略屬於各家公司情境性的搭配作為（見圖2-7）。

圖 2-7
臺灣傳統製造業策略性人力資源管理架構

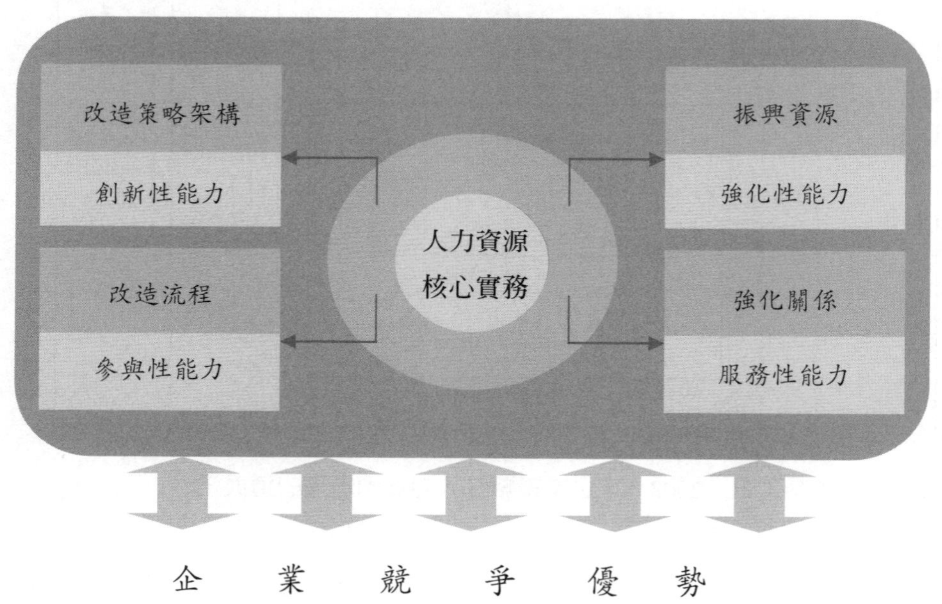

資料來源：孫鈴萍（2004）。臺灣傳統製造業轉型成長之策略性人力資源管理。

(六) Richard有效能的學校人力資源管理系統

Richard（2001）提出有效能的學校人力資源管理系統。由圖2-8可知學校人力資源管理之內涵有計畫、招募、甄選等。整體的人力資源管理的運作會受到外部（政治、經濟、文化、法律）與內部（學區文化、大小、結構等）因素的動態性影響。其最終的目的，在促使人力資源管理更有效率與促進學生學習。

圖 2-8

Richard有效能的學校人力資源管理系統

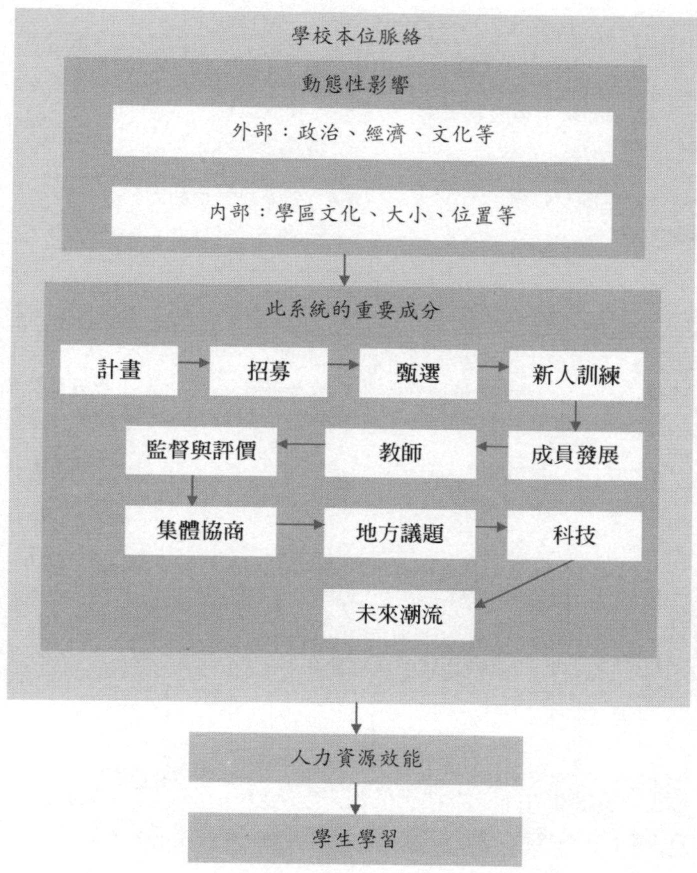

資料來源：*Human resources administration*: *A school-based perspective* (2nd ed.), by E. S. Richard, 2001, New York: Eye on Education.

(七) 人力資源管理診斷模型

圖2-9為Ivancevich發展之人力資源管理診斷模型。此模型特別之處在於人力資源管理追求的最終結果，除了必須是具競爭力且高品質產品之外，另外還強調企業的社會責任（Corporate Social Responsibility，簡

圖 2-9
人力資源管理診斷模型

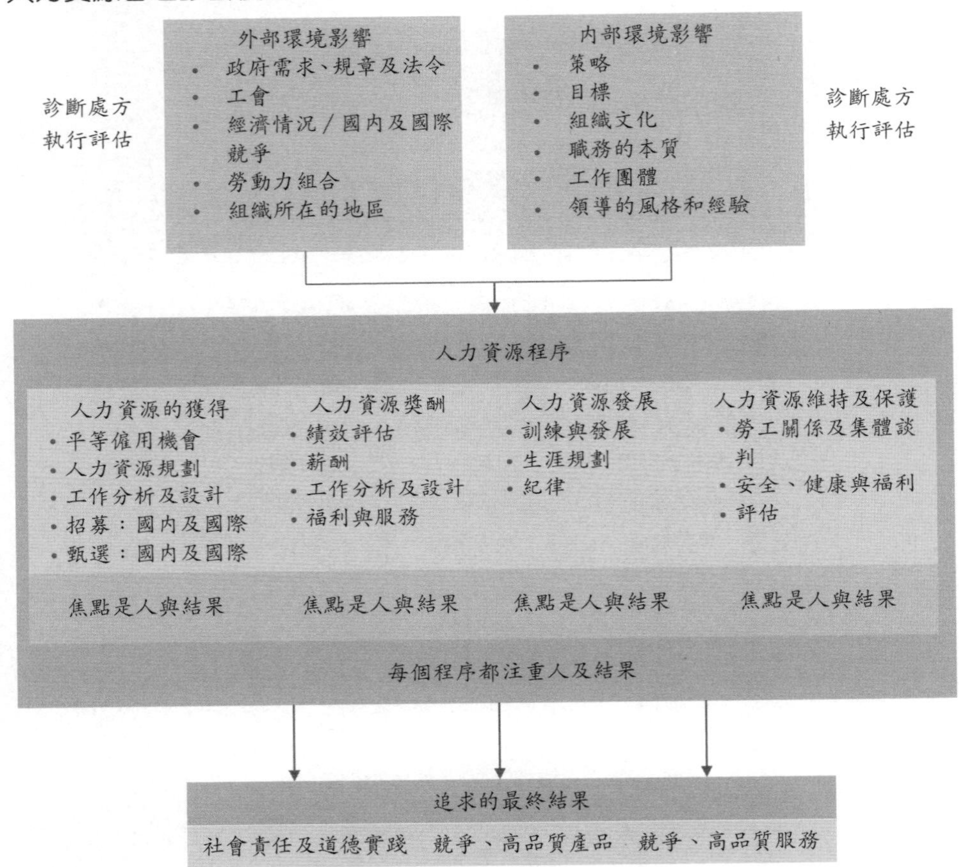

資料來源：張善智譯（2003）。人力資源管理。

寫為CSR）及道德實踐。此觀點符應1960年代以後，企業經理人對社會責任的態度演變，多主張企業組織應該參與解決社會問題，回饋社會（陳光榮，1995），遵守企業倫理，才能得到社會的支持，創造更多的利潤，同時也能回饋社會（蕭新煌，1992）。即進行商業活動時須考慮到對各相關利益者，以及對社會和自然環境造成的影響。

(八) 人力資源管理功能模式

張緯良（2018）將人力資源管理分為「人力獲得」、「人力發展運用」和「人力激勵與維持」三方面。在「人力獲得」方面，組織設計決定了各項作業的分工與合作方式，藉由工作分析與設計來決定工作的內涵和所需人力資格，進行人力規劃與招募，甄選組織所需的員工；在「人力發展運用」方面，藉由訓練與發展提升人力的素質，滿足工作的需要；在「人力激勵與維持」方面，透過績效評估掌握員工的工作績效與問題，以薪資福利吸引並留住組織所需要的人才，激勵與領導員工，使其全心貢獻達成組織目標，並建立和諧的勞資關係、工作環境、衛生制度、紀律管理、維持員工向心力，進而共同為組織努力，最後達到組織整體使命目標，如圖2-10所示。

(九) DeCenzo與Robbins人力資源管理模式

DeCenzo與Robbins（2005）認為人力資源管理是在發揮「進用」、「訓練與發展」、「激勵」與「維持」等四項基本活動與功能，組織由人所組成，組織目標即在獲取成員的服務、發展成員的技能、激勵成員有更佳的績效表現，以及確保成員對組織的承諾（如圖2-11所示）。

二 策略性人力資源管理模式的重要內涵

上述九個模式所包含的要素與所強調的重點雖不盡相同，然而，綜合觀之，可得到以下重要內涵：

(一) 進行內、外在環境分析

組織會受到內、外在環境的影響，因此，在進行策略性人力資源管理前，必須先考量組織的內、外在環境脈絡並進行分析。外在環境，包括：政治、經濟、社會以及科技脈絡環境；內在環境，包括：組織結構、組織文化等。

圖 2-10
人力資源管理功能模式

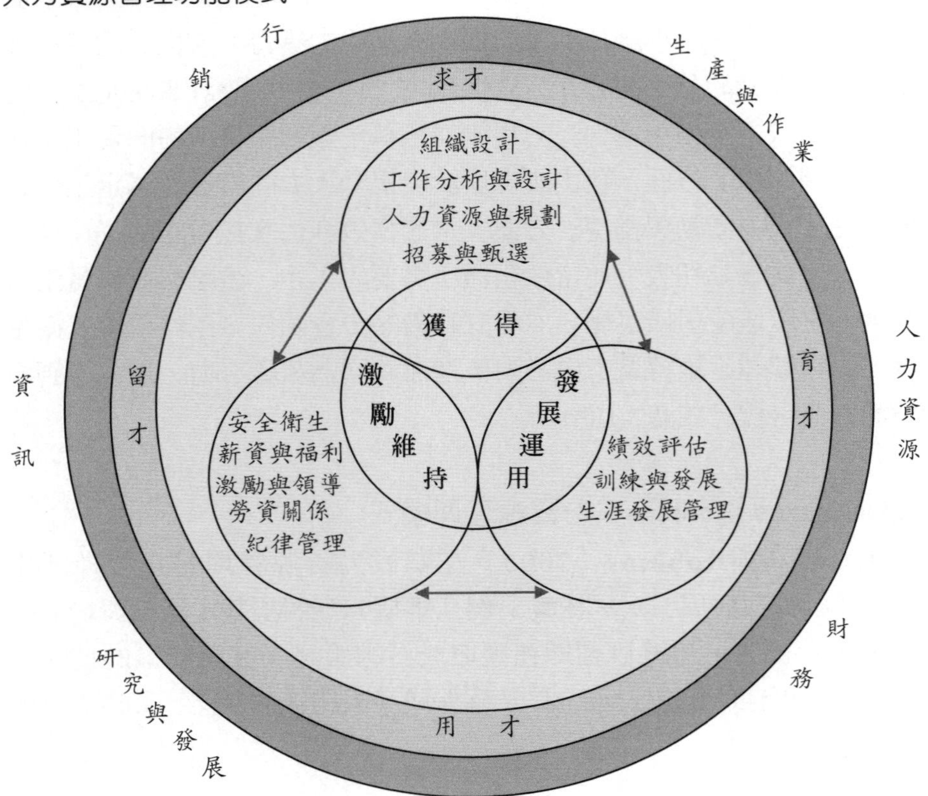

資料來源：張緯良（2018）。人力資源管理（五版）。

(二) 使命、願景與理念

策略性人力資源管理強調人力資源管理活動必須與組織的使命、願景或目標相契合，因此，組織在進行人力資源管理活動時，必須擬訂組織使命、願景與理念，並且使組織的使命、願景、目標、價值觀與組織發展策略相連結，方能有效增進組織績效，達成組織目標。

圖 2-11

DeCenzo與Robbins人力資源管理模式

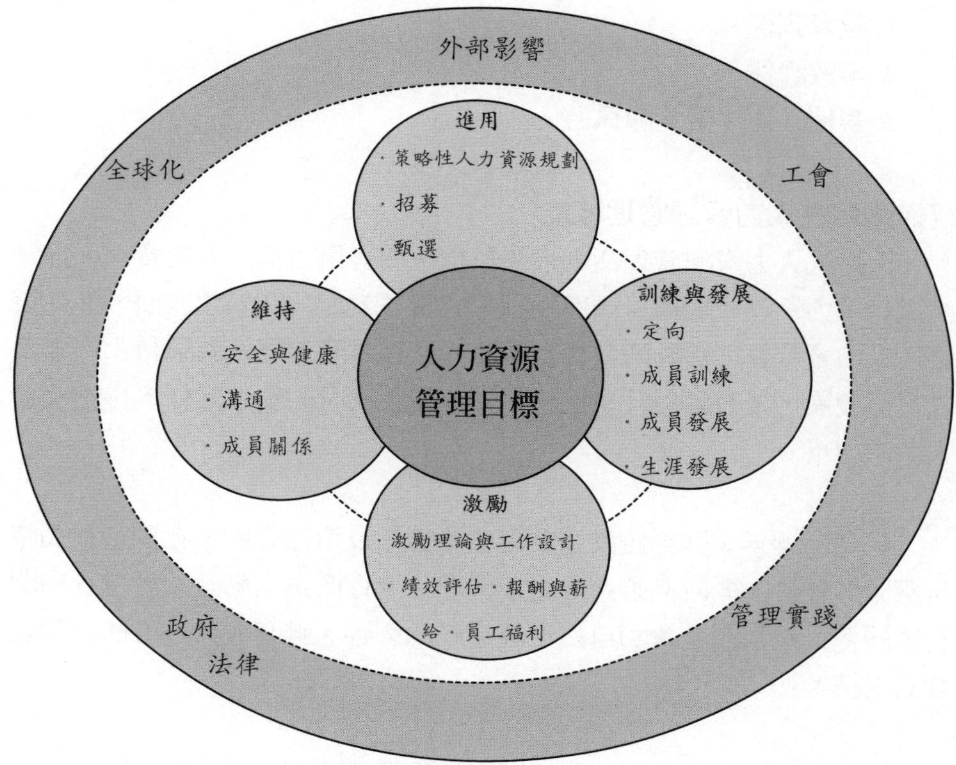

資料來源：DeCenzo與Robbins (2005)。

(三) 訂定組織發展策略

組織必須針對所處的環境現況、本身的內部資源與外部環境進行資料蒐集，對未來發展做出明確規劃，並應積極通盤思考如何擬訂內部與外部經營發展策略，確保目標的達成與績效的提升。

(四) 策略性人力資源管理活動措施

有關策略性人力資源管理的活動措施，不僅繁複，所包含的面向相當多元，歸納策略性人力資源管理主要核心實務活動有：

1. 人員招募與甄選。
2. 薪資獎酬。
3. 教育訓練。
4. 績效評估。
5. 其他（如：勞資關係）。

(五) 策略性人力資源管理效能

策略性人力資源管理活動最終目標在於善用組織的人力資源，提升組織競爭力、達成組織目標與提升人力資源效能。在學校方面，進行策略性人力資源管理活動的目標則是達成教育目標，促進教職員工的專業成長與發展，並有效提升學生的學習，負起應有的績效責任，得到社會大眾的認可。

另外，近年來強調企業應負有社會責任及道德實踐，在創造利潤時也應回饋社會，同時必須遵守企業倫理，進行商業活動時須考慮到相關利害關係人以及對社會和自然環境造成的影響。唯有如此，方能得到社會的支持。

肆 大學教師策略性人力資源管理模式

近年來，策略管理（strategic management）成為企業界的新寵，更是管理學因應環境變化的大躍進。策略管理的重要性在於它攸關組織表現的優劣、使管理者檢視與適應環境的改變、協調不同部門合力達成組織的目標，以及牽涉到管理者所做的許多決策，其概念和模式引用在各個領域都使組織的效能有顯著的改善（林孟彥譯，2003）。另一方面，策略性人力資源管理強調組織策略與人力資源活動的連結，探討重點著重於組織策略。以下先說明策略管理的內涵與程序，再說明大學教師策略性人力資源管理模式內涵。

一 策略管理內涵與程序

「策略」是企業行為的最高指導原則，其特質包括：策略是做對的事情，而不是僅將事情做對；是執行長時間的觀點，是屬於長期承諾（湯明哲，2003）。「策略」是達成目的或目標的一種手段、方法或規劃的過程，會隨著內、外在環境因素改變而調整，從歷程來看，也是一種改造或變革，旨在運用過去及現在的訊息，判斷未來可能的發展，產生最可能達成目標之方案（林天祐，2002；蓋浙生，2002）。

策略管理的觀念，可追溯至著名的策略理論家H. I. Ansoff於1950年代所發展出「長期規劃」管理制度，強調「預期成長」和「複雜化的管理」，並假設過去的情勢會延伸到未來，其後又提出「策略規劃」，形成了策略管理的重要基礎，以更具彈性和前瞻性的策略，因應多變的環境。策略管理係指組織運用適當的分析方法，確定組織目標和任務，形成發展策略，執行策略和進行結果評估，以達成組織目標的過程（吳清山、林天祐，2001）。湯明哲（2003）認為策略管理是管理整個策略形成及執行的過程，包括：策略的內涵及形成策略的過程。

一套完整的策略管理程序，有以下五個步驟（吳清山、林天祐，2001；林孟彥譯，2003；楊錦洲，2004；湯明哲，2003）：

(一) 界定組織目標

任何組織必須先確定其目標和使命，作為未來努力方向，管理者必須先對組織的本質深思熟慮。此外，也必須將教育夥伴的理想納入考慮，得到教職人員、家長與社區的認同，此為策略管理的第一步。

(二) 進行SWOT分析

策略形成的過程是分析導向，而不是行動導向。因此，在策略管理最初的過程，領導者本身必須針對組織的目標與特性、組織當下的內外在環境，以及未來可能產生的不確定因素加以進行分析，擬訂出組織適應環境快速變遷，以及未來整體發展的策略與計畫。SWOT分析〔優勢（Strengths）、劣勢（Weaknesses）、機會（Opportunities）與威脅（Threats）的縮寫〕是策略管理常用的分析方法，是用來審核組織和其環境整個策略定位（strategic position）的重要工具，它是策略計畫者利用來辨識、蒐集、監控、分析和綜合存在於組織內、外在環境中優勢（strength）、劣勢（weakness）、機會（opportunity）、威脅（threat）相關資料的一個過程，利用組織的外在環境，分析其機會和威脅；其次，就組織的內在環境，分析其優勢和劣勢，並克服組織弱勢或將環境威脅降至最低的策略，使組織達成目標的可能性增至最大，此為策略管理重要利器。因此，策略是達成目標的手段，而這種手段必須能運用組織資源的強勢，來彌補其弱勢，並能掌握環境中的機會，以迴避其威脅。

(三) 策略形成

主要是探討策略的選擇。策略是資源分配之整合與協調的型態，根據組織所設定的願景任務的目標、組織外部環境及內部環境評估，來尋求可能的策略方案，並進行策略選擇，如：選擇組織優勢上的策略，修正組織的劣勢，並利用外部的機會和對抗外部的威脅。選定策略方案後，便要進一步發展成配套的策略體系，此為策略管理的重要骨幹，以形成可行的經營模式。

(四) 策略執行

根據所形成的策略，交付相關單位和人員執行。執行是明確的步驟，用以實踐目標與規劃，為方案提供明確的決策，同時，組織必須發展一套相對應的組織變革計畫來調整結構、人員、文化與體制等，配合所要執行的策略任務，此為策略管理的實際運作。

(五) 成效評估

策略執行後，整個組織的活動及所產生的績效需要做監督，需要把實際的績效與所期望的績效（目標值）做比對。就計畫目標與執行情形進行通盤性的檢討，瞭解其得失，作為未來修正目標或改進計畫的參考。江志正（1997）指出策略管理具動態性和繼續性的特質，任何一個重要因素的改變會使其他因素改變，因此必須持續評鑑，策略管理從未有真正的結束。

上述策略管理的五項程序，將其略加以修正。第一步驟因策略分析有Michael Porter的五力分析、價值鏈分析、平衡計分卡，或盲點分析等，SWOT分析僅是策略管理常用的方法之一，無法代表所有的分析方法，因此將「進行SWOT分析」修改為「內、外在環境分析」，代表組織必須進行內在與外在環境的分析。第二步驟，組織在進行目標界定前，必須先進行內、外在環境的分析，因此，將第一程序「界定組織目標」與第二程序「進行SWOT分析」順序對調，亦即組織必須先進行內、外在環境分析，再界定組織的願景與目標。

第三步驟，根據組織外部環境及內部環境的分析評估，設定組織的願景與目標，尋求可能的策略方案，並進行策略選擇。第四步驟根據所形成以及選擇的策略，交付相關單位和人員執行相關實務活動，用以實踐組織目標。第五步驟則是在策略執行後，整個組織的活動及所產生的績效需要做監督，把實際的績效與所期望的績效（目標值）做比對。

二 大學教師策略性人力資源管理模式內涵

運用前述策略管理的五項程序，規劃大學教師策略性人力資源管理模式，主要包含「策略性人力資源管理的內、外在環境分析」、「學校使命、願景與理念」、「學校發展策略」、「策略性人力資源管理的核心實務」、「策略性人力資源管理效能」等五項程序。

大學在進行教師策略性人力資源管理前，必須先考量內、外在環境的變動與趨勢，以此訂定學校的發展目標或願景，進而發展出學校的策略，並執行與學校策略相連結的策略性人力資源管理核心實務與活動，最後，產生學校效能。而在進行這五項程序時，必須不斷進行評鑑以產生回饋訊息進行修正。以下就「大學教師策略性人力資源管理模式」各程序及模式內涵進行說明（如圖2-12）。

(一) 大學內、外在環境分析

大學在進行策略性人力資源管理前，必須考量內、外在環境脈絡。人力資源管理會受內、外在環境因素所影響，內在環境包括：組織使命、經營策略、組織結構及組織文化，外在環境包括：政治、經濟、社會、科技（張火燦，2005）。

1. 外在環境

(1) **政治面**：政府制定之法案、法規及行政命令，對員工之工作財產權、僱用、解僱、薪資、福利和工作環境等均有所規定，對人力資源的管理皆有主導的作用。

(2) **經濟面**：經濟型態的改變，連帶使人力的技術與品質必須做大幅的調整。在經濟結構和生產及服務過程的改進中，人的決心、工作態度、人力資源的保健、教育和訓練等工作，是提升生產力的根本之道。

(3) **社會面**：影響社會變遷的因素很多，其中高學歷、人口老化、婦女投入就業市場等所造成的就業人口結構改變，個人生涯的抱負、生活型態、工作倫理及工作價值等改變，對就業市場的衝擊是相當激烈的。

(4) **科技面**：科技的快速發展，使得部分工作的內容須作調整，同時，也創造一些新的工作機會，但也有可能造成員工間的疏離、工作技能的落伍，以及組織對新科技適應的反抗現象，而人力資源管理即在促進不適應或反抗過程之正常運作。

2. 內在環境

(1) **組織使命**：說明成立組織的理由，使組織成員瞭解企業目標、營運範圍及形象等。

(2) **經營策略**：為有效運用資源的方法，包括：金錢、財務、資訊及人員，用以達成目標，完成組織的使命。

(3) **組織結構**：是人力資源管理內在環境中的重要影響因素，牽涉到工作、人員和職權的分配與決定，是有關工作與部門的一種相當穩定的架構，影響個人和團體間的行為，使之朝向組織的目標。

(4) **組織文化**：組織成員共同享有的內在信念與價值。

以上內在環境中「組織使命」與「組織策略」兩項，其並不屬於內、外在環境脈絡部分，應將其視為受到內、外在環境影響所產生的學校組織使命或策略。

針對學校組織的內、外在環境，可運用企業界常用的PEST分析與SWOT分析。所謂的PEST〔政治（Political）、經濟（Economic）、社會（Social）與科技（Technological）的縮寫〕，用以分析組織在外部環境中的變數（吳清山、林天祐，2011）。

1. **政治因素**：包含租稅政策、勞工法律、環境管制、貿易限制、關稅與政治穩定。
2. **經濟因素**：有經濟增長、利率、匯率和通貨膨脹率。
3. **社會因素**：通常著重在文化觀點，另外，還有健康意識、人口成長率、年齡結構、工作態度及安全需求。
4. **科技因素**：包含生態與環境方面，決定進入障礙和最低有效生產水準，影響委外購買決策。科技因素著重在研發活動、自動化、技術誘因和科技發展的速度。

PEST分析屬於鉅觀外在環境的監測分析，SWOT則屬於微觀環境的優劣勢分析，主要是針對企業內部優勢與劣勢，以及外部環境的機會與威脅進行分析。在高等教育的外部環境機會方面，整個社會越來越重視與積極參與教育，不但喚起大眾對於教育的重視，更能有效提升教育品質；而目前面臨的外部環境威脅方面，有以下五點：量的擴充與社會人力供需失衡、教育資源調整的壓力、高等教育素質提升的需求、大學「自主性」運作模糊，以及大學法僵化與缺乏彈性（湯堯，2001）。

在全球化環境，大學面臨市場化的高度競爭態勢，必須認識外在環境趨勢變化，瞭解學校組織本身的優勢、劣勢、機會與威脅，有效運用策略與行動將劣勢轉化成為優勢，將威脅轉變為機會，為大學追求卓越與永續經營的關鍵。

(二) 學校使命、願景與理念

人力資源的使命宣言（mission statement）具有相當重要性，使命必須與組織行動一致，並且要公開陳述，因其是組織對利害關係人的承諾（Bartkus & Glassman, 2008）。使命宣言的重要性在於提供組織重要方向以及長期目標。在很多情況下，使命宣言是公司策略的核心以及策略規劃的過程。然而，在實現使命宣言有一個重要關鍵，必須要讓不同階層的組織成員瞭解使命宣言，並且受到使命宣言的承諾。透過員工對組織使命的瞭解以及受到組織所承諾，將可增強員工績效（Sheaffer, Landau, & Drori, 2008）。

在學校使命、願景與理念方面，使命（mission）指組織為何而存在；願景（vision）代表未來的展望；經營理念（value）則是共同的價值觀，用以秉承使命達成願景的原則。這三者為組織發展策略的基礎，以引領大學決策與經營活動（蔡正飛，2008）。有關大學治理的理念，黃政傑（2008）認為當前亟須重視者有：追求多元卓越；確保差異區隔與特色；重視整合、消除分解；發揚大學主體性；善用有限資源。

《大學法》第一條條文：大學以研究學術，培育人才，提升文化，服務社會，促進國家發展為宗旨，此項條文明確敘明大學的使命與任務，可作為大學共同的學校使命、願景與理念。

(三) 學校發展策略

高等教育機構必須對未來發展做出明確規劃，並應積極通盤思考如何確保「質」與「量」的兼顧與平衡，且必須針對目前高等教育的環境現況、蒐集大學院校本身的內部資源與外部環境的資料，並依此提出內部經營策略分析與外部經營策略分析。

內部經營策略分析主要是提出高等教育的品保系統（quality assurance system），包括：資源管理品保系統、教學品保系統與學生事務品保系統；而外部經營策略分析主要是提出學校經營的標竿系統（benchmarking system），包括：教育成效標竿系統、研究成效標竿系統，以及服務成效標竿系統。換言之，內部經營策略主要是希望達到行政工作標準化與增加資源透明度；外部經營策略主要是希望學校能建立各自發展性指標，透過標竿效果進而達到學校本身之績效責任（湯堯，2001）。

前述內、外部經營策略大致上相當完整，在此基礎上將其略作修改：因行政管理即包含資源管理，因此，將「資源管理品保系統」改為「行政管理品保系統」，以此較大之上位概念方能涵蓋整體行政系統。此外，外部經營策略中之「教育成效標竿系統」範圍太大，無法聚焦，將其修改為「教學成效標竿系統」，使其範圍較為明確，聚焦於教學範疇，同時，也與「研究成效標竿系統」、「服務成效標竿系統」並列為一般所認知大學教師三項基本任務。

(四) 策略性人力資源管理（SHRM）核心實務

1. **策略性人力資源管理**：有關策略性人力資源管理的措施，不僅繁複，所包含的面向相當多元，對於策略性人力資源管理措施有不同的分類方式，歸納出策略性人力資源管理核心實務活動主要有：人員招募與徵選、訓練、薪資獎酬及績效評估，對應於大學教師，則為教師聘任、教師待遇、教師專業發展與教師評鑑等四項，以下分別敘述之。

   (1) **教師聘任**：教師聘任主要活動有招募、甄選、安置與任用。「工作分析與設計」指分析教師工作的職責，與其他工作的關係，所需的工作經驗與訓練等；「人力資源規劃」指配合大學的經營策略，評估外在環境的機會與威脅，以及內部環境的優、劣勢，擬訂行動方案，以確保人力資源有效運用的一種過程；「招募」是大學面臨教師人力需求，透過不同的媒介，吸引有能力的人前來應徵的活動。因應全球化的趨勢，人才聘用無國界之分，大學教師人才招募來源有國內、外兩種管道；「甄選」是指一連串蒐集和評估教師應徵者資料用以完成僱用機會的流程，其目的是要從應徵者中挑選出有能力的合適人選；「安置」是指派教師從事新的或不同的工作，包括：新進教師接受初次的工作指派，或是晉升至不同職位的工作，通常要經過一段時間，使其熟悉工作的知識與技能，瞭解學校的政策，進而能瞭解和接受學校的價值、規範和信念等；「任用」則為工作分析、招募、遴選與安置的一連串活動。

(2) **教師待遇**：分為本薪（年功薪）、加給及獎金三種。《教師待遇條例》已於2015年施行，未來大學教師待遇制度宜朝向強調彈性，以及具績效獎勵誘因的方向改進，以真正激發大學教師在教學、研究與服務上的績效，帶動大學追求卓越發展。

(3) **教師專業發展**：教師專業發展指大學教師從事教學、研究及服務工作時，經由獨立、合作、正式及非正式等多元活動，引導自我反省與理解，增進教學、研究及服務等專業知能，目的在於促進個人自我實現、改進學校專業文化、達成學校教育目標，從而提升整體教育品質。教師專業發展包含：教學、研究、服務以及輔導等四個層面知能之專業發展。

(4) **教師評鑑**：教師評鑑是對教師表現進行價值判斷和決定的歷程。依據教師表現的規準，蒐集一切有關訊息，以瞭解教師表現的優劣得失及其原因，並據以作為改進的依據。大學教師評鑑的目的，可分為「績效管理／人事決定」和「專業發展／改進表現」兩方面，主要包含：教學、研究、服務、輔導等四方面的績效評鑑。

2. **整合與調適**：策略性人力資源管理以總體導向的方式，探討人力資源管理與組織的互動關係，檢視組織外在的競爭環境與內在的優、缺點，確認可能的機會與威脅，將教師人力資源管理的四項核心實務活動：教師聘任、教師待遇、教師專業發展與教師評鑑，與學校策略相整合，協助大學組織獲取競爭優勢，達成學校目標。

整合與調適主要有垂直與水平兩種：就垂直整合與調適而言，它促使教師人力資源管理的措施，和學校策略連結；就水平整合而言，強調經由規劃行動與步驟，使不同的人力資源管理實務具有協調性與整合性。藉由兩種力量的整合，有效提升大學效能。

3. **契合**（fit）：人力資源管理活動和組織整體經營條件間所產生的綜效關係或契合效果對組織績效產生遠大的影響，統合在大學競爭策略下運作的人力資源活動不僅可以彼此支援配合，更可以加強策略的競爭效果，進而達成大學的整體目標。

大學教師策略性人力資源管理，主要可分為教師的招募甄選與聘任、薪資福利待遇、教育訓練發展與教師專業發展、績效管理評鑑等四個層面的活動，且各層面活動皆有執行時必須注意的重點，整個人力資源管理的範疇與體系相當繁複與多樣化。

現今大學教師策略性人力資源管理體系建立最重要的工作，除了建立各個子系統以及讓各子系統有效發揮功能之外，在建立之後，各個子系統之間的銜接必須環環相扣，例如：大學在招募甄選與聘任教師時，不能僅針對聘任教師一事進行規劃，還必須考量到其薪資福利、待遇與績效獎勵制度，且必須進行新進教師導入階段的輔導，抑或是實施大學教師同儕輔導制度。此外，也必須針對新進教師進行績效評鑑，發展以教師專業成長與改善為導向之教師評鑑機制與組織文化。

另一方面，大學要進行教師策略性人力資源管理，必須與大學的使命、願景、理念與策略進行整合和調適，如此，才能使大學教師策略性人力資源管理的整體功能充分發揮，有效達到大學追求卓越的目標。因此，如何整合與連結各個子系統：招募甄選與聘任系統、薪資待遇與福利系統、教育訓練發展與教師專業發展、績效管理評鑑等系統，使其成為一個完整的人力資源管理體系，應是當今大學最大的課題。

(五) 策略性人力資源管理效能（SHRM Effectiveness）

早期有關學校效能的研究者大都以學生成就表現來詮釋學校效能，認為學生智育成績優良的學校就是有效能的學校，而智育成績通常以閱讀及數學來代表。此種採用單一變項的效能評量，不僅觀點狹隘，且很難反映學校教育的複雜性，因而時有彼此不一致的情況發生。是以，後來的研究者都改以多變項的觀點來定義學校效能（吳清山，1998；謝金青，1997），即採用一組或是多組變項對學校效能加以詮釋。

綜合學者的觀點，人力資源管理效能可分成技術性（technical）與策略性（strategic）兩大效能（趙珮伃，2006；謝煒頻，2000；Huselid et al., 1997）：

「技術性人力資源管理效能」指的是人力資源管理部門是否能有效的執行與傳統人事管理有關的活動，包含：福利制度、薪資制度、招募與訓練制度等。「策略性人力資源管理效能」是指人力資源管理功能是否能為組織發展合適的員工，來支援組織業務上的需求，包括：團隊工作設計、員工參與及授權、人力資源規劃等。藉由上述兩大類人力資源管理效能指標，來衡量整體的人力資源管理效能。

大學「技術性人力資源管理效能」分為：教師聘任、教師待遇、教師專業發展與教師評鑑等四項；大學「策略性人力資源管理效能」分為：人力資源策略與規劃、團隊管理、教師生涯規劃等三項。各項效能指標如下：

1. **教師聘任效能指標**：包含教師聘任能招到適任的教師人選、具有完善的甄選流程與作業、新進教師離職率低、具有教師職務工作設計與分析，以及教師能力與職務需求契合度高。
2. **教師待遇效能指標**：包含具有完整的福利制度、具有完整的薪酬制度、具有教師人事成本的管理、具有完整的退休及撫卹方案，以及具有完整的激勵制度。

3. **教師專業發展效能指標**：包含具有教師教育與在職訓練制度、訂有每位教師每年平均參與教師專業發展相關活動總時數規定、教師專業發展活動費用占學校收入比率高於一般學校平均值、平均每位教師專業發展活動費用高於一般學校平均值，以及針對教師專業發展成效進行評估。
4. **教師評鑑效能指標**：包含學校完成教師績效評鑑工作之時效性高、教師績效具高生產力與高產出品質、教師績效指標達成率高、學校主管對教師績效表現給予回饋，以及教師對績效評鑑制度的滿意度。
5. **人力資源策略與規劃效能指標**：包含具有人力資源規劃制度、訂有行政管理者的培育計畫、學校人力資源單位參與學校發展策略規劃的程度、教師人力需求規劃與實際任用人數吻合程度，以及人力資源部門與其他功能部門的配合程度。
6. **團隊管理效能指標**：包含教師團隊工作成效高、教師參與團隊活動並能增加權能，以及教師團隊成員間具有良好的溝通。
7. **教師生涯規劃效能指標**：包含具有教師協助方案、訂有教師擔任主管與管理人才的能力發展制度、訂有教師生涯規劃與發展計畫，以及訂有多專長教師人才的培養計畫。

(六) 評鑑與修正

任何的模式或是方案（program）皆需要評鑑，作為評估績效、給予回饋與改進的依據。在「大學教師策略性人力資源管理模式」中，從「學校的內、外在環境分析」、「學校使命、願景與理念」、「學校發展策略」、「策略性人力資源管理的核心實務」、「策略性人力資源管理效能」等五項過程皆必須不斷進行評鑑（包含形成性評鑑與總結性評鑑），以作為改進、回饋與績效管理之參考。同時，策略性人力資源管理效能所評鑑出的績效，會回饋給學校領導者與管理者，進一步的影響學校策略的形成過程。

圖 2-12
策略性人力資源管理模式

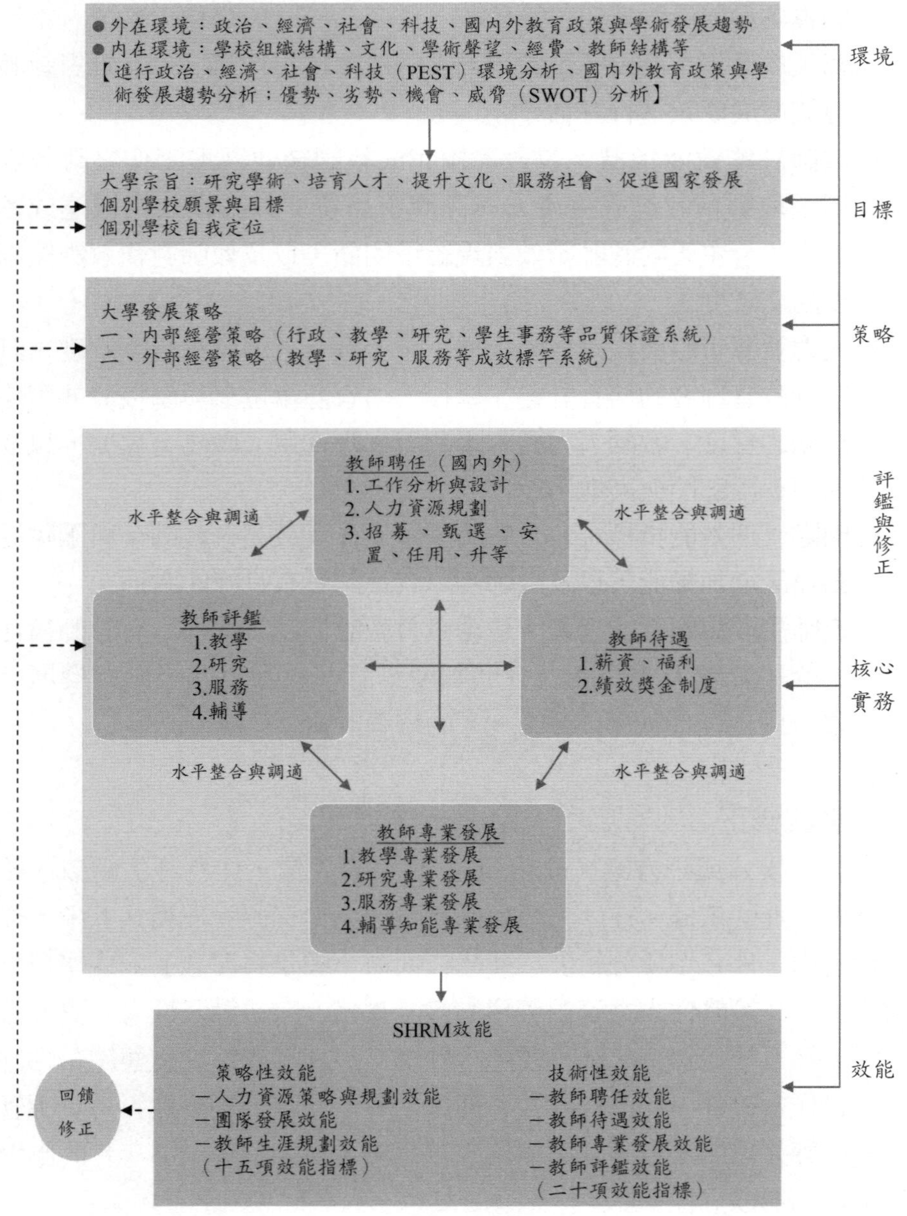

資料來源：筆者自行繪製。

參考文獻

江志正（1997）。策略管理在學校經營上的應用。國立臺中師院學報，**11**，167-194。

李雅景（2002）。從併校政策探討策略性人力資源管理之研究——以嘉義縣小學為例（未出版之碩士論文）。南華大學，嘉義縣。

李漢雄（2000）。人力資源策略管理。臺北市：揚智。

吳思華（2000）。策略九說：策略思考的本質（三版）。臺北市：臉譜。

吳清山（1998）。學校效能研究（二版）。臺北市：五南。

吳清山、林天祐（2001）。教育名詞——策略管理。教育資料與研究，**41**，66。

吳清山、林天祐（2011）。教育名詞——PEST分析。教育資料與研究，**98**，187-188。

吳秉恩（2002）。分享式人力資源管理——理念、程序與實務。臺北市：翰蘆圖書。

呂育誠（2006）。策略性人力資源管理意涵及在我國推動的展望。刊於行政院人事行政局、世新大學行政管理學系、臺灣公共行政與公共事務系所聯合會主編「推動策略性人力資源管理，建構效能政府」學術研討會論文集。

林文政（2013）。人力資源管理角色的演進。經理人月刊。取自：https://paper.udn.com/udnpaper/POE0013/235357/web/#2

林天祐（2002）。校務發展策略與SWOT分析。課程與教學通訊，**11**，4-11。

林孟彥譯（2003）。管理學（Stephen P. Robbins and Mary Coulter著）。臺北市：華泰文化。

周旭華譯（1998）。競爭策略：產業環境及競爭者分析（Michael E. Porter著）。臺北市：天下文化。

范揚晧、朱正一、范熾文（2009）。臺灣公私立大學人力資源管理策略化程度與部門團隊績效關係之研究。慈濟技術學院學報，**14**，159-187。

施能傑（1999）。美國政府人事管理。臺北市：商鼎。

徐治齊（2004）。人力資源管理系統對組織績效之影響：內部契合與外部契合觀點（未出版之碩士論文）。眞理大學，臺南縣。

馬任賢（2003）。國民小學教職人員對人力資源管理實施現況之知覺與態度（未出版之碩士論文）。國立臺中師範學院，臺中市。

孫鈴萍（2004）。臺灣傳統製造業轉型成長之策略性人力資源管理（未出版之碩士論文）。國立中山大學，高雄市。

陳光榮（1995）。企業的社會責任與倫理。空大學訊，**170**，102-109。

陳汝莉（2022）。組織變革中，策略性人力資源管理的運用與影響——以Y集團為例（未出版之碩士論文）。國立中山大學，高雄市。

張火燦（2005）。策略性人力資源管理（二版）。臺北市：揚智。

張明輝（2001）。知識經濟與學校經營。教育資料與研究，**41**，10-12。

張緯良（2018）。人力資源管理（五版）。臺北市：雙葉。

張善智譯（2003）。人力資源管理（原作者：J. M. Ivancevich）。臺北市：學富。（原著出版年：2001）

黃中怡（2002）。策略性人力資源管理——組織策略、人力資源策略、人資部門涉入程度、核心競爭力、國家文化與組織績效之關聯（未出版之碩士論文）。國立成功大學，臺南市。

黃政傑（2008）。大學治理——理念與實踐。臺北市：冠學。

黃同圳（2000）。人力資源管理策略——企業競爭優勢之新器。載於李誠（主編），人力資源管理的12堂課。臺北市：天下文化。

湯明哲（2003）。策略精論：基礎篇。臺北市：天下文化。

湯堯（2001）。學校經營管理策略——大學經費分配、募款與行銷。臺北市：五南。

楊錦洲（2004）。策略創造優勢——運用策略規劃，永續經營事業。臺北縣：中國生產力中心。

廖純綺（2000）。人力資源管理系統、競爭策略與組織績效之研究——兼論本土企業與外資企業之比較（未出版之碩士論文）。國立中山大學，高雄市。

趙珮伃（2006）。人力資源管理效能與組織績效之關聯性探討——以策略性人力資源角色為干擾變項（未出版之碩士論文）。國立中央大學，桃園縣。

蓋浙生（2002）。教育經營與管理。臺北市：師大書苑。

蔡正飛（2008）。企業策略性人力資源管理的道與法。臺北市：華立。

蔡秀涓（2006，11月）。**OECD**國家策略性人力資源管理政策重要議題與啟示。論文發表於行政院人事行政局、世新大學行政管理學系、臺灣公共行政公共事務系所聯合會主辦之「推動策略性人力資源管理、建構政府效能」學術研討會，臺北市。

賴金寬（2002）。知識經濟時代公務人力資源管理策略新趨勢之研究（未出版之碩士論文）。東海大學，臺中市。

蕭新煌（1992）。企業責任與企業倫理的異同。企業倫理的重建，**13**，115-117。

謝金青（1997）。國民小學學校效能評鑑指標與權重體系之建構（未出版之博士論文）。國立政治大學，臺北市。

謝煒頻（2000）。臺灣企業人力資源管理效能衡量模式建構與實證之研究（未出版之碩士論文）。長榮管理學院，臺南縣。

Barney, J. B. (1991). Firm resources and sustainable competitive advantage. *Journal of Management*, *17*(1), 99-120.

Barney, J., Wright, P. M. (1998). On becoming a strategic partner: The role of human resources in gaining competitive advantage. *Human Resource Management*, *37*(1), 31-46.

Bartkus, B. R., Glassman, M. (2008). Do firms practice what they preach? The relationship between mission statements and stakeholder management. *Journal of Business Ethics*, *83*(2), 207-216.

Boxall, P., Purcell, J. (2003). *Strategy and human resource management*. Basingstoke and New York: Palgrave Macmillan.

David, M., Jacky, L. (1998). *Human resource management in school and colleges*. London: Paul Chapman.

DeCenzo, D. A., Robbins, S. P. (2005). *Fundamentals of human resource management* (8th ed). Hoboken, NJ: Wiley.

Delery, J. E., Doty, D. H. (1996). Modes of theorizing in strategic human resource management: Tests of universalistic, contingency, and configurational performance predictions. *Academy of Management Journal*, *39*(4), 802-835.

Dessler, G. (2003). *Human resource management* (9th ed). New Jersey: Prentice-Hall.

Devanna, M. A., Fombrun, C. J., Tichy, N. M. (1984). *Strategic human resource management*. NewYork: Wiley.

Huselid, M. A., Jackson, S. E., Schuler, R. S. (1997). Technical and strategic human resource management effectiveness as determinants of firm performance. *Academy of Management Journal*, *40*(1), 171-188.

Lawler, E. E., Mohrman, S. A. (2003). *Creating a strategic human resource organization: An assessment of trends and new directions*. Stanford: Stanford University Press.

Lawler, J. J., Chen, S. J., Bae, J. (2000). Scale of operations, human resource systems and firm performance in East and Southeast Asia. *Research and Practice in Human Resource Management 8*(1), 3-20.

Marchington, M., Grugulis, I. (2000). 'Best practice' human resource management: Perfect opportunity or dangerous illusion? *International Journal of Human Resource Management*, *11*(6), 1104-1124.

Martell, K., Carroll, S. J. (1995). How strategic is HRM? *Human Resource Management*, *34*(2), 253-267.

Paauwe, J., Boselie, P. (2003). Challenging 'Strategic HRM' and the relevance of institutional setting. *Human Resource Management Journal*, *13*(3), 56-70.

Pfeffer, J. (1994). Competitive advantage through people. *California Management Review*, *36*(2), 9-28.

Pietersen, F. L., Engelbrecht, A. S. (2005). The strategic partnership role of senior human resource managers in South African organisations. *Management Dynamics*, *14*(4), 47-58.

Porter, M. E. (1980). *Competitive strategy: Techniques for analyzing industries and competitors*. New York: The Free Press.

Richard, E. S. (2001). *Human resources administration: A school-based perspective* (2nd ed.). New York: Eye on Education.

Schuler, R. S. (1992). Strategic human resource management: Linking people with the needs of business. *Organizational Dynamics*, *21*, 18-32.

Schuler, R. S., Jackson, S. E. (1987). Linking competitive strategies with human resource management practices. *Academy of Management Executive*, *1*(3), 207-219.

Sheaffer, Z., Landau, D., Drori, I. (2008). Mission statement and performance: An evidence of "Coming of Age". *Organization Development Journal*, *26*(2), 49-62.

Tichy, N. M., Fombrun, C. J., Devanna, M. A. (1982). Strategic human resource management. *Sloan Management Review*, *23*(2), 47-61.

Tompkins, J. (2002). Strategic human resources management in government: Unresolved issues. *Public Personnel Management*, *31*(1), 95-110.

Ulrich, D. (1997). *Human resource champions: The next agenda for adding value and delivery results*. Harvard Business School Press.

Wright, P. M., McMahan, G. C. (1992). Theoretical perspectives for strategic human resource management. *Journal of Management*, *18*(2), 295-320.

Wright, P. M., Snell, S. A. (1998). Toward a unifying framework for exploring fit and flexibility in strategic human resource management. *Academy of Management Review*, *23*(4), 756-772.

第三章

人力招募

本章大綱

壹、招募甄選意涵、管道與法規

一、招募甄選意涵

二、招募甄選管道

三、人工智慧在人才招募甄選的應用

四、招募甄選相關法規

貳、離職管理

一、離職管理目的與重要性

二、離職管理之價值

三、國中小校長退休離職管理

壹 招募甄選意涵、管道與法規

一 招募甄選意涵

因「招募」、「甄選」、「安置」與「任用」四者的意涵有相關性，因此，底下分別探討這四者的意涵。

何永福、楊國安（1996）認為「招募」是企業面臨人力需求，透過不同的媒介，吸引有能力又有興趣的人前來應徵的活動；張火燦（2005）認為「招募」係依據工作分析結果訂出的工作規範／資格，尋找具有能力和合適的人。

「甄選」是指一連串蒐集和評估應徵者資料用以完成僱用機會的流程，其目的是要從應徵者中挑選出有能力的合適人選。吳梅芬（2007）認為組織可藉由甄選面試瞭解到應徵者所具備的軟性技能（Soft Skills），以及瞭解應試者的儀表、口才、能力、應變能力、性情、發展潛能、興趣、人格特質及其他背景，作為人員甄選策略的依據。企業組織之所以會成功，是因為他們僱用了適合的人做了正確的工作，使企業組織產生了最大的效益，提升了整體的績效。因此，如何選擇正確合適的人是組織構成最重要的要素。

所謂「安置」是指派員工從事新的或不同的工作，包括：新進員工接受初次的工作指派，或是內部員工晉升或轉調至不同職位的工作，通常要經由一段時間的試用，使其熟悉工作的知識與技能，瞭解組織的過程或政策，進而能瞭解和接受組織的價值、規範和信念等，通常可透過職前講習、內部的刊物、各種集會活動或工作崗位訓練等方式來進行（張火燦，2005）。

至於「任用」的意涵，張火燦（2005）將工作分析、招募、遴選與安置列為「任用」的一連串活動，其效果則可從任用的成效分析，包括：僱用一個人要支出多少費用，應徵者從申請到安置需多少時間，自錄取到正式分派工作人員的比率、員工離職率、缺席率，員工與其主管的滿意程度，以及工作績效、工會的抗議活動與法律訴訟等分析得到。

「招募」、「甄選」、「安置」與「任用」對於組織有其重要性，例如：Huselid（1995）指出，組織透過適當有效的遴選招募制度，將對組織的員工流動產生影響，因此，一個有效運用員工任用制度，特別是甄選的組織，應較其他企業具有較低的離職率。

二 招募甄選管道

在選擇人才來說，招募的來源與管道，所花費的時間、成本，以及錄用之後新進人員的狀況都是選才活動當中重要的資訊。在招募的來源部分，招募的類別可分為正式訊息及非正式訊息來源。正式訊息來源指透過正式媒介得到訊息，包括：報紙或雜誌廣告、就業輔導機構或職業介紹所或學校輔導室；而非正式訊息來源指透過非正式媒介——經由人得到訊息，如：親戚或朋友介紹。招募和甄選的方法和管道相當多樣，組織可以選擇內部或外部的招募方式。內部招募指的是組織內部提供職位機會給現有的員工，以鼓勵內部晉升和發展；外部招募則是透過廣告、招聘網站、校園招聘等途徑吸引外部人才（林文政、李誠、黃同圳、蔡維奇、房美玉、鄭晉昌、劉念琪、胡昌亞、陸洛，2019）。

在招募管道部分，黃英忠（2016）提出招募的三大管道：直接法、間接法及透過第三者：

(一) 直接法

包括：向學校尋求人才、現職員工介紹、引用親友和毛遂自薦等方法，此法優點在於可降低用人成本。使用校園徵才，可藉由學校輔導室或科系辦公室引薦，或企業設置獎學金，以便在畢業後網羅人才。而經由現職員工介紹或引用親友，可加深對組織認同感與忠誠度。當應徵者毛遂自薦時，如需要此人才，則可進行面試或測驗，但若無法錄用時，可將其資料建立完整的人才檔案。

(二) 間接法

此種方法為最普遍的方式，但成本花費較高，例如：在報章雜誌、電視或廣播刊登求才廣告。使用此方法時，企業必須注意廣告的刊登位置要顯著、措辭與設計具吸引力、內容簡單扼要，才能吸引應徵者的注意力。

(三) 第三者

利用公、私立就業輔導所或職業介紹所求才，較易找到專業性人才。因這些介紹所有完整求職人才之紀錄資料，可委託其代為遴選。

除以上三種方法之外，張火燦（2005）將招募來源分為外部招募管道、內部招募管道及兼具內部與外部招募管道。外部招募管道有：學校、同業、專業團體、媒體廣告、人力仲介機構、網路徵才、政府就業機構；內部招募的來源有晉升和轉調；至於離職員工（包括：自願離職和退休人員）兼具內部與外部招募管道的性質。不同的招募來源各有其優缺點，在人力資源規劃時，組織應依據本身的狀況或條件做審慎的考量和抉擇。

現在最新的作法是將公司職缺利用數位行銷的手段布署到準確的職缺候選人上，可以使用LinkedIn、臉書等社群工具，將職缺訊息發布給目標候選人。然後，利用好的招募文案和計畫過的電話招募技巧，讓候選人願意來面談（苦命的人力資源主管，2017）。

有關招募聘任的程序或作業活動中，選才活動相關的活動可分為招募管道、應徵人數、符合資格人數及面試人數等八項程序（見圖3-1）（陳建文，2005）。丁志達（2008）提出人資單位與用人單位在招聘活動的分工作業（表3-1），整個招聘活動主要分為前置作業、招募活動、甄選活動三大項。

 3-1

選才活動程序

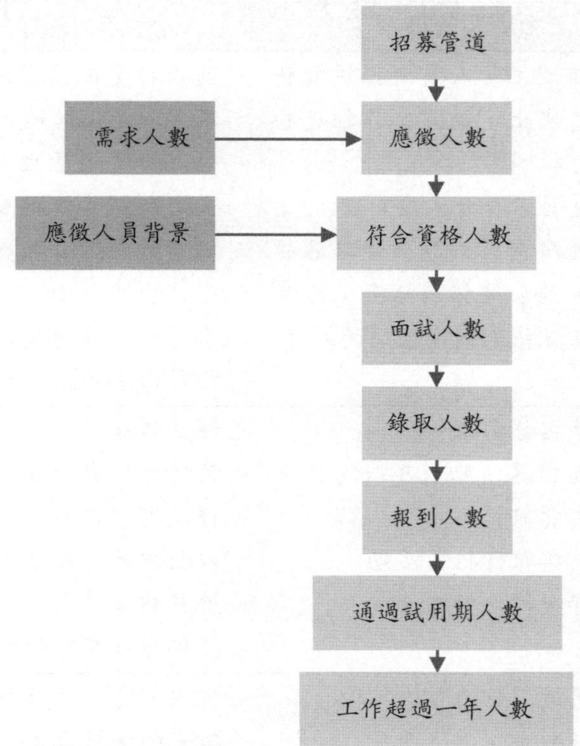

資料來源：陳建文（2005）。

三 人工智慧在人才招募甄選的應用

(一) 人工智慧協助企業更有效率

人工智慧（artificial intelligence）興起，能取代人力，協助企業業務進行更有效率。在金融科技的席捲浪潮下，加上新冠疫情自2020年延燒至今，目前各國均有部分企業透過人工智慧進行人力資源管理之轉型。聯合利華（Unilever）利用人工智慧簡化投遞步驟、開發腦神經科學遊戲、以AI辨別面試者錄製時反應，結果顯示，招募漏斗之職缺申請數、面試、錄取接收率有明顯漲幅，平均聘用時間也下降四分之一。星展銀行（DBS Bank）與科技公司整合面試結果評定、離職預測

表 3-1
人資單位與用人單位在招聘活動的分工作業

類別	人力資源管理單位	用人單位
前置作業	• 在部門主管人員所提供資料的基礎上，編寫工作描述和工作說明書 • 制定員工晉升人事計畫 • 開發潛在合格應徵者來源管道，並展開招聘活動，力爭爲組織招聘到高素質的人才	• 列出特定工作崗位的職責要求，以便協助進行工作分析 • 向人力資源管理人員解釋對未來新增員工的職責要求，以及所要僱用人員的類型 • 描述出工作對人員素質的要求，以便人力資源管理人員設計適當的甄選和測試方案
招募活動	• 預估招募需求 • 準備招募活動或廣告所需文案與資訊 • 規劃與執行招募活動 • 監督與評估招募活動	• 預估職缺 • 決定應徵者的資格要求 • 提供有關職缺工作的資訊，以利招募活動進行 • 檢視招募活動的成敗 • 提供招募執行的建議
甄選活動	• 對應徵人員的首次接待 • 執行初步的篩選面談 • 安排適當的甄選測驗 • 確認應徵者背景資料與推薦查核 • 安排體檢 • 列舉推薦名單供用人單位主管做最後決定 • 評估甄選成效	• 提供人力需求申請並描述應徵者的資格要求 • 適時地涉入甄選過程 • 與人資單位推薦名單上的人選面談 • 在參酌人資單位的建議下決定錄用名單 • 對錄用者的後續表現提供持續追蹤的資訊 • 提供甄選執行建議

資料來源：丁志達（2008）。**招募管理**。

系統，針對面試流程與新創公司合作開發聊天機器人，發送職缺影片、企業方預先輸入之問題直接蒐集回答，可節省每月工時；接著為節省人力流動之成本，離職預測系統透過分析出缺勤紀錄、薪資調幅、升遷可能等六百項資料，預測員工離職性外，也能同步提示部門主管以避免相關事件之發生（戴若庭，2021）。

以我國企業為例，中信金控為我國金融業首先採人工智慧（AI）選才，2020年首次運用「履歷AI智能篩選系統」篩選MA（儲備幹部）與ACM（法金信用分析人員），短短三天完成二、三千份的履歷審查工作。該履歷AI智能篩選系統，從中信金累積多年的MA資料中進行驗證，準確率高達99%，亦即AI選出來的MA，跟透過人工選出來的人選99%一致。另外，為避免遺珠之憾，中信金特地針對沒通過篩選的履歷表，由AI篩選出5%到10%進行人工複查。企業運用AI履歷篩選面試者，可以避免主管帶有太強烈的個人主觀意識。

(二) 人工智慧應用於人事資料蒐集造成之爭議

部分工作領域可能存在性別差異。以當紅炸子雞AI領域而言，世界經濟論壇（World Economic Forum）2023年發布的Global Gender Gap Report 2023指出，談到人工智慧（AI），人才供應量整體大幅上升，是2016年至2022年間的六倍，但女性表現在人工智慧領域進展非常緩慢。當今從事人工智慧工作的女性比例大約30%，大約僅較2016年提升4%（World Economic Forum, 2023）。

另外，Zafar、Valera、Rodriguez和Gummadi指出未來AI技術大量運用時，訓練AI的數據資料，可能會使機器學習建立人才招聘模型時擴大性別差距。例如：亞馬遜公司曾經嘗試開發內部招募模型藉以挑選出合適人選，而後卻發現特定職位較偏好男性求職者，造成此現象原因便在於其訓練模型的資料提供係源自公司內部十年來的選用經驗，男性工作者占了該產業高度比例，該案例正好呼應工作領域的男女比重不同，將可能影響到數據的中立性，進而形成歧視的爭議（引自戴若庭，2021）。

要如何適度消除招募工具所帶來的偏見？第一，真人面試官有義務做出合理的決定，並避免AI智能系統可能犯的任何錯誤；第二，除開發一個公平可靠的AI智能系統外，也應適時調整使其適應外界變化；第三，增加透明度，讓系統的內容與雇主最終決定得以被解釋（Krishnakumar, 2019）。像是「反事實」（counterfactual）便為一項重要依據，意指透過蒐集未被錄取之候選人特質，幫助他們瞭解自身弱點與工作不相稱的部分，以提高自身表現（引自戴若庭，2021）。

四 招募甄選相關法規

法律對於人力資源管理的工作有很大的影響。在甄選的程序與問題上，法律有相關限制。美國聯邦或各州的法律通常都限制或不鼓勵甄選的問題牽涉到年齡、性別、種族、原始國籍、宗教、殘障和婚姻狀況。這些問題如果在甄選時被問到，就有受到歧視的可能（葉忠達、陳俐文、梁綺華譯，2002）。

在我國，與招募甄選有關的法規主要有：《就業服務法》、《中高齡者及高齡者就業促進法》，以及《身心障礙者權益保障法》。

(一)《就業服務法》

公平的就業機會（equal employment opportunity）一直是各國政府所致力於保障的，特別是針對中高齡者或是身心障礙人士，多訂有相關法規。我國《就業服務法》（2018年），即訂有禁止歧視的十八種情形，第5條：

「為保障國民就業機會平等，雇主對求職人或所僱用員工，不得以種族、階級、語言、思想、宗教、黨派、籍貫、出生地、性別、性傾向、年齡、婚姻、容貌、五官、身心障礙、星座、血型或以往工會會員身分為由，予以歧視；其他法律有明文規定者，從其規定。」

(二)《中高齡者及高齡者就業促進法》

根據國家發展委員會於2018年所發布的「中華民國人口推計(2018至2065年)」報告指出，2018年我國65歲以上的高齡者占比已達14.5%，老年人口占比超過14%，正式進入「高齡社會」(Aged Society)，2026年時，預估老年人口占比將超過20%以上，成為「超高齡社會」(Super-aged Society)。換言之，隨著高齡社會的到來，中高齡者將成為勞動市場上的主流群體。

因應高齡化社會，《中高齡者及高齡者就業促進法》(2019年)有相關規定。第1條：

「為落實尊嚴勞動，提升中高齡者勞動參與，促進高齡者再就業，保障經濟安全，鼓勵世代合作與經驗傳承，維護中高齡者及高齡者就業權益，建構友善就業環境，並促進其人力資源之運用，特制定本法。」

第3條也針對相關用詞，加以定義：

「一、中高齡者：指年滿四十五歲至六十五歲之人。

二、高齡者：指逾六十五歲之人。」

如何掌握中高齡人力資源，打造更友善的年齡職場環境，將工作中的中高齡者留在勞動市場，或鼓勵子女已長大的中高齡婦女二度就業，以彌補勞動力的不足，維持產業競爭力，將成為當前我國勞動力發展的重要課題。

另外，面對少子女化及高齡化的衝擊，疫情大缺工時代，人力市場需求出現變化，新興職缺亦順勢崛起，企業在招募人才越趨困難。較少企業會想到為中高齡者提供友善、安全的工作職場環境，並且促使中高齡受雇者能夠留住和吸引他們繼續工作，並促使他們在技術及經驗上的傳承，幫助企業因少女子化和高齡化所帶來的缺工問題(葉育嘉，2016)。因此，高齡化是趨勢也是現在進行式，未來企業宜將徵才對象轉往中高齡。雖然中高齡者的體力、視力或記憶力會隨著年紀的增長而下降或衰退，但其工作穩定性和豐富技術經驗是可以延續的，如能善加運用中高齡員工，方可解決缺工的大問題(黃佳卉，2012)。

其次，臺灣面臨人口結構的改變，少子女化及高齡化現象，造成整個勞動力短缺，影響未來產業發展和經濟成長，陳淑娟（2023）提出建議，認為政府和企業間須有因應的策略，提升聘僱穩定性和留任性高之中高齡和二度就業婦女之勞工，營造友善的職場環境，以及青年人勞動力參與的意願和縮短學用落差，並且延後法定的退休年齡，以減少勞動力短缺的局勢。

(三)《身心障礙者權益保障法》

《身心障礙者權益保障法》（2021年）對於保障身心障礙者就業也有相關規定，例如：第38條規定：

「1.各級政府機關、公立學校及公營事業機構員工總人數在三十四人以上者，進用具有就業能力之身心障礙者人數，不得低於員工總人數百分之三。

2.私立學校、團體及民營事業機構員工總人數在六十七人以上者，進用具有就業能力之身心障礙者人數，不得低於員工總人數百分之一，且不得少於一人。」

另外，為落實聯合國《身心障礙者權利公約》（Convention on the Rights of Persons with Disabilities, CRPD），強化身心障礙者權益保障，並完善身心障礙福利機構之服務對象保護機制，行政院2022年通過衛生福利部擬具之《身心障礙者權益保障法》部分條文修正草案，函請立法院審議，此次修正是為了將《身心障礙者權利公約》精神明確入法，同時，增訂機關（構）、學校、事業機構、法人或團體辦理教育、招考、就業等權益事項，應依身心障礙者個別障礙需求，於不造成不成比例或過度負擔之情形下，進行必要及適當之提供合理調整（衛生福利部，2022）。

貳 離職管理

一 離職管理目的與重要性

員工離職分為自願性離職與非自願性離職，一般組織會避免非自願性流動，並且將自願性流動降到最低，特別針對頂尖的員工。此兩種流動的代價皆很高，因為員工替換的成本是很高的，而且新進員工需要時間學習，有效的人力資源管理可以幫助組織降低此兩種流動率（Noe, Hollenbeck, Gerhart, & Wright, 2006）。

任何企業難免都會有員工離職，沒有企業是可以完全留住現有員工，但關鍵在於，不把這部分的人員當作損失，而是當成企業的寶貴財富。不管離職員工的管理系統做的再完善，其實最重要的還是企業和領導者在觀念上必須做出改變，充滿人情味地把離職員工看作是企業的朋友與資源，感謝和肯定員工在職期間的工作與付出，離職員工的價值才能體現出來。

二 離職管理之價值

企業所管理的離職員工多為核心員工，其體現之價值可以分為以下五點（許耀東，2012）：

(一) 企業改進的契機

員工的離職原因就是一個很好的組織反思機會，這些都是在職員工受制於種種現實，無法提供給企業的有用資訊。

(二) 行業與競爭對手資訊

離職員工可以幫助企業瞭解其他企業的薪酬體系及水準，不僅節省了購買薪酬報告的費用，並且免去了報告的滯後性。

(三) 企業形象宣傳員

當員工懷著感激的心情離開企業時，對企業的每一句評價都將是正面而富有感情的，即使這種無形宣傳的作用很難用資料統計。

(四) 可靠的低成本人才來源

返聘人才的工作效率比那些真正「新入職」的人要高出40%-50%，對於企業流程與組織的熟悉會更快地進入高效工作狀態，曾經對企業文化的高度適應，也減少了其不稱職的風險，可謂雙保險。

(五) 無限的合作機會

員工流動能夠創造一種資訊管道，讓知識在企業之間流動。這些關係還能成為將來企業間業務往來的基礎，在日後合作中減少了大量介紹和建立信任的程序，省去了許多關係成本。

對於離職員工的管理策略，可採取積極的作法以及與跳槽員工保持良好關係。這樣的策略能為企業帶來至少三方面的好處：加強與潛在客戶的聯繫、增加人力資本的儲備，以及樹立企業的好名聲。離職員工關係的培育首先須從員工提出離職開始，因此，離職員工關係管理的第一步就是建立離職員工面談制度。離職員工交流的主題，應該儘量與其利益直接相關，體現出企業對員工的尊重與關懷。管理者在交流的過程中應作為離職員工的傾聽者，並及時做良性或補救性溝通，必要時給予指導、幫助，找出令其不滿的原因，以便讓企業能夠發現自身管理上的弱點與漏洞，同時儘量消除其中的誤會（許耀東，2012）。

俗話說：「好聚好散。」這句話應該最能傳神的表達出離職管理的精髓。每位員工來到企業上班，都是有緣分，不管在職時間長或短，不管是核心員工或是基層員工，都應該受到同等重視，畢竟至少都曾經為企業付出過心力。儘管離職了，也要讓曾經身為一分子的離職員工感受到來自原企業的關懷及尊重，讓他們知道企業感謝他們曾經付出的努力。而對於企業來說，員工在過去服務的期間感受到企業的溫暖以及重視，離職後，也會對企業充滿感恩的心，幫助企業留意身邊是否有優秀人才能引薦到原企業服務，且這些離職的員工亦能協助宣傳企業的良好形象。

三 國中小校長退休離職管理

我國自1987年解嚴以來，政治民主化，經濟富裕繁榮，社會日益開放多元，校園民主意識提高，致使行政人員、教師、家長、學生與校長之間的關係產生很大的變化。1995年《教師法》公布，成立全國、縣市與學校三級教師會，雖有助於提升教師專業地位與權益，卻也增加校長領導和教師會互動上衝突之機會。1999年《國民教育法》修訂，校長必須參加遴選，且明定校長採任期制，以四年為一任，屆滿得回任教職或參加他校的遴選，雖打破了過往萬年校長給社會的不良觀感，促進了校長人力的替換，然而，也增添了校長治校的壓力，以及增加校長職涯發展的不確定性。2010年《工會法》修正通過，開放教師籌組工會，雖賦予教師團結權與協商權等權利，卻也容易造成教師工會與校長協商之衝突。

在上述社會大環境變遷以及校園生態改變的影響之下，國中小校長面對的是「權力越來越小、責任卻越來越重」的現象，自嘲是「五權校長」——「赤手空拳、有責無權、委曲求全、褫奪公權、屍骨不全」，不僅經營校務更加艱辛，也對個人的生涯規劃產生影響，有些國中小校長甚至產生提早退休的作法，這種現象尤以2011年左右為最，媒體更以「校長退休潮」形容。邱承宗（2012）指出自1999年起，全國約3,000名國中小學校長中，已有1,200多人退休，近半數是提早退休。各縣市也都有類似校長提前退休的現象，校長選擇在年輕力壯、擁有最豐富的行政經驗，以及具有最高行動力之時刻退休，不僅是國家的損失，也是教育之危機！

國中小校長提早退休，不僅是教育界的損失，對於校務經營的連續性也產生影響，更不利於寶貴校務治理經驗傳承的「延續管理」。

在校長方面，國中小校長面對學校內、外環境的轉變，扮演多元的角色，任務繁重、責任艱鉅，面臨的困境因不同情境而異，如：學生行為適應、校園環境安全、組織內部衝突、家長的認同與支持、政治與媒體公共關係，伴隨之壓力及挫折是可預見的，在此情況下，校長需要具備多元的能力以面對諸多的艱難與困境，保存、累積並強化自我能量，以帶領學校成員迎向變革與挑戰。

另一方面，從人力資源管理的角度來看，縣市政府對於提早退休的中小學校長，必須做好「離職管理」，瞭解校長退休的原因，關懷校長退休後的動向，以及未來要如何增加校長願意留任的誘因。

參考文獻

丁志達（2008）。招募管理。臺北市：揚智。

何永福、楊國安（1996）。人力資源策略管理。臺北市：三民。

吳梅芬（2007）。人力資源管理績效指標之研究——組織典範移轉觀點（未出版之碩士論文）。朝陽科技大學，臺中市。

身心障礙者權益保障法（2021）。

林文政、李誠、黃同圳、蔡維奇、房美玉、鄭晉昌、劉念琪、胡昌亞、陸洛（2019）。人力資源管理的12堂課。臺北市：天下文化。

邱承宗（2012）。教育現場正在崩解。師友月刊，**546**，19-23。

苦命的人力資源主管（2017）。人資的社群招募挑戰　如何優化你的招募漏斗？取自：https://www.businesstoday.com.tw/article/category//post/201709180013/

張火燦（2005）。策略性人力資源管理（二版）。臺北市：揚智。

陳建文（2005）。人力資源管理效能量化指標之研究——以LCD面板產業為例（未出版之碩士論文）。朝陽科技大學，臺中市。

陳淑娟（2023）。探討企業缺工、人力資源管理策略與人才留任（未出版之碩士論文），國立臺南大學，臺南市。

許耀東（2012）。離職員工的財富價值。取自：http://tw.news.yahoo.com/本報特約-企業管理-離職員工的財富價值-233000666--finance.html

教育部（2019）。新聞稿：教師法修正後將提升不適任教師處理之效率與公平正義。取自：file:///C:/Users/NTCU/Downloads/%E8%A8%8E%E4%B8%80%20%E6%95%99%E8%82%B2%E9%83%A8%E6%96%B0%E8%81%9E%E7%A8%BF.pdf

黃佳卉（2012）。高齡勞工之職務再設計（未出版之碩士論文）。國立清華大學，新竹市。

黃英忠（2016）。人力資源管理（三版）。臺北市：三民。

葉育嘉（2016）。中高齡女性之工作環境研究（未出版之碩士論文）。中原大學，桃園市。

葉忠達、陳俐文、梁綺華譯（2002）。人力資源管理——實務導向（原著者Michael Harris）。臺中市：滄海書局。（原著出版年：2000）

衛生福利部（2022）。行政院通過《身心障礙者權益保障法》部分條文修正草案。

取自：https://www.mohw.gov.tw/cp-16-70313-1.html

戴若庭（2021）。**金融科技對金融機構人力資源管理影響之探討**（未出版之碩士論文）。國立政治大學，臺北市。

Huselid, M. A. (1995). The impact of human resource management practices on turnover, productivity, and corporate financial performance. *Academy of Management Journal*, *38*(3), 635-672.

Krishnakumar, Akhil (2019). *Assessing the fairness of AI recruitment systems* (Unpublished master's thesis). TU Delft Technology, Policy and Management, Netherlands.

Noe, R. A., Hollenbeck, J. R., Gerhart, B., Wright, P. M. (2006). *Fundamentals of human resource management*. Columbus, the United States: McGraw-Hill.

World Economic Forum (2023). *Global Gender Gap Report 2023*. Retrieved from file:///C:/Users/NTCU/Desktop/WEF_GGGR_2023.pdf

第四章

薪資制度

本章大綱

壹、薪資福利意涵、重要性與功能

貳、薪資福利制度設計原則

　　一、薪資福利制度

　　二、內部公平與外部公平

　　三、勞工法——最低工資

參、問題思考與討論——送禮學問大

　　一、送禮要讓員工開心

　　二、精選禮物最能激勵員工

　　三、禮券比現金更優

壹 薪資福利意涵、重要性與功能

薪資待遇的相關用語繁多，如：「報酬」、「薪水」、「薪資」、「薪給」、「薪俸」、「薪酬」、「待遇」、「工資」、「給與」等，本書統一用「薪資」此用語。

薪資（compensation）是組織對於員工提供服務報酬（reward）。報酬包括：薪給（pay）、獎金（incentives）及福利（benefits）。

薪給又分成工資（wage）與薪水（salary）兩項，「工資」通常論工作時間計酬；而「薪水」係以某一段時間為單位計酬，如：週薪或月薪等。

獎金是為鼓勵員工超過正常努力所給的報酬，如：紅利（bonus）、佣金（commissions）及利潤分享計畫（profit-share plans）等。

福利是所有員工均能享有的，不論其表現好壞，其包括：健康保險、退休金、假日給付等。

簡言之，reward與compensation（薪酬、報酬、酬賞、待遇）兩者意思接近，屬於上位概念，下位概念則為pay（薪給、給付），pay又分成salary（薪水、薪資）與wage（工資）等。

薪資分為「固定薪資」、「變動薪資」，以及「福利」等三大類（黃英忠，1997）。薪資主要包括：固定薪資中的基本薪資、加給／津貼；變動薪資中的獎金、加班費、非固定人員薪資，以及福利三類。所有構成薪資總額的主要項目，如圖4-1薪資體系。

在薪資福利重要性方面，黃家齊（2003）指出企業可以透過提供較高水準的薪資來吸引高素質的人才，建立以技能為基礎的薪酬制度，以鼓勵員工提升技能的深度和廣度。對企業來說，如何以最有成效的薪酬福利制度，贏得員工的向心力，將是人力資源管理的重要問題。對員工而言，薪資福利在生活上是主要的經濟收入來源，在選擇進入一家企業，薪資與福利對員工相當重要，也是員工考慮企業是否能夠正面回

薪資體系

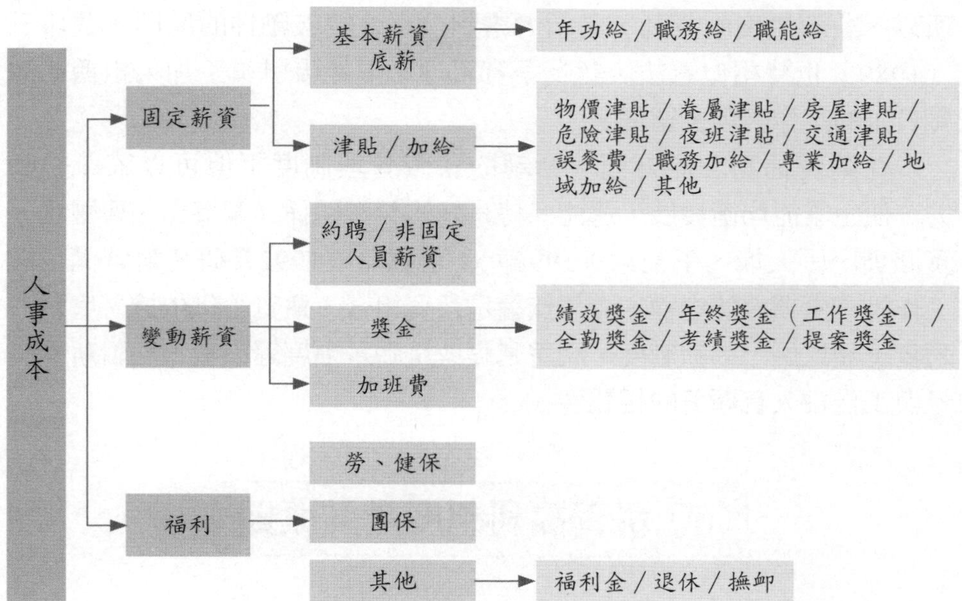

饋，決定去留重要考量因素之一（陳淑娟，2023）。

王宗鴻（2006）認為薪資報酬對個人、組織和社會各有不同的意義。就個人而言，薪資報酬是員工獲取財務性報償以換取物質生活所需；另一方面，在員工的心裡，薪資報酬又是代表個人在企業內部能力或成就的肯定，它代表員工在企業中受重視的程度；對組織而言，薪資報酬是企業支付員工提供勞務之報酬，係指工作價值與工作報酬間之關係，它不僅是成本，也是爭取競爭優勢的利器；對社會而言，薪資影響社會財富的分配，薪資的給付須與勞務相等，它代表社會交換是否公平的指標。

薪資福利制度在人力資源管理尚有兩個重要性：（一）薪資是給予員工最直接的獎勵，薪資制度好壞會直接影響員工的工作態度與工作表現。好的薪資制度，除了可以維持員工正常的工作表現之外，更能夠誘發出員工在工作表現有形或無形的價值。（二）薪資制度足以顯示組織對人力資源管理的重視程度，好的薪資制度顯示出企業有心留住員工。所以，薪資制度的設計，必須考慮到公平性與鼓勵性的原則。蔡玲玉（1989）也持相似看法，認為薪資管理必須能吸引員工加入組織並激勵員工的工作表現及留任。

在薪資福利功能方面，合理的薪資管理制度不但可以確保勞動力，使企業能均衡發展，還能保持良好的勞資關係（黃英忠、曹國雄、黃同圳、張火燦、王秉鈞，1998）。李德玲（1992）研究薪資滿足與工作投入兩項效能指標，發現無論是薪資組合、薪資給付依據、底薪占薪資總額比例、福利制度、調薪基礎或是調薪幅度等因素，均對薪資滿足與工作投入有顯著的相關性。

貳 薪資福利制度設計原則

一 薪資福利制度

要使薪資福利制度發揮應有的功能，必須符合許多原則，才能達成良好的薪資管理。歸納學者所提薪資制度的原則，如表4-1與表4-2所示（吳梅芬，2007）。

表 4-1

薪資制度應符合之原則

學者	薪資制度應具備的原則
蔡憲六（1990）	1.公平原則；2.效能原則；3.激勵原則
林福堂（1994）	1.公平、公正、平衡；2.勞資互惠原則
吳復新（1996）	1.公平原則；2.合理原則；3.比較原則；4.激勵原則；5.實惠原則；6.勞資互惠原則
黃英忠、曹國雄（1998）	1.公正性原則；2.勞資互惠原則

表 4-1（續）

學者	薪資制度應具備的原則
孫德修（1999）	1.符合法律規定；2.依據公平原則；3.配合經營策略；4.滿足階層意識；5.具有激勵效果；6.對外有競爭力
周昌湘（2000）	1.公平原則；2.安全原則；3.彈性原則；4.激勵原則
黃廷合、呂日新（2002）	1.相對比較原則；2.職薪相當原則；3.勞資互惠的原則；4.有效激勵原則

資料來源：吳梅芬（2007）。

表 4-2

薪資制度原則內涵

原則	內涵
公平原則	所有員工均能獲得應得的報酬，包含內部公平、外部公平、個人公平（同工同酬）。
勞資互惠原則	良好的薪資制度必須使勞資雙方皆受惠。
有效激勵原則	透過薪資激勵員工付出，鼓勵員工實現企業預期達成的業績成果及管理目標。
彈性原則	薪資能夠眞實反映員工功績成就或疏失錯誤，利用獎勵與懲罰，使彈性的薪資制度成爲有效的管理控制工具。
配合經營策略	依企業的經營型態及策略，實施適合的薪酬制度。
符合法律規定	薪資的相關法令皆須符合其最低標準，例如：基本薪資必須至少達到政府每年公布的最低薪資。
實惠原則	1. 物價指數不變，現金報酬增加。 2. 物價指數下降，現金報酬不變。 3. 物價指數上升，現金報酬之上升幅度較大。 4. 物價指數下降，現金報酬減少的幅度較小。 5. 物價指數下降，現金報酬上升。

資料來源：吳梅芬（2007）。

從表4-1與表4-2學者所提出的薪資制度應具備的原則與內容，可以歸納出共同的原則：第一是公平原則，員工能獲得應得的報酬；第二是激勵原則，透過薪資以激勵員工付出，提高組織績效與成果；第三是彈性原則，將薪酬制度作彈性調整，視員工個人績效，依評定等級發給。除了遵循前述原則之外，在論及薪資報酬策略性政策及策略性目標的關係時，Milkovich、Newman和Milkovich（2002）認為薪資報酬的策略性政策須依據以下原則：

(一) 內部一致性（internal alignment）

內部一致性係指組織內部不同工作或技能，對於組織目標相對貢獻程度的比較。若貢獻程度與相對薪資報酬一致，則當個人貢獻越高時，其薪資報酬就越高，如此則能維持薪資的內部公平。

(二) 外部競爭性（external competitiveness）

外部競爭性意指相對於外部的企業，組織能給付具競爭力的薪資，以確保能吸引及保有所需要的人力，並藉由適度控制勞動成本，以維持組織的成本競爭力。

(三) 重視員工的貢獻（employee contribution）

薪資報酬若能依員工的貢獻給付，就能產生激勵的效果，進而影響員工的工作態度與行為。

(四) 有效的薪資管理行政作業（administration）

良好的政策仍須仰賴完整的薪資管理行政作業，從制度的設計與溝通、市場薪資水準的掌握、市場競爭力的分析與適當的市場定位等，都必須有優異的管理能力與作為，才能確保有效達成目標。

二 內部公平與外部公平

有效的薪酬制度必須具備內部公平性、外部競爭力，以及依績效給薪三個原則，目前大部分的企業幾乎都有自己的薪資制度，但是真正能夠符合這三個原則的有效制度並不多，這種情形在中小企業更是普遍，造成這種現象的原因：不正確的薪酬觀念、年資導向的薪酬理念、不願意投資建構有效的薪酬管理制度，以及薪酬管理的垂直與水平整合不足等（劉文章，2021）。

「內部公平性」是有效薪酬制度的基本要件，要達到內部公平性必須從薪酬管理的過程做起，這些過程包括：職位分析、職位說明書，以及職位評價的正確與公平性；「外部競爭力」是指公司的薪酬與就業市場薪資水準的比較，要確保薪酬在市場的競爭力就必須參加專業的薪資調查，而不僅僅是購買或借閱薪資調查報告；「依績效給薪」則是內部公平性的延伸，薪資必須依員工的績效表現而有所差異，而且這個差異必須夠大才有意義，要達到這個目的則有賴於有效且公正的績效管理與評估制度（劉文章，2021）。

薪資公平可以區分成內部公平和外部公平。內部公平指：「和公司內部從事相同或職責類似工作的同仁相比，我領到的薪資是否合理？」外部公平指：「和其他公司從事相同或職責類似工作的員工相比，我領到的薪資是否合理？」換言之，外部公平指的是員工的薪水要和行業標準相匹配，否則很難招到人才，即使招到也很容易流失。研究也顯示，當員工認為薪資福利不公平時，會對其敬業度、績效和留任率產生負面影響（Laundon, Cathcart, & McDonald, 2019）。

薪資公平是個很複雜的問題，也是個很主觀的問題。有關員工個人薪資偏高或偏低的問題，大部分的人反應都很一致，且很有趣。當個人遇到和自己從事相同或類似工作的同事領到比自己較高薪水的時候，往往都會認為公司的敘薪不公平；反之，如果知道自己的薪水偏高時，個人卻不會認為公司敘薪不公平，反而認為是因為自己的工作績效表現較佳的原因，高薪是自己應得的。

另外，如果同時考慮內部公平和外部公平，則薪資的問題就會變得相當複雜。如何才能夠兼顧內部公平和外部公平呢？企業當然知道薪資以及職等設計和薪資調查的重要性，但思考到最後，其實「人性」才是最難克服的關卡吧！

綜合前述，合理的薪資管理制度具有多樣的功能與目標，不但可以確保勞動力，激勵員工工作投入，還能保持良好的勞資關係。然而，影響員工留職的因素有很多，給予員工適當報酬只是其中一個因素，要想留住好的人才還必須考量到諸多因素，例如：安排合適職位、良好組織氣氛、指派合理任務、進行教育訓練促進專業成長、合理的內部輪調與升遷制度等，都是重要的因素。

三 勞工法——最低工資

基本工資（最低薪資）（The Minimum Wage）就是勞工在「正常工作時間」內所得之報酬，不包括：延長工作時間之工資與休息日、休假日及例假工作加給之工資。

依《勞動基準法》第21條規定，工資由勞雇雙方議定之，但不得低於基本工資。此項規定旨在保障勞工基本生活並維持其購買能力。對於工資在基本工資數額邊緣的弱勢勞工，尤其重要。我國基本工資自2024年1月1日起調整為每月為新臺幣27,470元，每小時基本工資為183元。前者係指按月計酬者，且依法定正常工作時數上限（現為40小時）履行勞務之最低報酬。後者係為約定按「時」計酬者，單位時間之最低報酬（勞動部，2024）。

在國際上，以美國加州為例，加州制定勞工法（Labor Code），對保障勞工衛生及安全、支付工酬、工作時間、失業救濟、勞工權益及免責、雇主及勞工聘僱關係、勞工賠償及保險、索賠及程序等均有詳細規定（State of California Department of Industrial Relations, no date）。

加州自2018年1月1日起每小時最低法定工資（California Minimum Wage）：企業少於25名員工為10.5美元，多於25名員工為11美元。2023年1月1日起與2024年1月1日起，最低工資則分別為每小時15.5美元與16美元。

參 問題思考與討論——送禮學問大

假想您是公司的人資部門，想要送員工禮物，您覺得送以下三種東西，哪一種最好？各有何優、缺點？

1. 1,000元現金
2. 1,000元便利超商禮券
3. 五星級飯店下午茶餐券（1,000元等值）

送禮是一門很深奧的學問，送什麼東西是最適當的，常常讓送禮者傷透腦筋？如何才能做到既不失禮數又能讓收禮者感到開心，確實需要下不少功夫。尤其企業該如何送禮，才能讓員工倍感窩心，進一步激勵員工績效？這也是人力資源管理的其中一部分。

一 送禮要讓員工開心

曾經在臺北捷運站看到一則廣告的文字：「人是喜歡收到禮物的動物」。的確，大部分的人都喜歡收到禮物，但「送禮要送到心坎裡」才能發揮效果，送禮最重要的除了表達心意之外，如果拿到的禮物是員工所需要的，平常又捨不得花錢買的，這樣的禮物除了會讓人增加幸福感，又能減少罪惡感，比起現金還要划算。例如：送員工價值一千多元的五星級飯店下午茶餐券，因為這樣的餐券價格不菲，員工平時可能下不了手購買，但因為是公司所送的，就減少了「吃一頓飯要花這麼多錢的罪惡感」，而且可以表達公司滿滿的心意！

二 精選禮物最能激勵員工

禮物代表送禮者的一份「心意」或「友誼」，用心挑選的禮物是超越現金的價值。一份精心挑選的禮物更勝過於現金，也更能體現出一家企業對於員工的用心及關心。當員工感受到了雇主對於員工的溫度與關懷，自然就會有一份歸屬感，對於公司更加忠誠，同時也激勵其提升在工作上的績效。

不過上述的前提是「精心」挑選，能讓員工感受到送禮者的心意，例如：用禮物作為激勵，如果這份激勵是千篇一律、每年都一樣的物品，那就不會有激勵的效果，畢竟沒有員工想要每年都拿到相同的禮物！

三 禮券比現金更優

當然，送禮物有可能不符合員工期待，或是效益沒想像中高時，從效率的角度看，提出送禮券較適宜，一方面較有效益，另一方面又能避免現金給人的俗氣感。禮券若適當使用，雖然少了驚喜，但也能獲得另外的滿足。

不過，必須留意的是，人資部門如果要送禮券，必須留意禮券的實用性與使用便利性。如果是送書局禮券，可以讓員工工作之餘走進書店購置所需，也是另類「小確幸」。但如果送的禮券必須要翻山越嶺、長途跋涉才能使用，對於員工不僅沒有激勵效果，反倒是增加困擾。以下將三者的優、缺點，列表加以呈現（見表4-3）。

表 4-3

送現金、超商禮券及五星級飯店下午茶餐券優、缺點比較表

	優點	缺點
1,000元現金	1. 簡單 2. 最容易使用	較爲俗氣
1,000元便利超商禮券	容易使用	1. 需要先購買 2. 想要的物品在超商不一定買得到
五星級飯店下午茶餐券（1,000元等值）	1. 員工會有驚喜之感（送禮送到心坎裡） 2. 讓員工可以不具罪惡感的進行消費 3. 就老闆而言，大量購買可以有折扣，節省開支	1. 需要先購買 2. 使用最不方便

參考文獻

王宗鴻（2006）。人格特質、主管領導風格與人力資源管理措施對工作投入與工作績效之影響（未出版之碩士論文）。國立中央大學，桃園縣。

吳梅芬（2007）。人力資源管理績效指標之研究——組織典範移轉觀點（未出版之碩士論文）。朝陽科技大學，臺中縣。

李德玲（1992）。企業員工對薪酬制度反應之研究（未出版之碩士論文）。中國文化大學，臺北市。

陳淑娟（2023）。探討企業缺工、人力資源管理策略與人才留任（未出版之碩士論文）。國立臺南大學，臺南市。

黃英忠（1997）。人力資源管理。臺北市：三民。

黃英忠、曹國雄、黃同圳、張火燦、王秉鈞（1998）。人力資源管理。臺北市：華泰。

黃家齊（2003）。人力資本投資系統、創新策略與組織績效——多種契合觀點的驗證。管理評論，**22**(1)，99-126。

勞動部（2024）。基本工資的意義。取自https://www.mol.gov.tw/1607/28162/28166/28180/28182/28188/29025/post

劉文章（2021）。建立有效薪酬制度常見的問題與挑戰。104銀行——人資充電。取自：https://vip.104.com.tw/preLogin/recruiterForum/post/31537

蔡玲玉（1989）。薪酬管理制度與勞資關係氣氛之研究（未出版之碩士論文）。國立政治大學，臺北市。

Laundon, M., Cathcart, A., McDonald, P. (2019). Just benefits? Employee benefits and organisational justice. *Employee Relations*, *41*(4), 708-723.

Milkovich, G. T., Newman, J. M., Milkovich, C. (2002). *Compensation* (7th ed). McGraw-Hill.

State of California Department of Industrial Relations (no date). Retrieved from California https://www.dir.ca.gov/wpnodb.html

第五章

教育訓練

本章大綱

壹、教育訓練

一、教育、訓練與發展意涵

二、教育訓練的目的

貳、教育訓練方法與類型

一、教育訓練類型

二、教育訓練方法

參、教育訓練發展模式

一、訓練需求分析

二、訓練目標訂定

三、訓練課程設計與執行

四、訓練成效評估

肆、專業意涵

一、專業意涵

二、專業特徵

壹 教育訓練

企業的經營模式與組織發展，仰賴具有專業知識、專業技術及業務能力優秀的各類人才投入，而人才的取得及培育，從一開始完善的招募制度的推展，到企業的教育訓練制度規劃，培育員工提升工作效率及績效為近年來許多成功企業所重視的重點工作項目，企業要開始思考如何建立有效的訓練體制、建構員工完善的職涯地圖，用來留才及提升員工訓練成效，建置一套適合企業文化完整且完善的教育訓練系統，替企業創造價值，提升公司的品牌形象（陳佑如，2021）。

以下分別從教育、訓練與發展之意涵，以及教育訓練的目的加以探究。

一 教育、訓練與發展意涵

「教育」、「訓練」與「發展」三者因意義相近，常常同時出現或有交互使用的情形。因三者對於組織均有其重要性，因此，以下針對三者之概念與差別加以說明。

(一) 教育

「教育」是為了讓成員提升能力以配合未來工作的指派與規劃，培養成員在某一特定方向或提升目前工作的能力，以期配合未來工作能力或擔任新職務時能對組織有較多的貢獻。「教育」著重於未來的應用，主要在透過廣泛且系統的學習以激發個人潛能，達成自我實現，提升成員未來的工作能力，目標是長程導向的，較不注重短時期的效果（李漢雄，2001；李聲吼，2004）。

(二) 訓練

黃英忠（1995）認為，「訓練」是指企業為了提升工作者在執行某一特定任務時所必要的知識、技能以及態度，或培養其解決問題之能力的一切活動總稱。Noe等人（2000）將「訓練」定義為提供新進或現職員工執行其工作所需的技能，這類技能可能包括其所需具備的專業知識、技術能力，以及任何能夠促進工作績效的行為準則。

「訓練」是為了改善成員的工作表現，或增進即將從事工作的能力以適應新的組織、工作程序、政策和標準等，以提高工作績效。其目的乃為了讓成員有能力執行目前工作，增進其工作績效，較著重於對現職的應用，故其層面較窄、目標較具體，較注重時效。

「訓練」通常可為組織帶來包括下列功能：提升人力素質、增進工作效率、穩定人事、確保產品品質、降低生產成本、提高經營績效、減少職業災害、擴大組織規模、增加員工溝通表達的機會、促進人際和諧、提高工作士氣等（李大偉，1993）。

(三) 發展

「發展」著重在成員本身成長的學習，使思想層次提升，目的在於獲得新的視野、科技和觀點，使得整個組織有新的發展目標、狀態和環境，在時間上不侷限於長期或短期目標，範圍也不受限；換言之，「發展」相較於訓練，強調未來性，是一種增強潛力與成長的長期過程。「發展」雖以組織為主，但也包含了個人的發展。唯有個人的充分發展，組織的發展方能達成；也唯有組織的不斷發展，才能促進個人的發展（江淑婷，2009）

員工經由教育及訓練，組織才得以發展，所以教育和訓練是發展的基礎（張仁家，2017）。表5-1為「教育」、「訓練」與「發展」三者的比較。

表 5-1

教育、訓練及發展的比較

項目	教育	訓練	發展
意涵	對於工作發展需求，學習系統性知能並處理未來面對的業務	個人行爲改變的歷程，並獲得目前職務所需的知識與技能	擴充組織的活動與增進長期歷程
目的	因應環境變遷而提供知能、觀念與技術	提供特定知能，有效執行特定的工作任務	確保組織經常擁有可資運用之人力，以順利達成組織目標
目標	將所學用於未來，以中、長期目標爲方向	運用於解決目前需要，以短期爲方向	因應具體化需要，兼顧長、短期爲方向
範圍	有關認知、技能與價值的整合	個人職務及成長目標的任務	激勵發揮潛能，與現在或未來相關的組織績效事務
報酬	性質上屬長期投資，若教育後無適當職位可安置，或轉到其他公司，對原公司將形成投資的損失	訓練後可即時使用，風險較低	提高工作滿意度；對個人生產效益較易評量
時間	中、長期	短期	中、長期
功能	培養所需人才	配合職務與工作所需	同時滿足個人成長需求與組織發展
主要	以個人爲主	以工作爲主	以組織長程發展爲主
規劃	中、長期規劃	短期規劃	長期規劃

資料來源：研究者整理自張仁家（2013）。企業訓練與發展。

由上述分析可知，「教育」、「訓練」與「發展」三者意涵略有不同。其中「訓練」與「發展」的差異在於，「訓練」是針對特定工作的學習活動，屬於短期的學以致用；「發展」則除了增加員工目前的工作能力外，更著眼於個人未來能力的提升與培養，且「發展」可分為兩個層面，即「個人自我發展」與「組織發展」。雖然三者意涵有其各自著重處，但其相同點皆是企業為了增進員工問題解決的能力和提高工作績效，以提升企業競爭力、達成目標，以及進行永續經營，所提供之相關知識、技術、態度等計畫性的訓練活動。值得一提的是，「教育訓練」或是「訓練發展」是企業組織慣用的用語，而在教育界則習慣使用「教師專業發展」一語，儘管這些用語不同，但是皆有提升與培養個人能力，提高個人工作績效與組織競爭力之意涵。本書主要探究對象為教師，教育界習慣使用「教師專業發展」一詞，例如：教師專業發展評鑑，因此，本書所談及的大學教師訓練發展，統一使用「教師專業發展」名稱。

教育、訓練與發展三種活動不但可以分別實施，亦可同時進行。由於組織需要以訓練員工來完成目前工作，要以教育員工來培養未來所需之人才，也要透過組織發展、生涯發展來促進組織的永續經營，因此對組織或學校組織而言，三者缺一不可，唯有透過三者力量的整合與互相搭配，方能有效提高員工職能及組織績效。

二 教育訓練的目的

教育訓練的目的可分為直接目的與間接目的兩方面：直接目的在於提高員工知識與技能、增進其態度之適應等；對員工而言，教育訓練的目的在於提高員工生活水準與培養健全人格；對企業而言，可以達到其提高經營效率與培育人才之目的。另外，間接目的則是使企業與員工透過教育訓練達成共同的目標，最終的目的則是要維持企業不斷發展與成長（黃英忠，1997）。

教育訓練的目標有以下幾點（洪榮昭，1996）：

1. 一般知識的提高。
2. 對周圍情勢判斷力的提高。
3. 理解經營的原理與理論。

4. 該行業及公司實際知識的提高。
5. 經營及管理能力的提高。
6. 領導力及指導力的提高。
7. 個人缺點改正（包括：技能與態度的觀念）。
8. 人際關係及溝通技巧的培養。
9. 專門管理技術的學習。
10. 業務處理能力的提高。
11. 新的技術與能力的培養。

洪榮昭（1996）所提之教育訓練的目標，可概分為消極目的與積極目的，個人技能與態度的觀念缺點改正屬於消極目的，其餘如知識的提高、領導力及指導力的提高⋯⋯，則屬於積極性的目的。

貳 教育訓練方法與類型

一 教育訓練類型

依照工作的階段不同，可將訓練分為：

(一) 職前訓練

職前訓練又稱為引導訓練，對象為新進員工。為培養新進人員瞭解與接受組織的文化，並釐清工作項目與提高個人對於公司的價值觀及理念上有認同感，必須讓新進人員做職前訓練（黃英忠，2007）。訓練能帶來許多正向影響，若訓練實施程度完善，成效與績效就會日益增進。

(二) 在職訓練

工作中的訓練是在實務上比較力行的訓練，不僅給予單純的職務訓練，也能激發部屬的奮發進取（黃英忠、吳復新、趙必孝，2007）。

簡建中（2006）認為在工作中的訓練是強調從工作中學習，生產的地點就是訓練最佳地點，講師的來源即是內部經驗豐富的資深員工，其方式優點是成本低廉，也是解決問題導向。

(三) 職外訓練

此訓練又稱為集中研修，是指員工暫時離開工作而接受短期訓練方式，透過有系統的訓練充實知識與提升工作能力（丁志達，2009）。能力訓練的主要目的就是提升工作上所需能力以及對未來做準備，適合的訓練不僅可增進解決問題能力，也能減少離職的機率。

二 教育訓練方法

在訓練的方法方面，簡貞玉（2008）指出訓練方法包含：

(一) 演講法

使用最普遍且有效的方式，能同時對許多人進行，學習的教材較新。缺點是受訓人員較無法主動參與訓練、互動性較低。

(二) 示演法

由訓練人員實際操作，學習者按照程序操作一遍的方法，使用於學習新的操作過程或新設備最為恰當。優點是可立即得到學習機會，增強效果，但此方式適合安排助教從旁協助。

(三) 視聽器材輔助法

放映機、錄影機、電視等協助受訓者學習，吸引受訓人員注意力，若重複使用視聽器材便可降低成本。缺點則是無法給予受訓者積極參與活動機會。

(四) 模擬儀器與訓練器材輔助法

提供與工作上情境類似的設備協助訓練，在操作中學會使用與反應，為訓練的核心所在。缺點則是須使用器材做輔助，易被當成半玩具性的器材而妨礙訓練。

(五) 討論法

提供討論機會，驗證假設問題，此種方法用在改進效率與監督管理方面，學習計畫策略與解決問題能力。最大的優點是能充分積極參與並增進學習效果。

(六) 敏感性訓練法

又稱為行動研究或實驗室訓練，目的是在於改變自我知覺，發展人際關係的技巧。將小團體帶離工作場所，使瞭解交互行為的重要。

(七) 個案討論法

提出真實案例幫助受訓者分析問題的重要性並解決問題。此方法的優點是做中學原則，鼓勵做判斷並求解決方法。

(八) 角色扮演法

在假設情境中，藉由扮演假想角色體驗感受，達到修正態度並發展良好人際關係。優點是能發現自己錯誤，並站在他人角度為別人著想。

(九) 管理競賽法

運用情境訓練並競爭，有專家講評做檢討。優點是有參與機會，做有效決策。

(十) 編序教學法

又稱為循序自學法、計畫學習法，是將教材分析成一連串之細目，編成一連串之問答題或試題，然後指導學習者利用細目書本、教學機或電腦進行自學之一種方法。優點為提高學習效果、減少學習挫折，且易於診斷學習困難；缺點則為不易普遍推行，且課程編製困難。

參　教育訓練發展模式

訓練系統的架構以教學系統設計模式（Instructional System Design Model）應用最為廣泛，該模式包括：訓練需求分析、訓練目標訂定、訓練課程設計與執行，以及訓練成效評估等四階段（王宗鴻，2006；鍾娉華，2006；Goldstein, 1986）。

一　訓練需求分析

包括：組織分析、職務分析與人員分析三部分。

(一) 組織分析的步驟順序

1. 確認教育訓練是否符合企業的策略方向。
2. 瞭解企業可用的資源。
3. 瞭解組織氣候與環境是否利於實施訓練。

(二) 職務分析即工作分析，主要目的用以瞭解職務的工作內容、責任、性質，以及員工應具備的條件，亦即藉由工作說明書與工作規範，來瞭解職務所需的訓練。目的在探究有效執行工作所需要的知識、技能與態度行為，以作為規劃工作訓練基礎。工作分析是職務上基礎性的前置作業，在訓練中強調是為了確認知識與技能要如何讓員工完成工作任務（Noe, 1998）。

(三) 人員分析的目的在於瞭解先備的知識、技能與學習態度是否能符合工作需求（楊松德，1998）。人員分析目的則在確認個別員工基於強化績效，或未來工作發展所需要的訓練。因此，訓練計畫必須符合組織及個人的需求。

二 訓練目標訂定

訓練目標是企業透過訓練所想達到的結果，即將訓練計畫的內容、對象、方法，加以整理、分類，以使企業的訓練計畫易於執行。

三 訓練課程設計與執行

訓練目標訂定好之後，即進入課程的設計與執行。訓練的規劃與執行包括訂定訓練方針與計畫。訓練計畫必須具體化、重點化與系列化。具體化的目的在使訓練的內容可直接用於工作場所上；重點化指訓練的內容可明確說明訓練的重點；所謂系列化乃是指訓練的內容與訓練方法具一貫性與互相協調性關係。

訓練方針與計畫擬訂之後，即進入實施計畫階段。實施計畫是要將整個訓練的內容、對象、時間及方法，加以明確劃分訂立出個別計畫。同時也要說明訓練所採用的方法，說明將整個訓練的內容、對象，依實施計畫執行的步驟。

四 訓練成效評估

訓練的最後階段是對於實施的成效進行評估，對於教育訓練的過程、活動或結果，按照一定的標準與程序，作有系統性的調查、分析及檢討，以研判教育訓練的價值與衡量組織的績效。

肆 專業意涵

企業安排各種教育訓練課程或活動，目的在於促進員工的專業化，提升員工專業知能。至於何謂「專業」的意涵？「專業」有哪些特徵？以下分別加以探究。

一 專業意涵

企業安排各種教育訓練課程或活動，目的在於促進員工的專業化。至於何謂「專業」？學者定義略有不同，何飛鵬（2012）認為專業至少要具備三個要件：專業精神、專業倫理與專業能力。他認為專業精神指的是對所從事的工作，抱持神聖崇高的敬畏，願用一生永無止境地追求完美，企求更高的境界。具有專業精神，成果就會出現質變，產生創新。專業精神是信仰，有了信仰，實際執行上就要信守專業倫理，亦即每一項工作都有其必須遵守的原則與規範。

陳奎熹（1987）則認為所謂專業工作必須運用專門的知識與技能，經過長期的專門訓練，強調服務的觀念，享有相當獨立的自主權，具有自律的專業團體和明確的倫理信條，還要不斷地在職進修，以促進專業成長。

二 專業特徵

M. Lieberman認為專業工作具有八項特徵（引自林清江，1977）：

1. 提供獨特明確而重要的服務。
2. 強調智慧的運用。
3. 需要長期的專門訓練。
4. 個別從業者及整個團體必須享有相當廣泛的獨立自主權。
5. 在享有專業自主權時，從業者應接受判斷與實際行動之責任。
6. 從事工作及成立組織的基礎係提供全面的服務。
7. 專業工作者需遵守明確之倫理信條。
8. 專業人員必須有綜合性之自治組織。

從上述專業的特徵可知，專業工作必須具備專業知能，在進行工作時享有專業自主權，不受不當的干預，在運用專業知能從事專業服務工作時，能謹守專業倫理規範。另外，在職涯歷程中，能不斷的追求專業成長。以下針對專業知能、專業自主與專業倫理進行說明。

(一) 專業知能（Professional knowledge and teaching skill）

專業的知識與技能係指專業工作者必須具備專業知識與能力，同時受過長期的訓練，且其知識與技能外人不易學習或得知。

(二) 專業自主（Professional autonomy）

專業自主是能依其專業知能在執行其專業任務或作出專業決定時，不受外來的干預。

(三) 專業倫理（Professional ethics）

專業團體的倫理信條反映的是工作的專業特性，建立的是特定專業工作的目標與標準，用以規範其組成分子的行為。專業倫理規範，可用來作為評鑑專業人員的規準、協助新進人員接納專業責任與權力、扮演專業道義的規範角色、提供專業人員自主地位、促使社會大眾對專業的瞭解與認同。

參考文獻

丁志達（2009）。培訓管理。臺北市：揚智文化。

王宗鴻（2006）。人格特質、主管領導風格與人力資源管理措施對工作投入與工作績效之影響（未出版之碩士論文）。國立中央大學，桃園縣。

江淑婷（2009）。彰化縣國民小學學校本位人力資源發展之研究（未出版之碩士論文）。國立臺中教育大學，臺中市。

李大偉（1993）。求取新知充實自我——高職設置成人職業教育推廣中心之功能。技術及職業教育，**14**，4-9。

李漢雄（2001）。人力訓練與發展。臺北縣：空大。

李聲吼（2004）。人力資源發展。臺北市：五南。

何飛鵬（2012）。何飛鵬專欄——什麼是專業？。經理人月刊，取自https://www.managertoday.com.tw/articles/view/13508

林清江（1977）。教育社會學。臺北市：臺灣書店。

洪榮昭（1996）。人力資源發展——企業教育訓練完全手冊。臺北市：師大書苑。

張仁家（2017）。企業訓練與發展（四版）。臺北市：全華。

陳佑如（2021）。人才發展品質管理系統（**TTQS**）導入對企業人力資源影響評估：以**L**公司為例（未出版之碩士論文）。政治大學，臺北市。

陳奎熹（1987）。教育社會學。臺北市：三民。

梁福鎮（2006）。我國教師專業發展的現況、問題與對策。教育科學期刊，**6**(2)，77-90。

黃英忠（1995）。現代人力資源管理（再版）。臺北市：華泰。

黃英忠（1997）。人力資源管理。臺北市：三民。

黃英忠（2007）。人力資源管理概論。高雄：麗文文化。

黃英忠、吳復新、趙必孝（2007）。人力資源管理（二版）。臺北市：空大。

楊松德（1998）。企業訓練專業人員工作手冊。臺北市：行政院勞工委員會職業訓練局。

簡建中（2006）。人力資源管理：以合作觀點創造價值。新北市：前程文化。

簡貞玉（2008）。員工訓練與能力發展。臺北市：麥格羅希爾。

鍾娉華（2006）。人力資源管理措施知覺對員工工作績效之影響——工作投入及組織承諾之中介效果分析（未出版之碩士論文）。國立中央大學，桃園縣。

Goldstein, I. L. (1986). *Training in organization: Needs assessment, development, and evaluation*. C.A.: Brooks-Cole Publishing Co.

Noe, Ratmond, A. (1998). *Employee training & development*. Irwin, McGraw-Hill.

Noe, R. A., Hollenbeck, J. R., Gerhart, B., Wright, P. M. (2000). *Human resource management: Gaining a competitive advantage* (3rd ed.). McGraw-Hill Companies.

第六章

績效管理

本章大綱

壹、績效管理意涵與相關理論

一、績效評估與績效管理意涵

二、績效管理目的

三、績效管理方法與流程

壹 績效管理意涵與相關理論

人力資源管理學界及心理學界，大多認為甄選、績效考核、教育訓練和激勵活動等四種人力資源管理活動最為重要。然而，四種活動中以績效考核為重要關鍵。當企業甄選新進員工進入組織後，員工的表現是否如當初所預期，必須藉由績效考核的結果來評定，並根據結果來評斷甄選制度是否有效。而在員工的教育訓練需求上，是否能確實地改善員工的工作能力，則必須要經由績效考核來提供回饋，以作為設定未來目標與提供獎勵之依據（王宗鴻，2006）。有鑑於績效管理之重要性，以下針對績效管理的意涵、目的與方法加以探究。

一 績效評估與績效管理意涵

「績效評估」（performance appraisal）與「績效管理」（performance management）為兩個常交互使用的名詞，惟兩者意涵有所不同，以下先分別說明兩者之意涵，再比較兩者不同處。

(一) 績效評估意涵

「績效評估」是一種過程，為組織用來衡量和評鑑員工某一時段的工作表現，以協助員工的成長（張火燦，2005）。評估的結果可作為薪酬、職務調整的依據，提供員工工作回饋，決定訓練的需求，改進工作與規劃生涯，以及協助主管瞭解部屬等。因此，績效評估乃人力資源管理功能中居整合性地位與角色的一種功能。具體而言，績效評估是協助重要關鍵工作進行的指標，強調未來導向，減少員工缺失及提升員工能力。

(二) 績效管理意涵

「績效管理」是一套有系統的管理活動過程，用來建立組織與個人對目標以及如何達成該目標的共識，進而採行有效的員工管理方法，以提升目標達成的可能性。績效管理的目的是以客觀的方式衡量和評估企業的營運績效是否有所提升，並相應地調整內部運作程序。績效管理在企業管理循環中扮演著重要角色，適當的績效管理制度能夠更有效地衡量和控制企業的營運目標和資源管理（Collins & Smith, 2006）。吳秉恩（2002）認為績效管理是指於某一段特定時間內，對員工工作表現成果之衡量與評價，藉以作為調薪敘獎、任免、晉升、職務調整、工作輔導改進、決定訓練需求、員工生涯規劃等的參考依據，以提供員工工作回饋以及協助主管瞭解部屬，以改進其工作表現。

從上述的觀點可知，學校績效管理是指透過一套有系統的管理活動，訂定適合學校自身的績效目標、績效控管、績效評估，以瞭解學校目標達成的狀況，兼顧學校與學校教育人員績效的持續改善，進而提升學校效能與競爭力。

(三) 績效評估與績效管理比較

績效評估與績效管理兩者所指涉的範圍並不一致，績效管理比績效評估涵蓋的範圍更廣。「績效評估」指的是一套正式的、結構化的制度，用來衡量、評核及影響與員工工作有關的特性、行為及結果，發現員工的工作成效，瞭解未來員工是否能有更好的表現，以期員工與組織均能獲益（黃同圳，2000）。「績效管理」則是一套有系統的管理活動過程，用來建立組織與個人對目標，以及如何達成該目標的共識，進而採用有效的員工管理方法，以提升目標達成的可能性。所以，績效管理不僅包括個別員工的績效評估，更將個別員工的績效與組織的績效結合，最終目的是提升整體組織效能。

1980年代人力資源學界已逐漸將「績效評估」改為「績效管理」，到了1990年代，績效管理已逐漸被設計為改善組織績效、激勵員工的管理制度（黃同圳，2000）。

二 績效管理目的

(一) 因企業間競爭越來越激烈，為了不斷提升員工的生產力與組織效能，各企業已逐漸重視績效管理。績效管理的目的有三（黃同圳，2002）：

1. **管理性目的**：依績效評核結果制定管理決策，如調薪、升遷、資遣。
2. **發展性目的**：協助表現好的員工持續發展，對表現不理想的員工協助其改善工作績效。
3. **策略性目的**：把員工的行動與組織的目標充分結合。

(二) 不同於上述黃同圳（2002）的分法，Ferris與Aranya（1983）從組織、主管和員工等三方面的角度探討績效評估的目的：

1. **對組織而言**：分為績效控制目的與輔導和發展目的。前者目的在提供回饋給部屬，使其瞭解本身之表現、發展有效資訊作為薪資和升遷決策，並提供溝通的工具、幫助主管作成解僱的決定。後者則是輔導和指導部屬使其改進績效並發展潛能，經由和部屬討論前程機會和前程規劃以發展對組織的承諾，經由體諒和支持以激勵部屬。
2. **對主管而言**：提供回饋給員工表達對部屬績效表現的看法，讓部屬衡量主管對其績效的認知，同時作為找出提高未來績效的可能參考步驟。
3. **對員工而言**：得到績效回饋，以幫助瞭解自己目前表現及管理價值與提供自我發展的改進目標。

三 績效管理方法與流程

(一) 績效管理方法

有關績效管理之方法，Dessler（1991）指出績效考核的工作可由直接上司、同僚、成立委員會來執行或自我考核等，而績效考核的工具有圖表評分尺度法、配對比較法、目標管理法、重大事件法、行為定位評等法。

1. **圖表評分尺度法**：指列出一組影響員工績效的因素，如工作知識、工作質量、參與度、忠誠度及主動性等，由考核者針對各項因素，分別在一個尺度上予以評等（通常分為五等）。
2. **配對比較法**：指考核者將每一位員工與組織中其他員工相互比較，在完成所有的配對比較後，根據每一位員工所得到的較佳次數，再進行評等。
3. **目標管理法**：指考核者以員工是否完成某些特定目標，作為評估依據。
4. **重大事件法**：指考核者寫下員工做了哪些有效或無效的事，提供組織評等參考。
5. **行爲定位評等法**：指考核者根據某些項目，在一個數量尺度上為員工工作上的實際行為做評等。

(二) 績效管理流程

在績效管理之流程方面，績效管理流程必須保有彈性與平衡性，避免制度僵化，能讓組織成員維持和諧的夥伴關係，同時配合環境的變遷與公司的策略做適當調整。黃同圳（2002）認為績效管理是一循環性的管理活動過程，其流程包括如下五個步驟：

1. 界定企業目標。
2. 設定員工工作目標與績效標準。
3. 持續監督績效進度。
4. 執行績效評核與面談。
5. 績效評核資訊之運用：管理決策、績效改善與員工發展。

參考文獻

王宗鴻（2006）。人格特質、主管領導風格與人力資源管理措施對工作投入與工作績效之影響（未出版之碩士論文）。國立中央大學，桃園縣。

張火燦（2005）。策略性人力資源管理（二版）。臺北市：揚智。

吳秉恩（2002）。分享式人力資源管理——理念、程序與實務。臺北市：翰蘆圖書。

黃同圳（2000）。人力資源管理策略——企業競爭優勢之新器。載於李誠（主編），人力資源管理的**12**堂課。臺北市：天下文化。

黃同圳（2002）。績效評估與管理。載於李誠（主編），人力資源管理的**12**堂課。臺北市：天下文化。

Collins, C. J., Smith, K. G. (2006). Knowledge exchange and combination: The role of human resource practices in the performance of high-technology firms. *Academy of Management Journal*, *49*(3), 544-560.

Dessler, G. (1991). *Personnel management* (5th ed). Prentice-Hall International, Inc.

Ferris, K. R., Aranya, N. (1983). A comparison of two organizational commitment scales. *Personnel Psychology*, *36*, 87-98.

第七章

人力資源管理高績效工作系統

本章大綱

壹、前言

貳、策略性人力資源管理與高績效工作系統

參、人力資源管理高績效工作系統定義

肆、人力資源管理高績效工作系統內涵與指標

伍、大學教師人力資源管理高績效工作系統構面與指標初步建構

陸、大學教師人力資源管理高績效工作系統內涵與實施現況

　一、教師人力資源規劃

　二、教師人力資源聘任

　三、教師人力資源激勵

　四、教師人力資源專業發展

　五、教師人力資源績效評估

　六、教師團隊合作與溝通

　七、教師生涯規劃

　八、教師參與及資訊分享

柒、未來研究方向

壹 前言

由於高等教育日益激烈的競爭態勢，面對內、外環境的變遷與壓力，高等教育界開始出現「向企業學習！」的呼聲。范熾文（2004）指出，人力資源是我國國家發展的主要動力來源，人力資源的管理與發展必須更加重視。李隆盛（2008）指出大學技專校院面對生源減少、經費緊縮等壓力越來越大，因企業經營管理相當講求經濟效益，所以有一些制度或事項值得學校學習。在企業的制度中，人力資源管理因能有效整合組織成員的知識及能力，賦予適當的職務與工作，進而提升組織的競爭優勢，因此，各大學引進人力資源管理制度與措施，希望能夠有效率的進行人力資源管理，整合學校的人力資源，以提升學校的教育品質與績效。

在人力資源管理的理論中，許多革新性的理論與實務已不斷地被提出，例如：高績效工作系統（High Performance Work System, HPWS），強調高參與、高彈性或高承諾，可使組織經由人力資源管理達到競爭優勢，其具體作法有工作保障、資訊分享、員工參與、授權賦能、薪資激勵、重視訓練與發展等（黃英忠、吳復新、趙必孝，2007）；研究也都顯示，執行高績效工作系統的程度與組織績效有正向關聯（盧建中、張純華，2010；陳怡如，2011；Wright & McMahan, 1992）。

貳 策略性人力資源管理與高績效工作系統

人力資源管理的概念源自於企業界，所謂「人力資源管理」係指將組織內所有的資源作最適當之確保、開發、維持與活用的計畫，以及執行與治理的過程，包含下列五個向度：選才、用才、育才、晉才與留才（Richard, 2001），主要目的為有效整合組織成員的知識及能力，賦予適當的職務與工作，進而提升組織競爭優勢，創造出高利潤。

隨著企業界對於人力資源重視的提升，在學術界中，人力資源領域的研究議題在過去迅速的發展，人力資源管理觀念與研究趨勢產生了相當程度的轉變，學者們研究的重點由以往微觀層次的分析轉變為宏觀層次的關注，尤其在近年來，「策略性人力資源管理」（Strategic Human Resource Management, SHRM）觀念日益受到重視，在此觀念的引導下，組織開始將人力資源管理視為策略夥伴的角色，且開始因應組織環境或策略的不同需求，對人力資源管理做出相對應的調整，希望可以找出最佳的人力資源管理活動或系統，並透過此活動或系統來提升組織績效。在策略性人力資源管理的觀念下，組織實施人力資源管理活動的主要目的，在於配合競爭策略以協助組織達成目標（徐治齊，2004）。

1990年代開始，研究策略性人力資源管理的學者開始提倡高績效工作系統（HPWS）（Huselid, 1995; Cappelli & Neumark, 2001），其意涵為一個包含連結組織策略且各項相互整合的人力資源管理措施之系統，目的在於用來提升員工所需之技術能力、資訊與動機，期望員工為組織帶來更多的貢獻、創造持久性之競爭優勢，最後達成高績效之目標（Evans & Davis, 2005; Huselid, 1995; Youndt, Subramaniam, & Snell, 2004）。Zachoratos、Barling和Iverson（2005）指出，高績效工作系統包括了高承諾與高投入兩種取向，這些措施帶來競爭優勢，因此，強調尊重員工，投資在員工的發展，以及培養員工對組織的承諾以達成組織目標等人力資源管理措施。具體而言，高績效工作系統包含了各類型的最佳管理實務，例如：招募徵選、獎酬機制、訓練發展、績效管理、資訊分享、團隊建立，或員工投入等（張瀞方，2009；Lepak, Liao, Chung, & Harden, 2006）。

高績效人力資源管理實務是企業競爭優勢的來源（Evans & Davis, 2005）。Liao和Chuang（2004）研究發現，高績效人力資源管理中教育訓練的實施、員工參與度、績效及獎酬的規劃等措施，對於組織績效具有關鍵的影響力，並被視為重要的因素。Alfes、Shantz與Truss（2013）以英國服務業297位員工為對象，調查發現員工感知的高績效工作系統與員工離職傾向呈現顯著負相關。在國內，研究亦顯示人力資源管理高績效工作系統可以提升組織績效，例如：黃同圳（2000）研究發現，臺灣採行較多高績效工作系統的企業，其績效表現明顯比採行較少的企業來得優異。盧建中、張純華（2010）以《天下雜誌》調查的千大企業為母體，研究發現執行高績效工作系統的程度與組織績效有正向關聯性。陳怡如（2011）以我國25家金融產業進行研究，結果顯示組織應設置高績效人力資源管理實務，例如：內部生涯機會、內部訓練、利潤分享機制、員工僱用保障、授權員工參與決策，以及提供清楚的工作描述，因為這將有助於員工產生正向的工作態度，讓組織有好的績效表現。顏愛民、趙德嶺、餘丹（2017）研究發現，實施高績效工作系統有助於提高員工的工作滿意度、工作投入和對組織的忠誠度，員工感知的高績效工作系統與離職傾向呈現顯著負相關，可減少員工的離職傾向，這對於組織留住優秀人才、降低員工流失率和維持組織的穩定發展非常重要。

在大學方面，雖然各大學皆希望對教師的人力資源能夠進行有效的管理，也陸續推動相關措施，然而，實際上，現行大學的教師人力資源管理活動，產生了一些問題。以大學教師聘任為例，主要問題有：現行大學教師長聘將造成過度保障的問題。陳德華（2008）認為依照《教師法》規範的程序及要件，大學欲解聘、停聘或不續聘任何一位教師都是極為困難的事。在大學教師薪資待遇方面的問題，主要有：以年資、學歷決定教師薪俸的依據，並未衡量教師教學／研究績效；教師薪資均比照公務人員法令辦理，未考慮教師工作性質的需求與特性；同一等級教師均支領相同薪資，造成不同工卻同酬的現象（林政逸，2010；林淑端，2004；葉至誠，2007）。在大學教師專業發展方面，主要問題有：社會普遍認為大學教師學有專精，認為大學教師教學不存在困難，且無需進行教學專業發展的迷思（林思伶，2009）；各大學多針對新進教師，較少注意到不同階段大學教師之專業發展需求；進修活動方式多以講座式為主，未見其他較多元化作法；進修內容偏重「研究」的專業發展，忽略了教學與推廣服務方面；大學教師參與專業發展活動意願不高等問題（林政逸，2010；黃雅萍，1998）。在大學教師績效管理方面，主要問題有：大學教師評鑑著眼於績效管理與控制的思維，忽略教師專業發展的課題（王令宜，2004；孫志麟，2007；郭昭佑，2007）；大學教師評鑑指標重研究、輕教學，研究評鑑指標偏重論文篇數、輕忽論文品質（孫志麟，2007）；教師評鑑結果無法真正淘汰未通過者，使得宣示作用大過實質作用，且評鑑時效訂定過長，導致大學教師評鑑規定無法發揮提升教學或研究的功能（張鈿富，2008）。

由以上學者的分析可以看出，現行各大學雖然皆實施人力資源管理活動，想要透過人力資源管理過程提升學生的教育品質、教師的績效，以及達成學校教育目標，然而，在實施的過程中，因為缺少高績效工作系統最佳管理實務的引導，導致人力資源管理活動產生了前述學者所指陳的問題。另外，由企業界與學術界對於人力資源管理高績效工作系統的重視，且人力資源管理高績效工作系統對於組織績效的提升確有助益，相關理論與作法可以提供大學做參考。然而，目前對於我國大學教師人力資源管理高績效工作系統的內涵、構面與指標，尚缺乏相關研究，以下針對此項主題進行探討，以作為各大學未來推動教師人力資源管理高績效工作系統之參考依據。

參　人力資源管理高績效工作系統定義

隨著人力資源管理理論的發展，在策略性人力資源管理（SHRM）觀念的引導下，組織將人力資源管理視為策略夥伴的角色，隨著組織環境或策略的不同需求而對人力資源管理做出相對應的調整，希望可以找出最佳的人力資源管理活動或系統，並透過此活動或系統來提升組織績效。同時，學者研究也發現了系統性人力資源管理活動，確實對組織層級績效產出有顯著的正向影響（Fisher, 1989; Wright & McMahan, 1992）。

大約自1990年代開始，研究策略性人力資源管理的學者開始提倡高績效工作系統／措施（HPWS）（Huselid, 1995; Cappelli & Neumark, 2001）。學者研究發現，無論在何種組織，某些特定的人力資源管理實務對組織有正面性的影響（Arthur, 1992; Huselid, 1995; Pfeffer, 1994），這些人力資源管理實務之組合又可稱為「最佳實務」（best practices）。Arthur（1994）把這些最佳人力資源實務的組合，稱之為「高績效工作實務」（High Performance Work Practice, HPWP）。

高績效工作系統意涵為一個連結組織策略，且包含各項相互關聯的人力資源管理措施系統，目的是用來提升員工所需之動機（motivation）、資訊（information）與技術能力（skill & capability），期望員工為組織帶來更多的貢獻，最後達成高績效之目標（Evans & Davis, 2005; Huselid, 1995）。高績效工作系統實證研究發現，組織應給予員工承諾、加強員工技能，並提高員工生產力等，形塑成以員工為主體的高績效工作系統，同時將高績效或高涉入人力資源管理實務進行強化，以確保組織競爭優勢（Levine, 1995）。

雖然學者對於人力資源管理高績效工作系統提出諸多看法，但由於學者對於人力資源管理高績效工作系統的定義、組成要素及衡量，未有一致的界定，為深入瞭解其定義，舉其犖犖大者如下：

Jones和Wright（1992）認為高績效工作系統，包含了嚴謹的員工招募與甄選程序、具激勵的薪酬制度、強化員工訓練、降低缺曠職次數、增強留任員工的品質，以及完善的績效管理系統。Huselid（1995）認為，高績效工作系統包含廣泛的招募與甄選、訓練程序、正式資訊分享、工作設計、員工與管理者參與計畫、績效評估管理及薪資系統等。

Lowthert（1996）認為，人力資源管理高績效工作系統是一種能創造員工與組織雙贏的組織發展，因其結合了員工、組織政策與運作流程。Bohlander和Snell（2004）認為，高績效工作系統是組織內的技術、組織結構、人員與工作程序均能搭配運作，在競爭環境中能提供優勢的組織狀態。為維持高績效實現系統，組織必須發展教育訓練課程；

聘用具備新技能的人才；依據個別員工在團隊合作、個人彈性及學習能力上的表現，給予合理報酬。

王磬（2003）綜合學者的見解，認為企業在實施人力資源管理高績效工作系統，主要的中心思想來自於認為員工為企業的一大資產，唯有不斷地培養員工的知識與技能、廣泛地提供資訊、賦予員工動機和權力、擴大員工參與的機會與配合激勵因子的方式，如此才能讓企業的員工相較於其他未實施高績效工作系統之組織，更具有彈性及工作動力。換言之，人力資源管理高績效工作系統之精髓，在於讓企業創造出更具有工作彈性的人力資源資產，藉由高績效工作系統的實施，讓員工提升對組織的承諾，並協助企業發展出更具彈性化的工作組織。

Patel、Messersmith和Lepak（2013）認為高績效工作系統是透過整合垂直與水平的僱用管理系統，提高員工的技能、工作動機和知識技術，加強工作責任感，同時實現企業目標，降低員工退卻行為。

另外，在高績效工作系統的成效方面，相關研究中多認為實施高績效工作系統會為組織帶來正向的結果，例如：提升員工的工作績效（Fu, Bosak, Flood, & Ma, 2019; Zhang, Akhtar, Bal, Zhang, & Talat, 2018）、增加生產力（Huselid, 1995）、提高組織公民行為（Appelbaum, Bailey, Berg, Kalleberg, & Bailey, 2000）和組織承諾（Seong, 2011）。

綜合學者的觀點可以得知，隨著政治、經濟、社會與科技情勢的改變，組織必須根據環境的不同，發展出適合組織策略的人力資源管理活動，在此種情形下，單一獨立運作且功能有限的人力資源管理活動可能無法滿足組織的所有需求。組織必須制定出可以配合組織競爭策略且可以彼此互相支援的人力資源管理活動，例如：聘任多技能的人才、發展教育訓練課程、具激勵效果的薪資待遇制度、員工參與、建立績效管理系統等，並確保組織內的技術、組織結構、人員與工作程序均能妥適良好的搭配運作，才可因應環境的挑戰，並有效提高組織績效。

肆 人力資源管理高績效工作系統內涵與指標

學者對於高績效工作系統的構面並沒有一致的見解，一般較常見的內容包含：審慎甄選、廣泛的訓練、績效評估、員工參與、團隊工作、工作安全保障、授權賦能及內部升遷等八項人力資源管理措施（廖良文、林文政，2011）。

在國外高績效工作系統相關研究中，以Pfeffer的理論最為著名。Pfeffer（1994）提出十六項創造競爭優勢的人力資源管理措施，認為這些高績效工作系統活動為透過管理員工，而達到競爭成功的組織所共同具備的特徵：以整體性觀點審視員工關係（overarching philosophy）、保障就業安全（employment security）、精緻化的遴選（selectivity in recruiting）、高於一般水平的薪資（high wages）、獎勵薪資制度（incentive pay）、員工認股（employee ownership）、資訊分享（information sharing）、參與和彰權益能（participation and empowerment）、團隊和工作重設計（teams and job redesign）、訓練與技能發展（training and skill development）、工作輪調與交互訓練（cross-utilization and cross training）、消除地位象徵（elimination of status symbols）、內升優先（promotion within）、長期觀點（long term perspective）、降低薪資差距（wage compression），以及測量人力資源制度與政策的執行成效（measurement of practices）。

之後，Pfeffer（1998）將這十六項高績效工作系統措施整合為七項：員工僱用保障、新進員工的甄選式僱用、自我管理之工作團隊與授權的工作設計、因組織績效而有較高的薪資、廣泛性的訓練、減低身分差異與障礙、廣泛性的財務與績效資訊分享。

Delery及Doty（1996）採用Pfeffer於1994年提出之十六項措施為基準，提出七項高績效工作系統組成措施：內部升遷機會、正式員工訓練、績效考核、利潤分享、僱用安全、發聲管道及工作定義。

Evans和Davis（2005）認為，高績效工作系統包括：甄選性任用

（甄選工具、技術、技能、態度與人格衡鑑）、訓練（目前及未來技術與人際訓練、跨功能訓練、新進及資深員工之訓練）、溝通（營運結果資訊傳遞、員工建議制度、企業策略說明）、自主工作團隊（員工參與方案、任務與決策自主團隊、組織內廣泛的團隊運作）、分權決策（自主決策、員工涉入、參與管理）、彈性工作安排（跨團隊工作輪調、多功能訓練、工作豐富化），與獎酬（具競爭力的績效薪資及團隊基礎薪資）等。

Sun、Aryee和Law（2007）提出高績效工作系統的衡量量表，分為八個構面，包括：1.甄選任用；2.廣泛教育訓練；3.內部升遷；4.員工保障；5.清楚工作規範；6.績效評估；7.激勵性獎勵；8.員工參與。

國內研究也提出人力資源管理高績效工作系統所包含的措施。邱琬亭與郭敏珣（2009）歸納學者的研究，認為人力資源管理高績效工作系統分為六大構面：甄選、訓練發展、績效獎酬、員工生涯規劃、工作設計及勞資關係；十三項措施：選擇性招募、訓練與技能發展、薪資水平、以績效考核為基礎的激勵性薪資、僱用安全、員工所有權、內部晉升、工作設計、自我管理團隊、資訊分享、員工參與及賦權、減少階級區別，以及工作與生活品質。

張瀞方（2009）以全臺上市上櫃公司為研究對象，透過問卷調查法瞭解實施高績效工作系統的企業現況，研究結果顯示組織採行完善程度越高之高績效工作系統，其組織績效越佳；高績效工作系統衡量量表，分為招募任用、訓練發展、績效管理、內部晉升、薪酬獎勵，以及員工參與等六個構面，共三十項指標。

高銘樹（2011）研究廈門地區臺商，研究發現臺商高績效人力資源管理實務，主要包含：提供員工工作保障、跨部門的教育訓練、績效導向的績效評估、重視員工職涯發展，以及溝通與團隊合作等五項主要要素所構成。

陳怡如（2011）將高績效人力資源管理實務分為七個構面，分別為內部生涯機會、利潤分享、員工訓練、員工參與、員工僱用保障、結果導向的績效評估及工作描述。

高珮真與劉敏熙（2012）以我國金融機構為研究對象，研究結果發現高績效人力資源管理實務對於團隊心理擁有感有正向影響，員工會因此提高對組織／團隊的投入，增加工作的動力及對組織／團隊的向心力，進而提升整體組織的績效。該研究認為高績效人力資源管理實務，由招募任用、訓練發展、績效管理、內部晉升、薪酬獎勵、員工參與等六個構面所組成，共二十七項指標。

在高等教育相關研究方面，林政逸與楊思偉（2011）提出與人力資源管理高績效工作系統有關的大學教師人力資源管理效能指標，將大學教師人力資源管理效能指標分為「技術性效能」與「策略性效能」兩大構面。「技術性效能」指人力資源管理部門是否能有效的執行與傳統人事管理有關的活動，包含：教師聘任效能、教師待遇效能、教師專業發展效能、教師評鑑效能等次構面；「策略性效能」是人力資源管理功能是否能為組織發展合適的員工，以支援組織業務上的需求，包括：人力資源策略與規劃效能、團隊發展效能、教師生涯規劃效能等次構面。

因學者提出之人力資源管理高績效工作系統實務活動／指標相當多，茲將其整理如表7-1所示。

從表7-1，排除與高等教育較無關聯者（如：高底薪制度、股票選擇權、員工認股等），所有學者皆提到人力資源管理高績效工作系統實務活動，包含：人力招募任用、訓練發展、績效管理及薪酬獎勵等四項構面；另外，員工參與、生涯規劃、內部晉升、工作團隊合作與溝通等四項，亦有多位學者提到，這些人力資源管理高績效工作系統構面與實務活動，因皆屬於學者的共識，且多經研究實證，可作為大學進行教師人力資源管理活動的重要參照依據。

表 7-1

人力資源管理高績效工作系統實務活動／指標

學者（年代）	人力資源管理高績效工作系統實務活動／指標
Pfeffer（1994）	以整體性觀點審視員工關係、保障就業安全、精緻化的遴選、高於一般水平的薪資、獎勵薪資制度、員工認股、資訊分享、參與和彰權益能、團隊和工作重設計、訓練與技能發展、工作輪調與交互訓練、消除地位象徵、內升優先、長期觀點、降低薪資差距、測量人力資源制度與政策的執行成效
Delery & Doty（1996）	內部升遷機會、正式訓練系統、評估測量績效、利潤分享、員工僱用保障、申訴機制、工作明確化
Pfeffer（1998）	員工僱用保障、新進員工的甄選式僱用、自我管理工作團隊與授權的工作設計、因組織績效而有較高的薪資、廣泛性的訓練、減低身分差異與障礙、廣泛性的財務與績效資訊分享
Evans & Davis（2005）	甄選性任用（甄選工具、技術、技能、態度與人格鑑定）、訓練（目前及未來技術與人際訓練、跨功能訓練、新進及資深員工之訓練）、溝通（營運結果資訊傳遞、員工建議制度、企業策略說明）、自主工作團隊（員工參與方案、任務與決策自主團隊、組織內廣泛的團隊運作）、分權決策（自主決策、員工涉入、參與管理）、彈性工作安排（跨團隊工作輪調、多功能訓練、工作豐富化），與獎酬（具競爭力的績效薪資及團隊基礎薪資）
Sun, Aryee, & Law（2007）	1.甄選任用、2.廣泛教育訓練、3.內部升遷、4.員工保障、5.清楚工作規範、6.績效評估、7.激勵性獎勵、8.員工參與

表 7-1（續）

學者（年代）	人力資源管理高績效工作系統實務活動／指標
邱琬亭、郭敏珣（2009）	六大構面：甄選、訓練發展、績效獎酬、員工生涯規劃、工作設計、勞資關係 十三項措施：選擇性招募、訓練與技能發展、薪資水平、以績效考核爲基礎的激勵性薪資、僱用安全、員工所有權、內部晉升、工作設計、自我管理團隊、資訊分享、員工參與及賦權、減少階級區別、工作及生活品質
張瀞方（2009）	分爲招募任用、訓練發展、績效管理、內部晉升、薪酬獎勵、員工參與等六個構面，共三十項指標
高銘樹（2011）	提供員工工作保障、跨部門的教育訓練、績效導向的績效評估、重視員工職涯發展、溝通與團隊合作
陳怡如（2011）	分爲七個構面：內部生涯機會、利潤分享、員工訓練、員工參與、員工僱用保障、結果導向的績效評估及工作描述
高珮眞、劉敏熙（2012）	分爲招募任用、訓練發展、績效管理、內部晉升、薪酬獎勵、員工參與等六個構面，共二十七項指標
林政逸、楊思偉（2011）	大學教師人力資源管理效能指標，分爲「技術性效能」與「策略性效能」兩大構面。 1.「技術性效能」包含：教師聘任效能、教師待遇效能、教師專業發展效能、教師評鑑效能等次構面 2.「策略性效能」包括：人力資源策略與規劃效能、團隊發展效能、教師生涯規劃效能等次構面

資料來源：筆者自行整理。

㈤ 大學教師人力資源管理高績效工作系統構面與指標初步建構

依據前述國內、外學者對於人力資源管理的研究，以及表7-1高績效工作系統指標相關研究的結果，並針對高等教育特性加以修正，初步建構大學教師人力資源管理高績效工作系統指標，分為八個構面、三十九項指標，各構面與指標內容如表7-2，建構過程與理由說明如下。

「人力資源規劃」為進行人力資源管理活動的首要工作，人力資源規劃目的在比較組織的目前狀態與未來的理想狀態，以達成組織未來目標為前提，就組織人力資源所需員工人數及種類，進行適當的調整（Noe, Hollenbeck, Gerhart, & Wright, 2006）。因其強調未來（前瞻）性、目標導向與策略性，以降低人力供需不確定性與規避風險，故將「教師人力資源規劃」列為第一個構面。

其次，有關人力資源管理的措施，不僅繁複，所包含的面向相當多元，對於人力資源管理措施有不同的分類方式，綜合學者的研究（鄭善文，2007；鍾娉華，2006），無論是在哪一種組織，皆必須進行的人力資源管理核心實務活動有：人員招募與徵選、訓練、薪資獎酬、績效評估，對應於大學教師，則為「教師聘任」、「教師待遇」、「教師專業發展」與「教師評鑑」等四項，將這四項列為第二至第五個構面。

再者，Pfeffer（1998）與Guthrie、Liu、Flood、MacCurtain（2008）都強調，以團隊合作的模式取代傳統的階層管理層級，讓團隊中的成員相互合作，達到其績效目標，因此，將「教師團隊合作與溝通」列為第六個構面。

「生涯規劃」是人力資源管理中相當重要的活動，因其賦予成員對職涯的願景，可以激發並維持成員的潛能，具有正面激勵效果，對組織績效的達成，有密切的關聯，因此，將「教師生涯規劃」列為第七個構面。

高績效人力資源管理實務有別於傳統人力資源管理的作法，不再認為人員管理需要透過嚴格工作內容來界定或者明確劃分出管理權限，而是應該透過工作安排下放決策權或管理權給予員工，讓員工在工作上能有更大的彈性，藉此可降低員工流動率及減少員工抱怨，促進員工自主性管理（Leffakis & Doll, 2006）。此外，資訊分享是讓每位員工清楚地瞭解組織的營運狀況、獲利情形及競爭者的相關資訊，組織透過垂直式及水平式地傳遞，讓員工更能隨時掌握與自身相關的重要資訊（Pfeffer, 1994）。透過資訊分享，讓員工能瞭解到其對組織的貢獻度，以及在未來對組織努力之方向，能提高員工的組織承諾。基於參與管理與資訊分享在組織中的重要性，將「教師參與及資訊分享」列為第八個構面（見表7-2）。

表 7-2

大學教師人力資源管理高績效工作系統構面與指標

構面	指標
（一） 教師人力資源規劃	1. 具有教師人力資源規劃制度 2. 教師人力需求規劃與實際任用人數吻合程度高 3. 定期檢視教師人力資源規劃之成效
（二） 教師聘任	1. 具有完善的甄選流程與作業 2. 具有教師職務工作設計與分析 3. 教師聘任能招到適任的人選 4. 教師能力與職務需求契合度高 5. 給予教師工作保障
（三） 教師待遇	1. 具有完整的薪酬制度 2. 具有完整的福利制度 3. 具有完整的獎勵制度 4. 具有教師人事成本的管理制度 5. 具有完整的退休及撫恤方案 6. 教師待遇能反映教師績效

表 7-2（續）

構面	指標
（四） 教師專業發展	1. 具有教師教育與在職訓練制度 2. 針對教師專業發展需求進行評估 3. 訂有每位教師每年平均參與教師專業發展相關活動總時數規定 4. 平均每位教師專業發展活動費用高於一般大學平均值 5. 訂有教師同儕輔導制度 6. 成立教師專業社群 7. 針對教師專業發展成效進行評估
（五） 教師評鑑	1. 教師參與教師評鑑制度的訂定 2. 學校完成教師評鑑工作之時效性高 3. 教師績效具高生產力與品質 4. 教師評鑑指標達成率高 5. 對教師評鑑表現優異之教師給予獎勵 6. 針對教師評鑑表現不佳的教師，訂有輔導協助計畫 7. 教師對評鑑制度的滿意度高
（六） 教師團隊合作與溝通	1. 教師團隊工作成效高 2. 教師參與團隊活動並能增加權能 3. 教師團隊成員間具有良好的溝通
（七） 教師生涯規劃	1. 訂有教師生涯規劃與發展計畫 2. 訂有教師擔任主管與管理人才的能力發展制度 3. 訂有多專長教師人才的培養計畫 4. 訂有完善的教師升等制度
（八） 教師參與及資訊分享	1. 教師經常被主管邀請參與決策 2. 學校有正式管道讓教師提供改善校務建議 3. 學校有正式的資訊分享機制，讓教師瞭解學校經營現況相關訊息 4. 學校有良好的知識管理系統，提供教師分享資訊與知識

資料來源：筆者自行整理。

陸 大學教師人力資源管理高績效工作系統內涵與實施現況

以下針對大學教師人力資源管理內涵與實施現況，進行探究與分析。

一 教師人力資源規劃

我國天然資源有限，人力資源可說是我國賴以繁榮成功最寶貴的資產，因此，人力資源規劃更形重要。人力資源規劃為一長期而持續的歷程，且綜合多種專業工作，包括：對現有人力資源的分析、未來人力需求的推估、人力專題的研究，以及人力政策措施的研擬等。在我國生育率持續遞減、教育經費支出及研究發展經費遞增、勞動參與率遞減、失業率遞增等趨勢發展下，我國人力資源發展除面臨年齡結構老化、學校教育與企業需求產生落差等問題，復以缺少延攬優秀國際人才的誘因及環境，使得各大學難以延攬國外優秀人才（單驥，2011）。

未來各大學須針對國內、外政經與社會發展趨勢，以及學校的自我定位與需求，訂定教師人力資源規劃制度，分析現有的教師人力資源，以及未來教師人力需求的推估，並定期檢視教師人力資源規劃之成效，俾使教師人力需求規劃與實際任用人數吻合程度高。

二 教師人力資源聘任

我國大學教師的聘任主要依據《大學法》、《教師法》，以及《教育人員任用條例》等法令。在教師聘任的實際作法上，招募管道主要透過「學校網站或系所網站」，其次為「國科會網站」。在教師聘任方式方面，「面試」所占比例最高；其次依序為「資料審查」、「試教」。教師聘任最重視的條件為，應徵者是否「具有博士學位」；其次為「論著發表」、「工作經驗」、「畢業學校」。另外，因應全球化趨勢，有近100所大學聘任編制內專任外籍教師。此外，近年國立大學可以契僱化聘用不占教師編制員額的校務基金進用教學人員，聘任教學人員主要目的為「增加人事聘僱彈性」；其次為「聘任單位的需求」與「精進教學或研究品質」（周靜宜、林政逸，2013）。

大學教師聘任制度重視聘任的公平性，強調教師的學歷、學術表現與人格態度等。另外，也重視新進教師的導入與安置，將聘任制度與學校未來發展作結合（林政逸，2010）。雖然大學教師聘任制度上有一套完整體制，但現行聘任制度實施上產生以下問題：

(一) 聘任受限於法令規章

各大學教師聘用問題在於完全依法令規章處理，這樣遵循法規的作法只能篩選資格不合者，而難以從合格的人當中甄選到優秀的教師。

(二) 不易淘汰不適任教師

《教師法》第14條訂有教師聘任後除非有條文中任一者，不得解聘、停聘或不續聘。依照《教師法》規範的程序及要件，欲解聘、停聘或不續聘任何一位教師都是極為困難的事（張瑞菁，2004；陳德華，2008）。

三 教師人力資源激勵

我國公立各級學校教師待遇支給，在教師待遇尚未法制化前，均依行政院訂頒的《全國軍公教員工待遇支給要點》及行政院相關令函等行政規定辦理。依前開要點規定，現行教師待遇之內涵包括：薪俸部分（本薪、年功薪）、加給部分（主管職務加給、專業加給、學術研究費、地域加給），以及及其他給與部分（婚、喪、生育、子女教育補助）（廖麗玲，2004）。

我國現行大學教師待遇制度主要問題，在於缺乏「彈性」與「績效」機制。在缺乏「彈性」方面，個人薪資高低主要是依據年資與職級，齊頭式的平等薪資制度不僅缺乏彈性，更無法延攬吸引國際一流人才；另外，不同科系教師支領相同待遇，阻礙大學發展特色與提高競爭力，也無法回應市場競爭需求。在缺乏「績效」方面，績效與待遇無法有效連結，學術研究費未充分發揮學術性誘因，且研究上表現優良者得不到應有的鼓勵，表現不佳者卻獲得同樣的待遇（林淑端，2004；蓋浙生，1999；廖麗玲，2004）。

為解決現行大學教師待遇制度缺乏彈性之問題，並防止鄰近國家高薪挖角我國大學教授，造成人才嚴重外流的現象，教育部2010年開始實施「延攬及留住大專校院特殊優秀人才實施彈性薪資方案」（簡稱彈薪方案），希望大學用於聘請國外一流研究師資或是留任頂尖優秀師資，以防被國際挖角（楊惠芳，2010）。彈薪方案適用對象為大專校院特殊優秀專任教師、研究人員、專業技術人員、技術教師等教研人員及編制外經營管理人才。其次，除彈薪方案之外，在教師激勵的實際作法上，國內各大學已建立與教師績效連結的獎金或獎勵制度，主要有遴選為教學優良教師、優良導師、研究績優教師，或依據教師發表論文期刊等級或申請國科會計畫案給予獎金等（周靜宜、林政逸，2013）。

另外，教育部為協助大專校院延攬國際頂尖人才，藉由提供符合國際競爭之薪資待遇，吸引國際人才來臺任教，讓國際人才學術能量在臺灣學術環境扎根，提升我國高等教育國際影響力，2018年訂定「玉山學者計畫——教育部協助大專校院延攬國際頂尖人才實施計畫」，獲聘為玉山學者，補助非法定薪資每年至多新臺幣500萬元，一次核定三年；獲聘為玉山青年學者，每年補助非法定薪資每年至多150萬元，一次核定五年。另外，兩者皆提供每年至多150萬元之學術交流暨工作費（兩者年數不同）。

四 教師人力資源專業發展

有鑑於教師專業發展的重要性，大部分的大學設有專責單位負責教師專業發展，其對象大多數以新進教師為主，進行講習。而在教師專業發展活動內容部分，以研究、教學、輔導與服務等領域為主，為強化教學與研究的品質，部分學校推動教師教學與研究的認證，學校亦鼓勵新進教師與資深教師參與教師專業社群，進行專業成長（王令宜，2004）。

張瑞菁（2004）探討私立大學院校教師專業發展發現，私立大學各校訂有教師進修辦法，鼓勵講師進修博士學位。另外，在私立技職學院部分，因由專科升格改制，師資結構講師比例偏高，教育部技職司訂有「輔導私立技專校院提升師資素質實施要點」（2008年廢止），要求學校在教育部核給的獎補助款中，擬訂計畫核撥補助予教師進修博士學位及升等。教育部技職司亦訂定「辦理技專校院教師在職進修活動補助要點」（2006年廢止），鼓勵學校等單位辦理教師跨校性在職進修活動，以實地實習、研討會、講習會等方式，使教師深入瞭解社會關切議題，充實相關教學內容。

目前教師專業發展所面臨的問題，包含：各大學多針對新進教師，較少注意到不同階段大學教師之需求；進修活動方式多以講座為主，少見其他多元作法；進修內容偏重研究的專業發展，忽略了教學與推廣服務方面；大學教師參與專業發展活動意願不高等問題（林政逸，2010；黃雅萍，1998）。

此外，以往部分大學尚未制定新進教師同儕輔導制度，也欠缺教師專業發展需求評估與成效評估（周靜宜、林政逸，2013）。但近年來各大學已朝此方向改善，大都有新進教師同儕輔導制度（Mentor-Mentee），由資深教師協助新進教師適應學校環境，並給予指導，但相關成效評估則較為欠缺。

五 教師人力資源績效評估

目前大學教師面對的評鑑有教學評鑑、升等與教師評鑑。為提升教師教學與研究之品質，教育部明定由各大學自行訂定教師績效評量辦法及評量準則，使評量更符合學校功能與特性等差異。

在大學教師評鑑內容方面，以研究、教學、服務與輔導等四層面為主，採用彈性的評分比重來評量。教師評鑑之主要執行單位：以「校」

為主要執行單位者比例最高。在教師評鑑週期方面，各校教師評鑑情況不一。以教師職級來區分，大多數學校不分教師職級，整體而言，教授與副教授四至五年評鑑一次，助理教授與講師約三年評鑑一次。另外，在評鑑週期方面，一年評鑑一次者最多。而在教師評鑑內容與項目方面，「教學」與「研究」兩者所占比例最高；其次為「服務」；最少的項目為「輔導」。在評鑑結果方面，國內大學將教師大致區分為通過、有條件式通過與不通過，評鑑結果大多作為教師獎勵、續聘、升等、晉薪、停聘、解聘、不續聘之依據，國內大學教師評鑑結果和升等有直接或間接關係存在（黃繡雲，2008）。在教師評鑑的功用方面，教師評鑑可協助主管瞭解系所教師之優缺點，實施教師評鑑對於學校整體教學環境，以及教學、研究與輔導服務品質有正面之影響（陳玫樺，2010）。至於在教師評鑑面臨的問題方面，約有近七成的大學依據學院與系所差異訂定不同教師評鑑指標，近三成未訂定；而在教師評鑑獎勵制度方面，約有七成學校對教師評鑑表現優秀的教師訂定獎勵制度，近三成尚無（周靜宜、林政逸，2013），這些都是未來大學教師評鑑制度可以改善的地方。

六 教師團隊合作與溝通

「團隊合作」主要是組織期望藉由團隊成員之間的相互監督與影響，讓每位員工更能快速地解決其工作的問題；換言之，藉由團隊合作，讓團隊成員彼此溝通、協調，促使員工間培養出共同承擔組織所追求之目標默契；同時，也可讓團隊成員有足夠的支援來解決繁雜之工作任務。組織若實行團隊合作，可使團隊成員有更多自主、解決工作問題的空間與能力，進而提升組織績效（高珮真、劉敏熙，2012；Pfeffer, 1994）。其次，組織中若員工參與決策溝通的機會越多，則越有機會來表達其對工作內容之想法，如此可提升其工作滿意度，也有助於提升對組織整體的承諾。

在大學方面，為落實大學教師間的團隊合作與溝通，可設計相關制度與措施，例如：建立以教師團隊為基礎的激勵制度、建立長期性的教師專業發展合作團隊等，以形塑樂於團隊合作與溝通的學校組織氣氛。

七 教師生涯規劃

當組織成員認為在組織盡心盡力的奉獻能轉化成實質上職位的擢升時，便會提高對組織的投入，增加工作的動力及對組織的向心力，進而提升整體組織的績效（Guthrie et al., 2008）。對教師個人而言，大學如能建立完善的生涯規劃與升等制度、教師擔任主管與管理人才的能力發展制度、多專長教師人才的培養計畫，除有助於滿足個人成長的需求、激發內在工作熱忱外，更可以促進教師專業知能的發展，進而提高學校績效。

八 教師參與及資訊分享

員工參與被視為高績效人力資源管理實務的核心（Huselid, 1995; Guthrie et al., 2008），組織若能採取參與式管理，賦予員工更多的權力進行策略性決策與解決問題，團隊成員基於共同的目標形成合作群體，更願意透過通力協助來達成團隊目標。另一方面，資訊分享可讓員工明瞭其與組織間的付出與回饋，進而提升員工對組織的承諾（Huselid, 1995）。為達成教師參與及資訊分享的目標，大學在訂定相關法規或措施時，如與教師切身相關，可邀請教師參與決策，並提供正式管道讓教師提供建議。除此之外，大學也可建立正式的資訊分享機制，提供教師管道分享教學、研究及服務等之資訊與知識。

柒 未來研究方向

人力資源管理高績效工作系統為一項複雜與廣泛之問題（Huselid, 1995; Wall & Wood, 2007）。由於每一指標具有各自之重要性與意義，因此無法假定每一指標相等。過往業已具有眾多不同方法用於決定權重

（Hwang & Yoon, 1981），諸如：特徵向量法、加權最小平方法、熵數法與分析階層程序法（analytic hierarchy process, AHP）。方法之擇定取決於問題本質，因人力資源管理高績效工作系統之評估係為一項複雜、廣泛且涉及多項構面之議題，其涉及的構面像是人才聘任、薪資待遇、績效評鑑等層面，因此，其解決需要最能兼容並蓄與彈性之方法。分析階層程序法可用於系統化複雜問題，具有易於執行、可整合多位專家與評估者意見之優點，因此，未來可採用分析階層程序法，計算大學教師人力資源管理高績效工作系統指標之權重。

其次，我國高等教育機構類別眾多，具有不同的屬性、性質、設立目標與適用法規，影響所及，所發展出的人力資源活動多有不同。例如：湯堯、成群豪與楊明宗（2006）指出，有鑑於人力資源的重要性，許多私立大學已訂有「人力資源發展計畫」，對於教職員工考選進用、技能規劃、專長培訓、進修升遷，乃至於組織認同及激發創意等，多有積極推動的作法。陳順興（2007）研究發現一般大學和技職校院在聘任教師方面，其差異在於一般大學重視博士師資聘任、校務標準化作業，與重要期刊發表篇數；而技職院校重視教師是否具有實務經驗、教師的專長，以及教師證照。周靜宜、林政逸（2013）問卷調查發現私立大學比起公立大學，傾向非教育專長背景之大學教師，在職前教育階段需要修讀教育相關課程；技職體系大學比起高教體系大學，傾向認為非教育專長背景之大學教師，於職前階段需要修讀教育相關課程。此外，該調查也發現在大學教師評鑑目的方面，私立大學極為重視教師評鑑「兼具促進教師專業發展與作為績效控制與管理」的目的，而公立大學則較重視「促進教師專業發展」的目的。從學者的實證研究可以發現，不同背景變項的大學，在實施教師人力資源管理活動時，呈現相當多的差異。基於此，建構大學教師人力資源管理高績效工作系統構面與指標之後，亦可探究各大學在教師人力資源管理高績效工作系統指標上的表現情形，並比較不同背景（如：公私立、高教體系與技職體系、不同規模……）的大學，在教師人力資源管理高績效工作系統指標上的得分情形是否有所差異，亦有其必要性。

參考文獻

王令宜（2004）。大學教師教學專業發展理論與實務。教育研究月刊，**126**，60-73。

王馨（2003）。文化、人格心理因素、高績效人力資源管理實務與組織績效（未出版之碩士論文）。國立成功大學，臺南市。

李隆盛（2008）。向企業學習：克伯屈的四層次評鑑。評鑑雙月刊，**13**，45-48。

周靜宜、林政逸（2013，1月4日）。我國大學教師人力資源管理實施現況與問題之研究。論文發表於國立臺中教育大學主辦「2013年大陸教育暨高等教育經營管理國際學術研討會」。

林思伶（2009）。大學教師專業發展的人際途徑——教師同儕輔導歷程與管理模式。教育研究月刊，**178**，24-37。

林政逸（2010）。我國公立大學策略性人力資源管理模式之建構（未出版之博士論文）。國立臺灣師範大學，臺北市。

林政逸、楊思偉（2011）。我國公立大學教師人力資源管理之研究。國立臺中教育大學學報教育類，**25**(2)，85-110。

林淑端（2004）。我國國立大學教師待遇制度改進之研究（未出版之碩士論文）。國立政治大學，臺北市。

邱琬亭、郭敏珣（2009）。高績效工作系統組成因子互動性之探索。中央大學第十五屆企業人力資源管理專題實務研究成果發表會。

范熾文（2004）。人力資源管理及其用在學校行政上應用。國教天地，**157**，72-78。

孫志麟（2007）。績效控制或專業發展？大學教師評鑑的兩難。教育實踐與研究，**20**(2)，95-128。

徐治齊（2004）。人力資源管理系統對組織績效之影響：內部契合與外部契合觀點（未出版之碩士論文）。眞理大學，臺南市。

高銘樹（2011）。高績效人力資源管理實務、網絡關係與組織績效——以廈門臺商為例（未出版之碩士論文）。國立高雄大學，高雄市。

高珮眞、劉敏熙（2012）。高績效人力資源管理實務對團隊領域行為的影響——以團隊心理擁有感為中介變項。2012第15屆科技整合管理研討會，1-15。

張鈿富（2008）。大學教師評鑑制度的建立。教育研究月刊，**168**，21-28。

張瑞菁（2004）。私立大學教師人力資源管理現況與策略研究。淡江大學**2003**年臺海兩岸私立高等教育比較研究學術研討會論文集，192-209。

張瀞方（2009）。高績效工作系統、智慧資本與組織績效關係之探討（未出版之碩士論文）。國立中央大學，桃園縣。

陳怡如（2011）。高績效人力資源管理實務與員工態度之關係──以組織氣候為中介變項（未出版之碩士論文）。東吳大學，臺北市。

陳玫樺（2010）。我國大學教師評鑑制度之研究──以淡江大學為例（未出版之碩士論文）。淡江大學，臺北縣。

陳順興（2007）。高等教育關鍵績效指標之建構與實施程度之分析（未出版之博士論文）。中原大學，桃園縣。

陳德華（2008）。臺灣高等教育面面觀。臺北市：文景。

葉至誠（2007）。高等教育人事管理。臺北市：秀威。

郭昭佑（2007）。教育評鑑研究──原罪與解放。臺北市：五南。

單驥（2011）。我國人力資源之規劃與展望。研考雙月刊，**35**(2)，71-93。

黃同圳（1998）。人力資源管理策略化程度與組織績效關係探討。輔仁管理評論，**5**(1)，1-18。

黃英忠、吳復新、趙必孝（2007）。人力資源管理（二版）。臺北縣：空大。

黃雅萍（1998）。大學教師教學專業發展之內涵與實施建議。教學科技與媒體，**40**，43-53。

黃繡雲（2008）。大學教師評鑑現況分析研究（未出版之碩士論文）。國立中山大學，高雄市。

湯堯、成群豪、楊明宗（2006）。大學治理：財務、研發、人事。臺北市：心理。

楊惠芳（2010）。彈薪方案，為大學優秀教師加薪。取自：http://www.mdnkids.org/info/news/content.asp?Serial_NO=67876

蓋浙生（1999）。教師待遇與教育發展。載於蓋浙生（主編），教育財政與教育發展（379-418）。臺北市：師大書苑。

鄭善文（2007）。人力資源管理措施、知識創造與新產品發展績效間關係之研究（未出版之碩士論文）。國立成功大學，臺南市。

廖良文、林文政（2011）。高績效工作系統於轉換型領導與員工工作績效間之角色──跨層級調節效果之觀點。東吳經濟商學報，**73**，29-66。

廖麗玲（2004）。我國國立大學規劃實施教師績效獎金之研究（未出版之碩士論文）。國立臺灣師範大學，臺北市。

盧建中、張純華（2010）。高績效工作系統、人力資源技能與組織績效之探討。中小企業發展季刊，**16**，183-207。

鍾娉華（2006）。人力資源管理措施知覺對員工工作績效之影響——工作投入及組織承諾之中介效果分析（未出版之碩士論文）。國立中央大學，桃園縣。

顏愛民、趙德嶺、餘丹（2017）。高績效工作系統、工作倦怠對員工離職傾向的影響研究。工業技術經濟，**7**，90-99。

Alfes, K., Shantz, A. D., Truss, C. (2013). The link between perceived human resource management practices, engagement and employee behaviour: A moderated mediation model. *The International Journal of Human Resource Management*, *24*, 330-351.

Appelbaum, E., Bailey, T., Berg, P., Kalleberg, A. L., Bailey, T. A. (2000). *Manufacturing advantage: Why high-performance work systems pay off*. Cornell University Press

Arthur, J. B. (1992). The link between business strategy and industrial relations systems in American steel minimills. *Industrial and Labor Relations Review*, *45*(3), 488-506.

Arthur, J. B. (1994). Effects of human resource systems on manufacturing performance and turnover. *Academy of Management Journal*, *37*(3), 670-687.

Bohlander, G., Snell, S. (2004). *Managing Human Resource* (13th ed.). Mason, OH: Thomson/South-Western.

Cappelli, P., Neumark, D. (2001). Do "high-performance" work practices improve establishment-level outcome? *Industrial and Labor Relations Review*, *54*(4), 737-774.

Delery, J. E., Doty, D. H. (1996). Modes of theorizing in strategic human resource management: Tests of universalistic, contingency, and configurational performance predictions. *Academy of Management Journal*, *39*(4), 802-835.

Evans, W. R., Davis, W. D. (2005). High performance work systems and organizational performance: The mediating role of internal social structure. *Journal of Management*, *31*(5), 758-775.

Fisher, C. D. (1989). Current and recurrent challenges in HRM. *Journal of Management*, *15*(2), 157-180.

Fu, N., Bosak, J., Flood, P. C., Ma, Q. (2019). Chinese and Irish professional service firms compared: Linking HPWS, organizational coordination, and firm performance. *Journal of Business Research*, *95*, 266-276.

Guthrie, James P., Liu, Wenchuan, Flood, Patrick C., MacCurtain, Sarah (2008). *"High performance work systems, workforce productivity, and innovation: A comparison of MNCs and indigenous firms*. Link Working Paper Series. The Learning, Innovation and Knowledge Research Centre, Dublin City University, Ireland, pp. 04-08.

Huselid, M. A. (1995). The impact of human resource management practices on turnover, productivity, and corporate financial performance. *Academy of Management Journal*, *38*(3), 635-672.

Hwang, C. L., Yoon, K. (1981). *Multiple attribute decision making: Methods and applications.* New York: Springer-Verlag.

Jones, G. R., Wright, P. M. (1992). An economic approach to conceptualizing the utility of human resource management practices. In K. Rowland & G. Ferris (Eds.). *Research in Personnel and Human Resources Management*, *10*, 271-299. Greenwich, CT: JAI Press.

Leffakis, Z. M., Doll, W. J. (2006). Using high-performance work systems to support individual employment rights and decrease employee telecommunication violations in the workplace. *Journal of Individual Employment Rights*, *11*(4), 275-290.

Lepak, D. P., Liao, H., Chung, Y., Harden, E. H. (2006). A conceptual review of human resource management systems in strategic human resource management research. In J. J. Martocchio (Ed.). *Research in Personnel and Human Resources Management*, *25*, 217-271. Oxford, UK: JAI Press.

Levine, D. I. (1995). *Reinventing the workplace: How business and employees can both win*. Washington, DC. Brooking Institute.

Liao, H., Chuang, A. (2004). A multilevel investigation of factors influencing employee service performance and customer outcomes. *Academy of Management Journal*, *47*, 41-58.

Lowthert III, W. H. (1996). *The relationship between the implementation of high performance work practices and nuclear power plant performance*. Thesis. The Pennsylvania State University.

Noe, R. A., Hollenbeck, J. R., Gerhart, B., Wright, P. M. (2006). *Human resource management: Gaining a competitive advantage* (5th ed.). New York, NY: McGraw-Hill/Irwin.

Patel, P. C., Messersmith, J. G., Lepak, D. P. (2013). Walking the tightrope: An assessment of the relationship between high-performance work systems and organizational ambidexterity. *Academy of Management Journal*, *56*(5), 1420-1442.

Pfeffer, J. (1994). *Competitive advantage through people.* Harvard Business School Press: Boston, MA.

Pfeffer, J. (1998). *The human equation: Building profits by putting people first*. M.A.: Harvard Business School Press.

Raymond A. Noe, John R. Hollenbeck, Barry Gerhart, Patrick M. Wright (2006). *Fundamentals of human resource management*. McGraw-Hill.

Richard, E. S. (2001). *Human resources administration: A school-based perspection* (2nd ed.). New York: Eye on Education.

Seong, J. Y. (2011). The effects of high performance work systems, entrepreneurship and organizational culture on organizational performance. *Seoul Journal of Business*, *17*(1), 3-36.

Sun, L. Y., Aryee, S., Law, K. S. (2007). High-performance human resource practices, citizenship behavior, and organizational performance: A relational perspective. *Academy of Management Journal*, *50*(3), 558-577.

Wall, T. D., Wood, S. J. (2007). Work enrichment and employee voice in human resource management-performance studies. *International Journal of Human Resource Management*, *18*(7), 1335-1372.

Wright, P. M., McMahan, G. (1992). Theoretical perspectives for strategic human resource management. *Journal of Management*, *18*(2), 295-320.

Youndt, M. A., Subramaniam, M., Snell, S. A. (2004). Intellectual capital profiles: An examination of investment and returns. *Journal of Management Studies*, *41*(2), 335-361.

Zachoratos, A., Barling, J., Iverson, R. D. (2005). High-performance work systems and occupational safety. *Journal of Applied Psychology, 90*(1), 77-93.

Zhang, J., Akhtar, M. N., Bal, P. M., Zhang, Y., Talat, U. (2018). How do high-performance work systems affect individual outcomes: A multilevel perspective? *Frontiers in Psychology*, *9*, Article 586. https://doi.org/10.3389/fpsyg.2018.00586

相關議題篇

第八章　教師聘任
第九章　教師待遇
第十章　教師專業發展
第十一章　教師評鑑
第十二章　大學校務基金進用教學人員與工作人員

第八章

教師聘任

本章大綱

壹、教師聘任制度

貳、教師聘任發展階段

　　一、法制萌芽時期：1979年到1985年

　　二、法制建構時期：1985年到1995年

　　三、法制成熟時期：1995年到現今

參、教師聘任相關法規

　　一、《大學法》

　　二、《教師法》

　　三、《教育人員任用條例》

肆、教師聘任現況與問題

　　一、中小學教師聘任

　　二、大學教師聘任

伍、教師聘任制度改善方向

　　一、大學教師聘任應兼顧系所需求與學校發展

　　二、強化大學教師教學知能與專業成長

　　三、避免教師長聘制度造成過度保障的問題

　　四、具有多項專長與跨文化能力人才，是未來大學教師聘任的重點

　　五、瞭解校務基金進用教學人員聘用成效

壹 教師聘任制度

「聘任」指基於平等對待關係，聘請方以尊重態度敦聘受聘者，因此，受聘者應聘從事工作後，往往擁有較多獨立自主空間（劉昊洲，1993）。王餘厚（1993）則認為，「聘任制」係指地位崇隆或學校及學術機構從事教學或研究人員之任用制度。聘任制度之特色，除對國家具有特殊貢獻、學術上有特殊發明外，其餘依學經歷進用，並且訂有聘期，其薪級亦高於一般公務人員。

聘任制有以下基本特徵（謝志東，1994）：

一、聘任者與受聘者地位平等。

二、聘任者與受聘者雙方之間的權利、義務是以自願、協商為基礎建立的合約確定；只有在雙方意見一致的情況下聘任關係才能成立，任何一方都沒有強迫對方的權利。

三、聘任有一定的期限，期滿如不續聘，則聘任關係自行解除。

至於「教師聘任制度」，謝文全（1993）認為聘任制係與派任制相對的一種任用制度，教師聘任制係由學校校長、董事會或教師評審委員會遴選合格教師予以禮聘而任用。教師聘任制度主要功能則在於聘任優秀教師，淘汰不適任教師，以維持教師素質，保障學生受教權（李美滿，2006）。

貳 教師聘任發展階段

我國教師聘任現況與相關法規，如依照教師聘任制度的發展，區分為以下階段（廖世和，2004）：

一 法制萌芽時期：1979年到1985年

1985年《教育人員任用條例》公布實施以前，教師聘任制度的相關規定均以行政命令的形式出現，缺乏整體法制的建構。這個時期的聘任法制雖然尚未建立，但因《教育人員任用條例》的制定，緣起相當早的一段時間（從1977年就組成專案小組進行研議工作），所以，這個階段被認為是我國教師聘任法制的萌芽時期。

以高等教育為例，這個時期的高等教育教師分為教授、副教授、講師、助教四個等級，這個分級是《大學法》及《專科學校法》的規定。據此，主管教育行政機關再訂定《大學及獨立學院教師聘任待遇規程》（1997年廢止）及較次要之法規，構成當時的教師聘任制度。

二 法制建構時期：1985年到1995年

1985年《教育人員任用條例》的訂定，是我國教師聘任制度一個很重要的里程碑，更是影響整體教育人事法制非常深遠的一件大事。

《教育人員任用條例》分「總則」、「任用資格」、「任用程序」、「任用限制」、「任期」及「附則」等六章，共43條。

三 法制成熟時期：1995年到現今

基於維護教師專業尊嚴，明定教師權利義務，保障教師生活，1995年公布《教師法》以建立公教分途之管理制度、適應教師專業特性需要，俾使各級學校教師均能於完善制度下專心致志從事教育工作，進而提升國民素質。

《教師法》之所以重要，是由於它在法律體系上屬於教師的「根本大法」，因此舉凡教師的資格檢定與審定、聘任、權利義務、待遇、進修與研究、退休、撫卹、離職、資遣、保險、教師組織、申訴及訴訟等事項均有規定。此外，《教師法》重要的另一個原因，是從《教師法》制定後，確立了所謂「公教分途」的概念。

《教師法》中與教師聘任制度相關的規定，包括：教師資格取得與教師聘任兩大部分。以教師資格之取得為例，《教師法》（2019年）第5條：「教師資格之取得分檢定及審定二種：高級中等以下學校之教師採檢定制；專科以上學校之教師採審定制。」

第7條：「專科以上學校教師資格之審定分學校審查及中央主管機關審查二階段；教師經學校審查合格者，由學校報請中央主管機關審查，再審查合格者，由中央主管機關發給教師證書。但經中央主管機關認可之學校審查合格者，得逕由中央主管機關發給教師證書。」

第8條又規定：「專科以上學校教師資格審定辦法，由中央主管機關定之。」根據以上的規定及授權，教育部又制定了一系列資格審定的相關規定，如《專科以上學校教師資格審定辦法》，教育部把過去有關審查著作的相關要求完整加以規範，使高等教育教師聘任制度更臻成熟。

參 教師聘任相關法規

以下為《大學法》、《教師法》、《教育人員任用條例》中，有關教師聘任相關的法條臚列如下（表8-1、8-2、8-3），並加以分析：

一 《大學法》（2019年修正）

表8-1

《大學法》中有關教師聘任相關法條

第17條	1. 大學教師分教授、副教授、助理教授、講師，從事授課、研究及輔導。 2. 大學得設講座，由教授主持。 3. 大學爲教學及研究工作，得置助教協助之。 4. 大學得延聘研究人員從事研究及專業技術人員擔任教學工作；其分級、資格、聘任、解聘、停聘、不續聘、申訴、待遇、福利、進修、退休、撫卹、資遣、年資晉薪及其他權益事項之辦法，由教育部定之。

表8-1（續）

第18條	大學教師之聘任，分為初聘、續聘及長期聘任三種；其聘任應本公平、公正、公開之原則辦理。大學教師之初聘，並應於傳播媒體或學術刊物公告徵聘資訊。教師之聘任資格及程序，依有關法律之規定。
第19條	大學除依教師法規定外，得於學校章則中增列教師權利義務，並得基於學術研究發展需要，另定教師停聘或不續聘之規定，經校務會議審議通過後實施，並納入聘約。
第20條	大學教師之聘任、升等、停聘、解聘、不續聘及資遣原因之認定等事項，應經教師評審委員會審議。 學校教師評審委員會之分級、組成方式及運作規定，經校務會議審議通過後實施
第21條	大學應建立教師評鑑制度，對於教師之教學、研究、輔導及服務成效進行評鑑，作為教師升等、續聘、長期聘任、停聘、不續聘及獎勵之重要參考。 前項評鑑方法、程序及具體措施等規定，經校務會議審議通過後實施。
第22條	1. 大學設教師申訴評議委員會，評議有關教師解聘、停聘及其他決定不服之申訴；其組成方式及運作等規定，經校務會議審議通過後實施。 2. 申訴評議委員會之裁決，不影響當事人提起司法爭訟之權利。

資料來源：整理自《大學法》（2019年）。

在以上條文中，第17條規定大學得延聘研究人員從事研究及專業技術人員擔任教學工作，可充實學校研究人力以及鼓勵產學界人才交流。第18條規定大學教師聘任分三種：初聘、續聘及長期聘任，並明定教師之聘任資格及程序，應依有關法律之規定。第20條規定大學教師之聘用等事項，應經學校各級教師評審委員會依照一定程序審議。第22條則是教師對於聘任審查結果不服提出申訴的保障規定。

《大學法》修訂通過後，政府對學校發展的管制逐步鬆綁，改變了國內大學教育的運作型態，在師資聘任事項，回歸由各大學自主運作。現今我國高等教育的聘任制度已朝學術自主彈性、保障教師權益、鼓勵產學專業人才交流等三個方向發展，符合時代潮流（侯永琪，2005）。

(一)《大學聘任專業技術人員擔任教學辦法》

在大學得延聘研究人員從事研究及專業技術人員擔任教學工作方面，教育部1996年訂有《大學聘任專業技術人員擔任教學辦法》，該辦法（2018年）所稱專業技術人員，「係指具有特殊專業實務、造詣或成就，足以勝任教學工作者。」（第2條）；其次，「專業技術人員比照教師職務等級，分教授級、副教授級、助理教授級及講師級四級。」（第3條）專業技術人員必須有相當年資規定，並有具體事蹟、特殊造詣或成就者。以教授級專業技術人員為例，第4條：「教授級專業技術人員應具下列資格之一：

一、曾任副教授級專業技術人員三年以上，成績優良，並有具體事蹟者。

二、曾從事與應聘科目性質相關之專業性工作十五年以上，具有特殊造詣或成就者。但獲有國際級大獎者，其年限得酌減之。」

另外，為避免大學濫用專業技術人員聘任，有關專業技術人員之資格審定、聘任、聘期、升等、具體事蹟等，大學必須訂定相關規定，且具體事蹟、特殊造詣或成就之認定，必須送校外學者或專家審查。此點可見於《大學聘任專業技術人員擔任教學辦法》第9條：「專業技術人員之資格審定、聘任、聘期、升等、具體事蹟、特殊造詣或成就之認定、國際級大獎之界定、確屬學校教學需要人才之認定及其年限之酌減等事項，由教師評審委員會辦理，其相關規定，由各校定之。

前項具體事蹟、特殊造詣或成就之認定，應先送請校（院、所、系）外學者或專家二人以上審查。」

(二)《大學聘任專業技術人員擔任教學辦法》之評論

對於大學可以聘任專業技術人員擔任教學，原是聘任上的一大突破，但衍生出相關問題。趙俊祥（2018）指出在聘任類型（專任或兼任）、資格或聘任占學校專任教師員額總數，法制上近年不斷地放寬，例如：

1. 《大學聘任專業技術人員擔任教學辦法》第8條原規定：「專業技術人員以兼任為原則，必要時得聘為專任。」已於2007年刪除。
2. 第7條及第9條但書除原本「獲有國際級大獎」外，2007年修法增訂經認定「確屬學校教學需要人才」，專業工作年限得酌減之。《專科學校專業及技術教師遴聘辦法》第10條，亦於2007年增訂「確屬學校教學需要人才」專業工作年限得酌減之。
3. 《專科學校專業及技術教師遴聘辦法》第9條：「各專科學校聘任之專業及技術教師人數，至多不超過該校專任教師員額總數之四分之一……」，經不斷降低比例限制，現已取消比例限制。

趙俊祥（2018）認為大專之所以設置專業技術人員或教師，是希望延攬具有特殊專業實務、造詣或成就，或獲有國際級大獎的人才，為例外而非常態。但在標準一再放寬下，所謂「經認定確屬學校教學需要人才」或「依學校教學實際需求進行聘任」，雖有教師評審委員會及外審機制，但終究屬定義不明確，賦予學校過大彈性空間，有太過寬鬆之虞。將來是否會改變師資結構，影響辦學素質，造成蒙小利卻受大害之反效果，不可不慎。

二 《教師法》（2019年修正）

表 8-2

《教師法》中有關教師聘任相關法條

第5條	教師資格之取得分檢定及審定二種：高級中等以下學校之教師採檢定制；專科以上學校之教師採審定制。
第6條	高級中等以下學校教師資格之檢定，另以法律定之；經檢定合格之教師，由中央主管機關發給教師證書。
第7條	專科以上學校教師資格之審定分學校審查及中央主管機關審查二階段；教師經學校審查合格者，由學校報請中央主管機關審查，再審查合格者，由中央主管機關發給教師證書。但經中央主管機關認可之學校審查合格者，得逕由中央主管機關發給教師證書。
第9條	1. 高級中等以下學校教師之聘任，分初聘、續聘及長期聘任，除有下列情形之一者外，應經教師評審委員會審查通過後，由校長聘任之： 一、依師資培育法規定分發之公費生。 二、依國民教育法或高級中等教育法回任教師之校長。 2. 前項教師評審委員會之組成，應包括教師代表、學校行政人員代表及家長會代表一人；其中未兼行政或董事之教師代表，不得少於總額二分之一，但教師之員額少於委員總額二分之一者，不在此限。 3. 高級中等以下學校教師評審委員會於處理第十四條第一項第七款及第十款、第十五條第一項第一款至第四款時，學校應另行增聘校外學者專家擔任委員，至未兼行政或董事之教師代表人數少於委員總額二分之一爲止。
第10條	1. 高級中等以下學校教師之聘任，以具有教師證書者爲限。 2. 高級中等以下學校教師聘任期限，初聘爲一年；續聘第一次爲一年，以後續聘每次爲二年；續聘三次以上服務成績優良者，經教師評審委員會全體委員三分之二以上審查通過後，得以長期聘任，其聘期由各校教師評審委員會訂定之，至多七年。

表 8-2（續）

	3. 專科以上學校教師之聘任及期限，分別依大學法及專科學校法之規定辦理。
第14條	教師有下列各款情形之一者，應予解聘，且終身不得聘任爲教師： 一、動員戡亂時期終止後，犯內亂、外患罪，經有罪判決確定。 二、服公務，因貪汙行爲經有罪判決確定。 三、犯性侵害犯罪防治法第二條第一項所定之罪，經有罪判決確定。 四、經學校性別平等教育委員會或依法組成之相關委員會調查確認有性侵害行爲屬實。 五、經學校性別平等教育委員會或依法組成之相關委員會調查確認有性騷擾或性霸凌行爲，有解聘及終身不得聘任爲教師之必要。 六、受兒童及少年性剝削防制條例規定處罰，或受性騷擾防治法第二十條或第二十五條規定處罰，經學校性別平等教育委員會確認，有解聘及終身不得聘任爲教師之必要。 七、經各級社政主管機關依兒童及少年福利與權益保障法第九十七條規定處罰，並經學校教師評審委員會確認，有解聘及終身不得聘任爲教師之必要。 八、知悉服務學校發生疑似校園性侵害事件，未依性別平等教育法規定通報，致再度發生校園性侵害事件；或偽造、變造、湮滅或隱匿他人所犯校園性侵害事件之證據，經學校或有關機關查證屬實。 九、偽造、變造或湮滅他人所犯校園毒品危害事件之證據，經學校或有關機關查證屬實。 十、體罰或霸凌學生，造成其身心嚴重侵害。 十一、行爲違反相關法規，經學校或有關機關查證屬實，有解聘及終身不得聘任爲教師之必要。

資料來源：整理自《教師法》（2019年）。

在以上條文中，第9條第2項：「前項教師評審委員會之組成，應包括教師代表、學校行政人員代表及家長會代表一人；其中未兼行政或董事之教師代表，不得少於總額二分之一」，如此規定，將使學校教師之聘任、解聘、停聘及不續聘之主控權在未兼任行政職務之教師。針對此點，在2011年左右，因當時有大量國中小校長提早退休，教育部檢討造成國中小校長退休潮之原因，考量校長提早退休所衍生經驗傳承之斷層及教育人力資源之浪費等問題，意欲改善學校相關制度，營造權責相符辦學環境。其中一項即是要強化校長決策權力，推動修正《教師法》，刪除「教師評審委員會未兼行政職務之教師代表不得少於總額二分之一之規定。」不過，從修正後之《教師法》條文來看，此項修法意圖並未實現。

其次，此次修法變動最大的屬第14條，增加有關性騷擾、性霸凌、性侵害、毒品、體罰或霸凌等事件處理方式之規定。《教師法》自1995年公布以來雖然歷經10多次修法，但幾乎從未針對不適任教師進行修法，本次修法是教育部為回應社會各界長期以來對於應積極處理不適任教師的強烈期待，完善不適任教師的處理機制，並配合強化教師申訴及救濟制度，以及將教師專業審查會提高到法律位階（教育部，2019）。

本次修法重點說明如下（教育部，2019）：

(一) 教評會處理不適任教師時，應增邀校外學者專家，使未兼行政或董事之教師人數少於委員總額二分之一（修正條文第9條）

為使教師評審委員會處理教師解聘等相關案件更具公信力，增訂教師評審委員會於處理教師解聘、不續聘、停聘案件時，學校應另增聘校外學者專家擔任委員，使未兼行政或董事之教師代表人數，少於委員總額二分之一。

(二) 依程度區分不適任教師處理之法律效果（修正條文第14條至第16條、第18條、第21條至第22條、第27條）

為使各級學校教師評審委員會審議結果能更為一致，按其情節不同區分為「應予解聘且終身不得聘任為教師」、「應予解聘且議決1年至4年不得聘任為教師」、「應予解聘、不續聘，且不得在原服務學校任教」、「停聘」及「資遣」的法律效果。

(三) 增訂教師專業審查會運作機制（修正條文第17條）

明定各級主管機關應成立「教師專業審查會」，藉由客觀、專業、中立的第三方協助高級中等以下學校處理教學不力或不能勝任工作的不適任教師案件，使案件處理更為公正。

三 《教育人員任用條例》（2014年修正）

表8-3

《教育人員任用條例》中有關教師聘任相關法條

第二章 任用資格 第14條	大學、獨立學院及專科學校教師分爲教授、副教授、助理教授、講師。
第三章 任用程序 第26條	各級學校教師之聘任，應本公平、公正、公開之原則辦理，其程序如左： 一、高級中等以下學校教師除依法令分發者外，由校長就經公開甄選之合格人員中，提請教師評審委員會審查通過後聘任。 二、專科學校教師經科務會議，由科主任提經教師評審委員會評審通過後，報請校長聘任。 三、大學、獨立學院各學系、研究所教師，學校應於傳播媒體或學術刊物刊載徵聘資訊後，由系主任或所長就應徵人員提經系（所）、院、校教師評審委員會評審通過後，報請校長聘任。

表8-3（續）

	前項教師評審委員會之設置辦法，除專科以上學校由學校組織規程規定外，其辦法由教育部定之。
第四章 任用限制 第31條	具有下列情事之一者，不得爲教育人員；其已任用者，應報請主管教育行政機關核准後，予以解聘或免職： 一、曾犯內亂、外患罪，經有罪判決確定或通緝有案尚未結案。 二、曾服公務，因貪汙瀆職經有罪判決確定或通緝有案尚未結案。 三、曾犯性侵害犯罪防治法第二條第一項所定之罪，經有罪判決確定。 四、依法停止任用，或受休職處分尚未期滿，或因案停止職務，其原因尚未消滅。 五、褫奪公權尚未復權。 六、受監護或輔助宣告尚未撤銷。 七、經合格醫師證明有精神病尚未痊癒。 八、經學校性別平等教育委員會或依法組成之相關委員會調查確認有性侵害行爲屬實。 九、經學校性別平等教育委員會或依法組成之相關委員會調查確認有性騷擾或性霸凌行爲，且情節重大。 十、知悉服務學校發生疑似校園性侵害事件，未依性別平等教育法規定通報，致再度發生校園性侵害事件；或僞造、變造、湮滅或隱匿他人所犯校園性侵害事件之證據，經有關機關查證屬實。 十一、僞造、變造或湮滅他人所犯校園毒品危害事件之證據，經有關機關查證屬實。 十二、體罰或霸凌學生，造成其身心嚴重侵害。 十三、行爲違反相關法令，經有關機關查證屬實。

資料來源：整理自《教育人員任用條例》（2014年）。

對於《教育人員任用條例》未來的修法方向，學者提出幾點方向。廖世和（2004）認為未來《教育人員任用條例》宜與《教師法》充分整合，《教育人員任用條例》中有關教師條文的部分將全部移到《教師法》中，《教育人員任用條例》僅規範校長、助教、職員、研究人員以及專業技術人員等。然而，此項建議並未獲得修法採納，究其原因，教師原本即是教育人員中的一類，且所占比重甚大，不宜將《教育人員任用條例》之適用對象排除教師。

其次，吳三靈（2000）認為因《國民教育法》及《高級中學法》修正，校長納入聘任制，職員已歸列在公務人員，以落實公教分途管理之政策。因此，《教育人員任用條例》之「任用」應改為「聘任」，以配合《教師法》等相關法規訂修，符合現行教師聘任之體制。

綜觀2014年修正之《教育人員任用條例》，修正較大者當屬第31條，從原本的七款任用限制，增加為十三款，此項修正處，和《教師法》修正相當類似，增加有關性騷擾、性霸凌、性侵害、毒品、體罰或霸凌等不得為教育人員之任用限制規定。

肆 教師聘任現況與問題

以下分為國中小教師與大學教師聘任兩方面進行說明。

一 國中小教師聘任

(一) 國中小各校自辦教師甄試的混亂期

在國中小教師招募方面，國中小正式教師招募在民國90年至100年左右，曾經歷一段好幾年由各校「自辦」教師甄試的「混亂期」，在此有必要說明、加以批判，以利後人警惕，避免重蹈覆轍。

當時美其名為下放人事權到國中小，但實質並未考慮到國中小並無專業的人員可以進行筆試命題與閱卷。其次，各校自辦教師甄試徒增各校業務負擔，試想，偏鄉小校全校才幾名教師，要負責所有試務工作，如何能勝任？其次，在臺灣考試最重視「公平性」，但各校自辦教師甄試，在試題保密、試教與口試委員名單不外洩以確保公平性等方面，要做到原本就相當困難；再加上，臺灣原本就有人喜歡透過管道進行檯面下的動作，也造成開缺學校，特別是校長的困擾，每到考試前乾脆出國，以免「關心」的電話接不完。另一方面，也因為各校自辦教師甄試，考生為增加上榜率，即使同一縣市，考生為增加上榜機率，每年必須同時報名好幾所學校，不僅要花費大筆報名費、交通費，甚至住宿費，還要南征北討，考得身心俱疲，但還不知道考試是否具公平性？也因為各校自辦，屢屢傳出各種弊端，例如：內定的傳言、考上教甄要「使銀子」，花臺幣上百萬元「打通關節」，請「有力人士」協助，引起媒體大幅報導，後續才進行教師甄試制度的改變。

從國中小各校自辦教師甄試的混亂歷史來看，在在顯示臺灣的教育改革常見的弊病，就是高舉某項大旗，例如：下放人事權給國中小，學校自主……。看起來師出有名，且正氣凜然，但卻沒有思考到這種作法是否具有必要性？是否具有合理性與可執行性？經過好幾年的混亂期，讓國中小與考生付出許多無謂的成本之後，才「驚覺」各校自辦教師甄試是不可行的，徒增困擾而已。往後的教育改革，或是人力資源措施革新，宜以此為鑑！

(二) 教育局（處）辦理國中小正式教師聯合甄選；高中自辦教甄

現行作法由各縣市教育局（處）統一辦理國中小教師聯合甄選，或幾個縣市策略聯盟，輪流辦理。聯合甄選簡章公告在教育局（處）網站上，甄選方式主要為初試（筆試）與複式（試教與口試）。另外，大部分縣市皆有採計積分，考生如有得獎、具有相關專業證照等，皆可加分。通過甄選者則依照成績高低順序，按照所填志願進行分發。高中教師部分，則大多由各校自行甄選，甄選簡章則公告在各校網站上。

在聘任方面，分為初聘、續聘及長期聘任，即《教師法》第9條：「高級中等以下學校教師之聘任，分初聘、續聘及長期聘任。」在聘期方面，初聘、續聘及長期聘任之聘期各有不同，依照《教師法》第10條：「高級中等以下學校教師聘任期限，初聘為一年；續聘第一次為一年，以後續聘每次為二年；續聘三次以上服務成績優良者，經教師評審委員會全體委員三分之二以上審查通過後，得以長期聘任，其聘期由各校教師評審委員會訂定之，至多七年。」

(三) 代理代課教師聘任

在代理代課教師聘任方面，則大多由各國中小自行辦理，甄選簡章大多公告在教育局（處）網站或各校網站上。另外，國教署為便利求職者與學校端進行媒合，設有「教育人才庫媒合平臺網站」，已於2023年5月上線，分為三種：國中小代理代課教師人才庫平臺、教學支援人員人才庫平臺，以及公私立幼兒園人才庫平臺。

現行國中小代理代課教師聘任，具有以下問題：

1. 一所學校存在有三種不同教育背景之教師？

在聘任程序方面，有所謂「一招」、「二招」與「三招」等三階段，應徵者所需具有的資格皆不同，法源依據為2023年公布施行之《高級中等以下學校兼任代課及代理教師聘任辦法》第3條：

「學校聘任三個月以上之代課、代理教師，應依下列資格順序公開甄選，經教師評審委員會審查通過後，由校長聘任之：

一、具有各該教育階段、科（類）合格教師證書者。

二、無前款人員報名或前款人員經甄選未通過者，得為具有修畢師資職前教育課程，取得修畢證明書者。

三、無前款人員報名或前款人員經甄選未通過者，得為具有大學以上畢業者。」

簡言之，「一招」時，應徵者須具有合格教師證。如果一招沒聘到人或沒人應徵，則進行「二招」，這時條件就放寬了，應徵者不必具有合格教師證，只須修畢該階段教育學程，且具有教育部核發的「修畢師資職前教育證明書」即可。若二招還是沒有聘到人（更多時候是沒有人來投履歷報名），則進入「三招」階段，這時已沒有特別的資格要求，只要大學畢業即可。楊怡婷（2023）認為第三招以後，標準放寬為不需具備合格教師證、不用取得「修畢師資職前教育課程修畢證書」，只要大學畢業即可，但是降低師資要求卻仍找不到教師，當教師代理代課制度成為校園的常態，造成教學人力結構的質變，反應了國民教育現場長期以來教學人力不足，不僅不利於教學現場的穩定，無法保障學生的受教權，更嚴重危及國教的品質。

從上述規定可以得知，國中小代理代課教師分三種資格：一種是具有合格教師證；第二種是雖然沒有教師證，但至少已修畢該階段教育學程，且取得教育部發的「修畢師資職前教育證明書」，也就是至少具備教育的專業背景；然而，第三種資格則因遷就於現實（如：偏鄉找不到老師、某些專長老師很難找……），學生上課不能開天窗，亦即不能發生沒有教師授課的事情，所以只要有大學畢業就可以來擔任教師。事實上，這種遷就現實的情形是相當程度的傷害到教育品質。試想，一位代理教師完全沒有接受過任何教育的專業培訓，更遑論從未上臺教學過或進行過教育實習，就可以擔任教學、帶班級，甚至兼任行政工作，這不僅嚴重違反教育「專業化」的方向，也會讓學生家長對教師沒有任何信心（學生變成白老鼠），更會讓外界產生「教育是否是一項專業？」的高度質疑。

2. 學校代理代課教師比率嚴重超標

穩定優質的師資是維護國民教育品質的基礎之一。依據《教育部國民及學前教育署補助國民中小學提高教育人力實施要點》（2019年修正）：「1.地方政府所轄公立國民小學普通班教師員額編制表每班需達一‧六五名教師以上。2.國小普通班教師員額控留比率不得超過8%。……6.地方政府所轄公立國民小學普通班教師員額編制表未符合每班需達一‧六五名教師以上之規定，或員額控留比率仍超過8%之規定者，本署將酌減核定經費及補助比率。」

然而根據監委調查報告，110學年度各縣市公立國小教師員額控留比率均高於8%；公立國中有18個縣市均超過8%，且全國僅29%公立國中小教師員額控留比率未超過8%。此外，96學年度的國中小全國代理教師僅8,916人，占5.8%，但此後比例不斷攀升，至110學年度占17%，然而，這些數據並未包含兼任代課老師，由此可知，教育現場非正式教師的比率可能更高，且已經嚴重超標（楊怡婷，2023）。

在面臨持續少子女化的大趨勢，未來各縣市政府難以釋出較多正式教師員額的情況下，代理代課教師占各縣市教師員額高比率的情況很難改善。解決之道首先是各縣市首長應有魄力與決心，寬籌經費，開出正式教師缺，聘請正式教師，以降低教師員額控留比率之外；其次，各縣市政府應該從制度面根本保障代理教師權益，給予完整聘期、起敘基準拉近與正式教師的待遇標準，以較優的教師待遇制度吸引優秀人力投入教師行列，避免因權益保障有落差，影響優秀人才應聘意願，穩定教學現場人力；再者，針對代理代課教師，縣市政府教育處（局）與國中小應透過安排有系統且符應需求的教師研習課程，以及薪傳教師制度進行寶貴教學經驗分享，強化這些代理代課教師的教育專業知能，提高其教育專業度，提升家長的信心，並保障學生的受教權益。

(四) 專聘教師

面對長年以來，偏鄉找不到教師、遷就現實的現象，法規也做了調整。2017年公布之《偏遠地區學校教育發展條例》第7條：「1.偏遠地區學校依第五條規定甄選合格專任教師，確有困難者，主管機關得控留所轄偏遠地區學校教師編制員額三分之一以下之人事經費，由主管機關採公開甄選方式，進用代理教師或以契約專案聘任具教師資格之教師（以下簡稱專聘教師），聘期一次最長二年。」另外，該條文：「2.中央主管機關應全額補助師資培育之大學開設第二專長學分班，提供現職之專聘教師第二專長訓練。3.專聘教師連續任滿六年，且依前項取得第二專長，表現優良者，得一次再聘六年或依其意願參加專任教師甄選，並予以加分優待。」

此項制度立意良善，但實施上仍有困境，媒體即有報導，專聘教師制度並未落實（聯合新聞網，2023）。該條例施行至2023年，僅新北市、嘉義縣曾招聘專聘教師（趙俊祥，2023）。教育部回應表示，偏鄉師資目前仍以優先聘任「合格正式專任教師」為長期及主要目標，若確實無法招募到專任教師，則使用「合聘或巡迴教師制度」，以穩定師資與維護偏遠地區學校學生學習權益，或運用「專聘教師制度」作為過渡性措施。

深究專聘教師難以落實的原因，主要為誘因不足，但卻有綁人的條件。專聘教師只比代理教師多了考績獎金，但偏鄉教師須綁六年約才得以介聘至他校，導致兩極的評價，有學校反映六年太久，應回歸現有介聘機制的三年條款；但亦有人仍認為必須綁六年才能穩定師資

(五) 教學訪問教師

教育部國民及學前教育署訂有「教學訪問教師計畫」，該項計畫緣起於偏遠離島地區公立國民中小學師資結構較不穩定，年輕化、流動率較高之現象，可能導致學校課程與教學經驗傳承不易。但近年來教育現場與社會大眾對於偏鄉教育的關注越來越高，許多非偏遠地區公立國民中學及國民小學的優秀教師自發性地利用課餘時間投身偏鄉教育的翻轉。因此，國教署訂定該項計畫，一方面建置短期偏鄉教育服務制度，提供非偏遠地區學校優秀教師協助並陪伴偏遠地區學校進行經驗傳承與教育創新之機會，俾達教育愛之實踐；另一方面鼓勵非偏遠地區學校優秀教師提供短期課程與教學專業服務，俾補充偏遠地區學校師資結構之不足，並擴展個人教育視野（教育部國民及學前教育署教學訪問教師計畫，無日期）。

二 大學教師聘任

(一) 大學教師聘任程序

我國大學教師的聘任制度，主要依據《大學法》、《教師法》及《教師人員任用條例》等法規進行。

在大學教師招募甄選方面，各大學招募教師的來源與管道雖然不盡相同，但是皆必須符合《大學法》第18條規定：「大學教師之聘任應本

公平、公正、公開之原則辦理。大學教師之初聘，並應於傳播媒體或學術刊物公告徵聘資訊。」

大學聘任教師皆是採三級三審的方式，先對外公告徵求人員，收到應徵者的履歷之後，先由系所辦行政人員協助進行書面審查，進行過濾，剔除與徵求專長及標準不合之人選。其次，由系所教師評審委員會審議應聘者之教學與研究能力，主要採行面試與試教等方式進行；通過後，將名單依序交由院級教評會與校級教評會進行審議。

在聘任期限方面，《教師法》有明定高級中等以下學校教師聘任期限，但對於專科以上學校教師，則並未明定，僅有第10條：「專科以上學校教師之聘任及期限，分別依大學法及專科學校法之規定辦理。」而依照《大學法》第18條，僅有敘明：「大學教師之聘任，分為初聘、續聘及長期聘任三種」，沒有寫明聘任期限。究其原因，應該是尊重憲法所保障的大學自主，將聘任期限留給各大學自行決定。

在大學教師任用制度實徵調查方面，廖世和（2004）研究並比較兩岸高等教育教師聘任制度，發現我國大學教師聘任制度，具有以下的功能：

1. 遴選適任專才。
2. 相當民主，但不見得有助於教師的社會地位。
3. 在選才上能符合用人單位需求。
4. 對於系所發展能自行決定。
5. 學術專業導向、學經歷導向、資格導向。
6. 讓教師得以安心從事教學、研究與服務工作，具有穩定性，對未來較能預期與掌握，社會評價高，較易獲致成就感。
7. 公平公開及適合性是其最大功能。
8. 相當程度自治，免於政治力干涉，是教師擁有較高社會地位主因。
9. 具有篩選與保障功能。

但該項研究也有發現我國大學教師聘任具有以下問題：

1. 部分校系有學術門閥之見。

2. 教師聘任制度似有過度保護之嫌，致產生教師唯我獨尊，終身保障，不思精進，且常不配合校務發展之所需，校方亦對其無可奈何。

3. 薪資結構太僵化，是不甚滿意之處。

對於前述部分校系有門閥之見的問題，陳德華（2008）也持類似看法，他認為大學內部運作體系較為封閉，系所教師評審委員會決定教師的聘任與升等，易形成山頭主義及近親繁殖的現象。

(二) 大學教師聘任制度現況與問題

雖然我國大學教師聘任法規與制度日趨完備，但是仍不免有些問題需要解決。因《教育人員任用條例》以「任用資格」、「任用程序」與「任用限制」三大部分來規範，因此，以下也以此三部分來探討我國大學教師聘任制度。

1. **任用資格**：張家宜（1998a）研究我國大學師資聘任問題，探討遴選求職者進行面談及聘審時的標準，實證結果顯示，應聘者的論著發表與教育水準是最重要的；其次，是工作經驗與年齡；而熟識程度和校友身分則又居次；至於婚姻狀況與性別並非重要考量因素。以下針對大學教師聘任任用資格問題進行探討：

   (1) **高等教育師資聘任無性別差別待遇問題**

   張家宜（1998b）研究我國大學師資聘任是否有性別差別待遇，發現當應徵者資歷完全相同時，性別並不構成聘任的關鍵因素。

   近幾年來政府機關及學校積極宣導性別平等的觀念，以及實施相關政策與法規，例如：2004年開始實施《性別平等教育法》，學校必須遵守。其次，《性別平等工作法》（2023年修正）也有類似規定，該法第7條：「雇主對求職者或受僱者之招募、甄試、進用、分發、配置、考績或陞遷等，不得因性別或性傾向而有差別待遇。」

(2) **大學教師並未修讀教育或教學課程之問題**

陳碧祥（2001）認為我國對於大學教師任用規定偏重於既定資格之規範，諸如：學位、年資、著作及經歷等，相較中小學教師規定必須修習教育學分，對於大學教師並不要求教育專業能力，規定略嫌寬鬆，有影響大學教學品質之虞，這正是當前我國大學教師資格認定與聘任過程中亟須省思之處。因此，未來大學教師資格認定宜增加「修讀教育專業課程」規定以強化教學專業知能，使大學新進教師從優秀的學習者轉化成教學者，成為稱職教師。

教學是一種專業！大學教師除了教育專長或背景者之外，在修讀博、碩士階段，通常僅著重在研究能力與經驗的強化，甚少會強調教學相關知能（頂多擔任教學助理或兼課），因此，即便研究做得再好，也不能代表就能教得好，更何況現今的大學生與研究生，背景和程度與早些年已有相當大的不同，因此，強調大學教師具有教學知能或相關經驗，或是瞭解大學生心理，是當務之急。

(3) **「專任即是永聘」的迷思**

侯永琪（2005）研究我國與美國大學教師聘任制度，認為美國大學即使是專任教師，也有「永聘」（tenure）與「非永聘」（non-tenure）之別。美國大學因來自政府與企業資源的減少，造成某些學校財務困難，且以兼職教師為主之新型態網路大學興起，使美國大學邁入學術聘任的後黃金時期。為加強競爭力與強化彈性經營的結構，美國大學逐漸降低永聘教授人數，增加兼任教師人數比例。

侯永琪（2005）認為美國大學改革教師永聘制的聲音一直未停歇，以非永聘教師代替永聘制是現今發展方向，對於國內大學「專任即是永聘」的聘任制度有很大的啟示。

(4) **大學老師聘任「功能」與「任務」未能加以區分**

侯永琪（2005）認為有鑑於大學教師須負擔教學、研究、服務與輔導學生等任務，疲於奔命；另一方面，大學教師因不同領域與授課課程，差異性很大。因此，未來我國大學教師聘任宜採「研究」與「功能」分開的方式進行。大學教師聘任的改革應著重在「功能」與「任務」的區分，將「研究」與「教學」這兩項功能分開，區分為全方位發展「學者型」與純教學之「教員型」。

(5) 限制大學教師取得博士學位須爲國外學歷

我國大學教師聘任制度存在重國外學歷、輕本土學歷現象，例如：報載文化大學聘任教授學歷條件，規定要有國外博士學位，排除本土博士（陳宣瑜、林曉雲、鍾麗華，2009），引起爭議。

文化大學此個案，可從法、理、情三方面加以分析。就「法」而言，此舉並未違法，依據《就業服務法》（2023年）規定，對於歧視項目共正面表列十八項，主要是與生俱來的特徵，包括：性別、種族、容貌、年齡、婚姻、五官、身心障礙等，並不包括學歷；另外，依據《教育人員任用條例》（2014年），助理教授資格之一必須是「具有博士學位或其同等學歷證書，成績優良，並有專門著作者」，經過系級、院級及校級教評會三級三審審查通過即可。不過，從另一方面思考，既然《教育人員任用條例》的資格規定只有博士學歷和專門著作，形式上就應給予所有具資格者公平的應徵機會，而非明文設限排除特定應徵者。

就「理」而言，文化大學認為各系所師資結構各有考量，沒有要求一定要國外學位，但若系所教師為國內博士者太多，即不適合再聘任太多國內博士畢業的應徵者，同時希望能夠符合「國際化」的趨勢，聘任多元化的教師以提升教學品質。然而，筆者認為除了考慮「國際化」與「多元化」之外，聘用教師應該廣泛考慮各種條件：是否有教育愛？是否有學術潛力？過去的各種表現？過去的研究重點與取向？是否具有團隊合作與人際溝通協調能力？而不是僅以獲得最高學歷的國家為考量重點。

而就「情」而言，大學教師聘任資格應避免訂定可能導致歧視與偏見，重視國外博士學位、輕視本土博士學位之規定，讓求職者應徵時有被歧視的感受。

(6) **學術近親繁殖的問題**

所謂「近親繁殖」指的是大學家族化經營（楊國樞，2001）。Eells和Cleveland採狹義的觀點，認為學術近親繁殖現象為教師任教於其取得最高學位之高等教育機構（引自陳香吟，2008）。陳香吟研究我國教育類系所學術近親繁殖，發現在國立大學、師範校院以及私立大學等三大類學校中，師範校院的教育類系所為近親繁殖現象最多的系所。

學術界近親繁殖對於學校和系所具有以下負面影響：對外學術交流不足，競爭力降低；學術缺乏創新，制約學術發展；學術單位難以進步，只能維持現狀（陳香吟，2008）。

2. **任用程序**：在任用程序部分，主要是長聘造成過度保障的問題。大學教師有初聘、續聘及長聘等三種聘任類型，但因人情文化、法令規定，以及對於在職教師的周到保護等因素影響下，學校欲不續聘或解聘一位教師相當不容易，容易造成不適任教師甚難淘汰，影響學生受教權及學校發展甚鉅（陳碧祥，2001）。

此外，雖然長聘制度能夠保障教師之學術自由權及工作權益，但學者認為長聘制度亦有其缺失，諸如：長聘制度為高等教育進步之絆腳石，提供不適任教師繼續任教之保障；只提供教師單方面之保障，並未提供學校相同之保障；擁有長聘資格之教師，往往停止進修或自我成長，造成專業停滯；長聘教師占學校教師比例太高者，造成教師流動性低，使教師新陳代謝速度接近停滯狀態等（劉興漢，1993）。因此，美國各大學也積極檢討長聘制度所帶來的正負面影響。

為避免長聘造成過度保障的問題，未來教師聘任可採試聘方式加以聘任，以達到擇取良師及砥礪專業成長之目的。試用期可寬列為二至三年，期間系所及學校可就能力及態度方面加以觀察考核。試用期滿，分別就研究成果、教學成效及服務績效等不同面向詳加考核，並決定是否給予續聘（或長聘）。

3. **任用限制**：對於大學教師聘任的任用限制，法規修法方向朝向鬆綁以及鼓勵大學引入業界的資源，聘請專門技術人員至大學任教。例如：《教育人員任用條例》（2014年修正）第19條：「在學術上有傑出之貢獻，並經教育部學術審議會委員二分之一以上出席及出席委員四分之三以上之決議通過者，得任大學、獨立學院或專科學校教師，不受前四條規定之限制。」《大學法》（2019年修正）第17條第4項：「大學得延聘研究人員從事研究及專業技術人員擔任教學工作」；《大學聘任專業技術人員擔任教學辦法》（2018年修正）第2條：「本辦法所稱專業技術人員，係指具有特殊專業實務、造詣或成就，足以勝任教學工作者。」

㈤ 教師聘任制度改善方向

根據以上分析，提出以下未來我國大學教師聘任制度改善方向：

一 大學教師聘任應兼顧系所需求與學校發展

上述我國大學教師的聘任制度功能，有一項值得提出探討。雖說大學教師聘任制度具有在選才上能符合用人單位需求之功能，對於系所發展能自行決定，此為尊重系所的自主權，但是卻可能面臨系所聘任教師不符合學校組織的需求，或是不符合學校的發展方向與定位（林政逸，2010）。特別是現行大學教師聘任雖採校教評會、院教評會，以及系所教評會三級三審制，但在實務上，決定聘任與否最關鍵在於系所教評會，而系所聘任的人員即使符合系所需求，卻可能發生未必符合學校的需求。

從策略性人力資源管理（Strategic Human Resource Management, SHRM）的觀點來看，人力資源管理活動與組織目標間必須力求有效連結，各項人事作為的最終目的均在支持總體目標的有效達成（Wright & Snell, 1998）。從這個角度思考，大學在聘任教師時，必須思考如何兼顧尊重系所自主，以及符合學校策略與發展需求；換言之，除尊重系所的聘任自主權之外，亦須兼顧學校的發展方向與學校定位。因此，為避免前述問題的發生，可行的方法是大學在聘任教師時，學校層級可以透過會議討論凝聚共識，依照學校願景、策略與價值觀等訂出若干基本的教師聘任指標，這些指標除了一般的學經歷要求外，還必須與學校的願景、定位、特色或是轉型方向相關，具有連結性，作為全校各系所聘任教師的共同指標。各系所在遵循這些基本的教師聘任指標下，再依據本身的設立目標、願景或發展方向，來聘任符合系所條件的教師，如此，可兼顧系所自主性以及配合學校的發展。

二 強化大學教師教學知能與專業成長

在英國，相當重視大學教師職前接受的教學訓練與在職專業成長活動。英國大學教師在修讀博士課程時，研究生大都參與大學課程的教學活動；大學就職時，需取得高等教育資格課程（PG certificate in higher education）修習證明，或提供個人教學能力證據。此外，就任大學的教職期間，仍需不斷的參加個人能力發展的研修（staff development）認證活動（加藤かおり，2011）。

反觀我國，大學教育品質迭受批評，其中又以教學品質遭受最多質疑。究其原因，大學教師雖普遍擁有高學歷以及學科專業，但是在教學知能養成上卻相對缺乏，檢視國內碩、博士的養成過程，偏重「研究」導向的學習，忽略「教學」實務的訓練，大學教師在課程研發與教學專業革新方面的欠缺，不瞭解高等教育發展及大學生心理，以及未具備應有之基本學養，是當前大學教學品質未盡理想的主要原因。倪周華（2013）另外指出，現行大學升等方式強調送審專門著作，產生升等著作過於強調學術性研究，以及教師以研究為重、輕忽教學的弊病。

因此，未來大學教師在職前碩、博士的養成過程中，應強化「教學」的訓練，增進博士生具有教學與輔導專業能力。未來在大學教師的聘任方面，也可朝向著重大學教師須接受過教育或教學相關培訓的方向改進；在教師獲聘後，也應重視教師教學的專業成長，以確保教學品質。

三 避免教師長聘制度造成過度保障的問題

雖然長聘制度能夠保障教師之學術自由權及工作權益，但長聘制度亦有其缺失，諸如長聘制度造成過度保障，擁有長聘資格之教師，可能停止專業成長，造成專業停滯（劉興漢，1993；陳碧祥2001；廖世和，2004）。

為避免長聘造成過度保障的問題，可採試用與續聘兩階段方式加以聘任。試用期可寬列為數年，試用期間系所及學校就教師研究、教學及服務等不同面向績效加以考核。藉由兩階段聘任規定，以改善當前對於教師聘任規定導致過度保障教師之問題，並促進教師進行專業成長。

四 具有多項專長與跨文化能力人才，是未來大學教師聘任的重點

吳梅芬（2007）指出組織以新的結構方式來適應全球環境的競合，進而影響人力資源需求的改變。多能工、跨文化、跨語言與具創新知識人才成為組織爭取的人力資源，全球化人才取得是未來人力聘任的重點。另一方面，國際化發展趨勢雖然有助於高等教育機構發展，但也帶來諸如人才外流與人才競爭的風險，高等教育機構必須更積極吸引與留住優秀教師。IAU（International Association of Universities）研究調查顯示，96%受訪者認為國際化對於高等教育有益，但也有70%認為會帶來某些風險，例如：人才外流（brain drain）。因此，從政策的觀點

來看，高等教育應扮演更重要的角色，與移民、產業以及科技單位更緊密合作，建立整合的策略，吸引與留住知識工作者（Knight, 2010）。因此，未來大學教師的聘任，因應全球化發展趨勢，招募聘任來源不再侷限於國內，且具有多項專長與跨文化的人才將是聘任的重點。

五 瞭解校務基金進用教學人員聘用成效

近年來，國立大學基於增加人事聘僱彈性、因為系所課程需要、減輕教師授課的壓力，或因應系所評鑑等目的，多聘有校務基金進用教學人員（林政逸、楊思偉、楊銀興，2012）。此類教學人員因為多採一年一聘，為了未來能成為編制內教師會努力求表現，因國立大學聘用此類教學人員人數日益增加，學校應定期對其各方面表現進行考核，以瞭解其實際績效。

參考文獻

大學法（2019）。

王餘厚（1993）。人事名詞釋義。臺北市：人事叢書編輯委員會。

李美滿（2006）。公立中等學校教師聘任制度之研究（未出版之碩士論文）。國立臺灣海洋大學，基隆市。

吳三靈（2000）。教育人需要知道的事。臺北市：商鼎。

吳梅芬（2007）。人力資源管理績效指標之研究——組織典範移轉觀點（未出版之碩士論文）。朝陽科技大學，臺中縣。

性別平等工作法（2023）。

林政逸（2010）。我國公立大學策略性人力資源管理模式之建構（未出版之博士論文）。國立臺灣師範大學，臺北市。

林政逸、楊思偉、楊銀興（2012）。我國大學教師人力資源管理實施現況、問題與解決策略。高等教育，**7**(2)，37-78。

侯永琪（2005）。臺美兩國大學聘任制度發展之比較。教育研究月刊，**137**，56-79。

倪周華（2013）。推動教師多元升等制度示範學校暨全面授權自審方案。101學年度全國公私立大學校院教務主管聯席會議。取自http://amaaa.nsysu.edu.tw/ezfiles/258/1258/img/1547/200341783.pdf

教師法（2019）。

教育人員任用條例（2014）。

教育部（2019）。新聞稿：教師法修正後將提升不適任教師處理之效率與公平正義。取自file:///C:/Users/NTCU/Downloads/%E8%A8%8E%E4%B8%80%20%E6%95%99%E8%82%B2%E9%83%A8%E6%96%B0%E8%81%9E%E7%A8%BF.pdf

教育部國民及學前教育署（無日期）。教學訪問教師計畫。

陳香吟（2008）。臺灣學術近親繁殖之研究——以教育類系所為例（未出版之碩士論文）。國立暨南國際大學，南投縣。

陳宣瑜、林曉雲、鍾麗華（2009年4月25日）。文化大學徵教授，不要土博士。自由時報電子報。取自https://news.ltn.com.tw/news/society/paper/298264

陳碧祥（2001）。我國大學教師升等制度與教師專業成長及學校發展定位關係之探究。國立臺北師範學院學報，**14**，163-208。

陳德華（2008）。**臺灣高等教育面面觀**。臺北市：文景。

張家宜（1998a）。臺灣高等教育師資的聘任問題研究。**淡江人文社會學刊**，**1**，1-18。

張家宜（1998b）。臺灣高等教育教師聘任性別差別待遇之研究。**淡江人文社會學刊**，**2**，1-22。

就業服務法（2023）。

楊怡婷（2023）。一間教室三種教師——談中小學師資的隱憂。**臺灣教育評論月刊**，**12**(1)，158-163。

楊國樞（2001）。大學家族式經營嚴重，「近親繁殖」無法追求卓越！**東森新聞報ETtoday**。取自http://www.ettoday.com/2001/10/21/326-1210829.htm

趙俊祥（2018）。**專業技術人才擔任大專校院教學相關問題研析**。立法院研究成果——議題研析。取自https://www.ly.gov.tw/Pages/List.aspx?nodeid=6590

趙俊祥（2023）。**偏遠地區專聘教師相關法制問題研析**。立法院議題研析。取自https://www.ly.gov.tw/Pages/Detail.aspx?nodeid=6590&pid=233138

廖世和（2004）。**兩岸高等學校教師聘任制度之比較研究**（未出版之碩士論文）。國立政治大學，臺北市。

劉昊洲（1993）。**我國教育人事制度析論**。臺北市：龍展。

劉興漢（1993）。美國大學教授的專業組織。**美國月刊**，**8**(2)，115-123。

謝文全（1993）。**學校行政**。臺北市：五南。

謝志東（1994）。**教育法規講讀**。北京：北京大學出版社。

聯合新聞網(2023)。**偏鄉專聘教師制度未落實？教育部：仍以專任教師優先**。https://udn.com/news/story/123752/7457302

Knight, J. (2010). Internationalization and the competitiveness agenda. In Laura M. Portnoi, Val D. Rust, Sylvia S. Bagley (Eds.), *Higher education, policy, and the global competition phenomenon* (pp. 205-218). Palgrave Macmillan.

Raymond A. Noe, John R. Hollenbeck, Barry Gerhart, Patrick M. Wright (2006). *Fundamentals of human resource management*. Columbus, United States: McGraw-Hill.

Wright, P. M., Snell, S. A. (1998). Toward a unifying framework for exploring fit and flexibility in strategic human resource management. *Academy of Management Review*, *23*(4), 756-772.

加藤かおり（2011）。イギリスの大学教授職の資格制度に関する実態調査。載於羽田貴史（主編），《諸外国の大学教授職の資格制度に関する実態調査》。東北大学高等教育開発推進センター，pp. 181-182。

第九章

教師待遇

本章大綱

壹、教師待遇制度意涵

貳、教師待遇制度目的與原則

參、教師待遇制度演變與相關法規

肆、我國教師待遇問題與解決策略

伍、延攬及留住大專校院特殊優秀人才實施彈性薪資方案（彈薪方案）

陸、教育部協助大專校院延攬國際頂尖人才實施計畫（玉山計畫）

合理的待遇制度不僅可以提高人員的士氣，確保組織的正常運作與發展，更是提高組織績效的有效工具（蔡保田，1987）。張榮顯（1996）認為，教師待遇制度會直接影響教師的經濟地位、生活水準、工作士氣與服務意願，以致影響整個教育工作的品質與組織的績效。林文鑫（2000）研究發現，薪酬制度與工作滿足及工作表現有顯著相關。因此，建立完善的教師待遇制度，有其重要性與必要性。

我國《憲法》第165條規定：「國家應保障教育、科學、藝術工作者之生活，並依國民經濟之進展，隨時提高其待遇。」行政院教育改革審議委員會（1996）在教改總諮議報告書中提出，高等教育學府應依據教師績效評量結果，建立彈性薪給制度。因此，大學教師待遇制度如何在增進教學與研究績效的前提下，尊重學校自主與教師專業，賦予相當彈性，是改善大學教師待遇的重要課題。

以下分別針對教師待遇制度意涵與功能、教師待遇制度目的與原則、我國教師待遇制度演變與相關法規、我國教師待遇實施現況與問題等，進行探究。最後，針對延攬及留住大專校院特殊優秀人才實施彈性薪資方案（彈薪方案），以及教育部協助大專校院延攬國際頂尖人才實施計畫（玉山計畫）進行分析。

壹 教師待遇制度意涵

「待遇」的相關用語相當多元，因教育界較常使用「待遇」這個名詞，且我國《憲法》或《教師法》亦使用「待遇」這個用語，因此本書統一採用「待遇」此用語。

我國《教師法》第36條：「教師之待遇，另以法律定之。」廖麗玲（2003）指出我國公立各級學校教師待遇之支給，在教師待遇尚未法制化前，均依行政院訂頒的《全國軍公教員工待遇支給要點》及行政院相關令函等行政規定辦理。依前開要點規定，現行教師待遇內涵包括薪俸部分（本薪、年功薪）、加給部分（主管職務加給、專業加給、學術研究費、地域加給）、及其他給與部分（婚、喪、生育、子女教育補助）。

《教師待遇條例》於2015年發布，對「待遇」相關用詞做了詳細定義：

第2條：教師之待遇，分本薪（年功薪）、加給及獎金。

第4條：本條例用詞，定義如下：

一、本薪：指教師應領取之基本給與。

二、年功薪：指高於本薪最高薪級之給與。

三、薪級：指本薪（年功薪）所分之級次。

四、薪點：指本薪（年功薪）對照薪額之基數。

五、加給：指本薪（年功薪）以外，因所任職務種類、性質與服務地區之不同，而另加之給與。

六、薪給：指本薪（年功薪）及加給合計之給與。

七、獎金：指為獎勵教學、研究、輔導與年度服務績效以激勵教師士氣，而另發之給與。

第13條：加給分下列三種：

一、職務加給：對兼任主管職務者、導師或擔任特殊教育者加給之。

二、學術研究加給：對從事教學研究或學術研究者加給之。

三、地域加給：對服務於邊遠或特殊地區者加給之。

「教師待遇」可分為廣義和狹義兩種定義，廣義的「教師待遇」指教師於從事教學、研究與服務等工作後，所獲得之報酬，包括：精神或心理層面之內在報酬，以及金錢、物質等層面之外在報酬；狹義的「教師待遇」係指教師於從事教學、研究、服務等工作後，所獲得直接的、一般的及財務性的報酬（林淑端，2004）。教師待遇結構，如圖9-1。而教師待遇制度（teachers' compensation system），係指政府發給教師工作報酬的一套制度（侯如芳，2006）。

圖 9-1
教師待遇結構

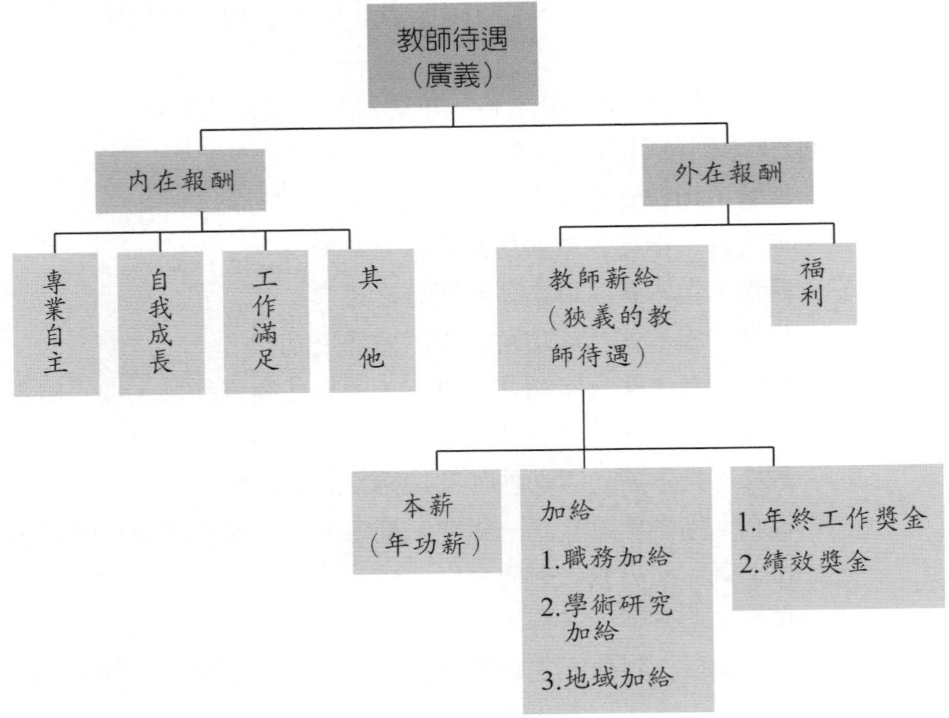

資料來源：林淑端（2004）。我國國立大學教師待遇制度改進之研究。

貳 教師待遇制度目的與原則

一 教師待遇制度目的

(一) 關於教師待遇制度的目的，有下列四項（蓋浙生，1999）：

1. **酬勞其服務**：待遇報酬一方面可以作為教師生活的費用，另一方面更可以鼓勵其工作情緒及服務精神。待遇制度健全與否，影響行政效率甚大。

2. **安定其生活**：基本的生活問題會影響到教師的工作情緒以及服務精神，為使教師全力教學，自需對教師與其家屬予以適當的照顧。
3. **滿足其需求**：除了基本生活的維持外，必須給予教師滿意的薪資，讓教師各層面的需求可以得到適當的滿足。
4. **維護其地位**：待遇的高低能顯示職位的高低與權責的大小，必須給予能力、經驗、責任高的教師相對較高的報酬。

(二) 吳三靈（2000）認為教師待遇制度之設計，基本原則應反應：

1. **維持基本生活需要**：教師待遇制度設計的首要原則，即在提供教師足以維持基本生活所需的資源，使其無後顧之憂而安於其位。
2. **彰顯其社會地位**：待遇之高低可以彰顯其在群體中的地位。在一個組織中，地位高者所需工作知能及學識經驗較多，其待遇亦應較高，可肯定其地位，應給予較高的報償；另一方面，亦可藉此激勵地位較低者力爭上游努力工作，以獲得較高待遇，提升其社會地位。
3. **有效激勵士氣**：待遇制度之設計，一方面要鼓勵久任，所以年資與經驗之累積，須在待遇制度做適切反應；另一方面，為提升工作績效，獎賞貢獻，對於績效與待遇應謀求適度的結合，以誘導創造更高績效，達成有效激勵士氣之功能。

綜合上述兩位學者的看法，教師待遇制度的目的，基本上是維持教師基本生活需要，除此之外，亦有彰顯其社會地位與有效激勵士氣的目的。

二 教師待遇制度原則

(一) 關於教師待遇制度的原則，蓋浙生（1999）認為大學教師待遇決定因素，包括：不同職級、不同科系、市場供需、團體交涉及其他因素（如性別與種族問題）。他指出教師待遇應該符合：

1. **採取「同訓同工」原則**：教師待遇在俸給制度方面，除應具有

《公務人員俸給法》的基本精神外，尚須兼具「教育專業人員」之特色。目前教師俸給分為「本俸」、「年功俸」及「加給」三種，其中，除「加給」屬政策性俸給，由行政機關依學校及教師級別訂定「給與」之外，其他「本俸」與「年功俸」應採取同訓同工混合制，即以同訓同酬（起敘標準按教師專業訓練程度或學歷高低）為敘俸起點，以同工同酬（以職稱定薪級範圍）為晉敘終點。

2. **顯現績效獎賞原則**：待遇支給應顧及教師工作績效，工作優異者應給予較高待遇以資鼓勵，並藉以誘導其他教師努力教學及研究，提升教師素質。
3. **符合經濟均衡原則**：教師待遇應與民營企業機構保持均衡，若與民間企業相去甚遠，就難以羅致優秀人才從事教職；但如標準過高，民間企業援引比照，會增加其用人成本，影響對外競爭力及整體經濟發展，因此應符合均衡原則，才能各取所材。

(二) 施能傑（1999）指出不論是政府公部門或是民間部門，其人員薪俸政策的設計都應該著重三個基本概念：

1. 內在衡平性：薪俸要能夠同工同酬。
2. 外在衡平性：薪俸水準要能在勞動力市場上具有競爭力。
3. 個人衡平性：薪俸要能反應工作績效。

(三) 陳麗珠（1992）歸納各家的說法，提出教師薪給的七項原則：

1. 教師薪資應與同等學歷而從事其他行業者的薪資相同。
2. 教師薪資應隨社會經濟情況而調整，例如：物價波動時應隨時調整，以維持教師基本生活需求。
3. 教師薪資制度不宜僵化，應該能因地與因時制宜。
4. 為了配合市場機能，稀有類科教師的薪資應較一般類科教師的薪資高。
5. 教師若有特殊表現，應該可以獲得較高的薪資。
6. 合併考慮教師年資與職前訓練（學歷），也就是以學歷為基礎，按年資晉級，晉級幅度宜逐年增加，並配合效率標竿，以提高教師效率。

7. 教師晉級過程中應有數個「停級」，俟取得某種訓練資格，方可再行晉升。

綜合上述學者的看法，教師待遇制度的原則基本上要符合同工同酬的原則，但是也必須能反應工作績效，對於表現優異者應給予較高待遇，能夠適度突顯其報酬，以激勵士氣，提升學術研究，提升教學品質。在對外方面，必須符合經濟均衡原則，教師待遇應與民營企業機構保持均衡，才能吸引優秀人才從事教職，同時，教師薪資制度不宜僵化，應該保持彈性，能因地與因時制宜，也能隨社會經濟情況與物價波動加以調整，最後，教師待遇制度應配合市場機能，稀有類科教師的薪資應較一般類科教師的薪資高。

參　教師待遇制度演變與相關法規

教師待遇制度深受公務人員人事制度的影響，因此，從1940年教育部發布「大學及獨立學院教員聘任待遇暫行規程」、1985年《教育人員任用條例》公布施行、2003年《大學法》修正公布、1995年《教師法》公布施行及《教師待遇條例》研擬完成等法律的變動，可以瞭解教師待遇制度的演進過程（周琬婷，2003；林淑端，2004）。因「大學及獨立學院教師聘任待遇規程」已廢除，以下針對《教育人員任用條例》、《大學法》、《教師法》，以及《教師待遇條例》中重要法規進行分析。

一　《教育人員任用條例》

1985年《教育人員任用條例》公布施行，明定教師之分級、任用程序、任用限制及聘期等。1989年教育部與銓敘部依《教育人員任用條例》第40條之規定，會銜發布「公立大學教師職務等級表」。大學教師之分級、職務等級之規定，自此已法制化並有法律之授權規定。但大學教師之敘薪、起敘、晉級、其他職前年資採敘，則仍依「大學及獨立學院教師聘任待遇規程」（1997年廢止）、《大學及專科學校教師年功加俸辦法》（1947年發布，2016年廢止）、「大專校院講師以上教師採計曾任國內外私人機構年資提敘薪級原則」（1992年發布，2017年廢止），或參照《公務人員俸給法》等相關規定，依公教一致原則以函釋方式辦理。此外，大學教師待遇內涵（本薪、學術研究費、主管職務加給、地域加給、工作獎金）、支給標準、待遇調整等，均未法制化，係依行政院頒布之《全國軍公教員工待遇支給要點》規定辦理（周琬婷，2003）。

二 《大學法》

1994年《大學法》修正頒布，教師之分級修改為教授、副教授、助理教授、講師，增置「助理教授」一級，助教不再列為教師範疇。1994年修正之《大學法》強調學術自由與大學自主，基於大學自主之理念，教育部同時廢止「大學及獨立學院教師聘任待遇規程」。

1997年《教育人員任用條例》修正公布，配合《大學法》修正將大學教師之級別分為教授、副教授、助理教授、講師四級，同年發布「公立學校教師暨助教職務等級表」，教授本薪475-680元、年功薪至770元，副教授本薪390-600元、年功薪至710元，講師本薪245-450元、年功薪至625元，助教本薪200-330元、年功薪至450元，教授、講師、助教之薪級不變，副教授因增列助理教授一級，本薪與年功薪均調高（周琬婷，2003）。

三 《教師法》

1995年《教師法》公布施行，我國教師人事制度確立公教分途的管理方向。舊《教師法》第16條第2款規定，教師享有待遇、福利、退休、資遣、保險等權益保障。其中有關待遇之規定，第19條第1項規定：「教師之待遇分為本薪（年功薪）、加給及獎金三種。」同條第2項規定：「高級中等以下學校教師之本薪以學經歷及年資敘定薪級；專科以上學校教師之本薪以級別、學經歷及年資敘定薪級。」第3項規定：「加給分為職務加給、學術研究加給及地域加給三種。」（這些條文後因《教師待遇條例》訂定，已移至該條例。）

第36條規定：「教師之待遇，另以法律定之。」自此公立學校教師待遇制度有了法制化依據，教育部據此擬訂《教師待遇條例》。

四 教師待遇條例

依據《教師法》第36條之規定：「教師之待遇，另以法律定之。」教育部為使各級公私立學校教師之待遇法制化，並配合《行政程序法》施行，擬具「教師待遇條例草案」，1999年送請行政院通過，以及送請立法院審議。此一條例，除了提高了教師考核辦法的法律位階外，可說是對於教師薪俸、加給及績效獎金作一制度化之規範，期望能在教師工作薪津之外，對於表現優良符合獎勵規定之教師，有更具體之激勵方式（洪世玲，2004）。

《教師待遇條例》第2條規定：「教師之待遇，分本薪（年功薪）、加給及獎金。」第7條第1項規定：「教師之薪級，依附表一規定。」第13條規定：「加給分為下列三種：（一）職務加給：對兼任主管職務者、導師或擔任特殊教育者加給之。（二）學術研究加給：對從事教學研究或學術研究者加給之。（三）地域加給：對服務於邊遠或特殊地區者加給之。」第18條規定：「公立學校教師之獎金，政府得視財政狀況發給；其發給之對象、類別、條件及程序等有關事項之辦法，除其他法律另有規定外，由教育部會商其他相關機關後擬訂，報行政院核定。」

2015年公布之《教師待遇條例》，重點說明如下（教育部人事處，2015）：

(一) 明定適用、準用對象及教師待遇項目，將教師待遇項目，分為本薪（年功薪）、加給及獎金三種，針對教師本薪（年功薪）之起敘、提敘、改敘及年資晉級予以原則性規範。另外，規範教師加給之種類及福利措施與津貼規定。

(二) 為保障私立學校教師權益，明定私立學校教師加給之規範，應納入教師聘約；私立學校在未與教師協議前，不得變更支給數額。教師加入工會者，得授權由工會代表協議；另對於違反本條例規定之私立學校經限期改善，屆期未改善者，得按次處以罰鍰，並同時得依《私立學校法》相關規定辦理，私立學校未依聘約支給教師薪給時，其所屬學校財團法人全體董事應就未支給部分與學校負連帶責任。

《教師待遇條例》強化公私立學校教師待遇權益之保障，使教師無後顧之憂，安心教學工作以提升教育品質。

綜上，自1940年發布「大學及獨立學院教員聘任待遇暫行規程」；1985年《教育人員任用條例》公布施行，使公教分途理念落實；1994年《大學法》修正公布；1995年《教師法》公布施行，「公教分途」原則進一步確立；直至2015年《教師待遇條例》發布施行，藉由這些法規的變動，可以瞭解學校教師待遇制度的演進過程。

肆 我國教師待遇問題與解決策略

我國教師待遇在實施上，雖然法規不斷因應時代變遷進行修正，但是仍存在一些問題，學者提出諸多建言。以下以大學教師為例，先說明這些問題，再提出解決策略，並針對績效獎金制度提出分析。

一 我國教師待遇問題

我國大學教師待遇制度主要有兩項問題：第一是大學教師職業聲望

與司法人員、民意代表及醫師、律師、會計師等專業人員相當，甚至更高，但大學教師待遇無法反應其高社經地位，也難與上述人員相比。第二是學術誘因不足。我國大學教師學術研究費僅按職級訂定不同標準，未能按其學術地位而定薪資標準，且我國大學教師同一職級中，資深者與資淺者均支領同樣的學術研究費，完全不具誘因。

(一) 蓋浙生（1999）認為大專校院教師待遇制度有以下問題：

1. **社經地位與待遇合理性**：大學教師職業聲望高於司法人員、民意代表及其他專業人員（醫師、律師、會計師等），但其待遇卻難與上述人員相稱，亦不能與其社經地位並論，因此，應思考如何使大學教師待遇具有合理性。
2. **學術誘因是否已足夠**：我國大學教師學術研究費僅按職級訂定不同標準，未若美國大學教師按其學術地位定薪資標準而有差別，且我國大學教師同一職級中，資淺者與資深者均支領同樣的學術研究費，誘因不足，降低競爭力。
3. **應否發給「績效獎金」**：現行制度以大學教師無考績評量為由，不發給考績獎金，實損害大學教師權益甚鉅。依據「大學及獨立學院教師聘任待遇規程」之規定，大學教師之薪給，採「自評式」之「自動晉級制」、「其任教著有績效者，由學校酌予晉級」，已具有考評之實質意義。

(二) 張榮顯（1996）認為目前我國教師待遇制度配合新人事制度之職務列等表訂定，但仍採用傳統的「品位分類」（簡、薦、委任制），薪資高低是依照資格高低而定，與工作之繁簡和責任輕重較無關係，且個人薪資高低主要是依據年資，未有客觀標準，難免會造成權利與義務之不公平。

(三) 廖麗玲（2003）指出由於我國國立大學校院教師之現行待遇，主要是依據年資（本薪、年功薪）、職務等級（學術研究費）、兼職（主管職務加給、導師費）、服務地區（地域加給）、特定事實（婚、喪、生育、子女就學）及軍公教一致原則（年終工作獎金）等因素核發，既缺乏彈性，也未將績效因素考量其中，難以有效激勵教師士氣及工作效率。社會各界也批評現行大學教師齊頭式的平等薪資制度，無法延攬吸引國際一流人才，阻礙大學發展特色與提高競爭力，以及無法回應市場競爭需求等。

(四) 朱靜玉（2004）指出高等教育改革的主要目標在追求卓越發展，因此應該重視教育專業發展與學校自主，大學教師待遇制度應如何強調績效與彈性，維持其公平性，將是必須慎重思考的方向。

(五) 林淑端（2004）研究我國國立大學教師待遇制度，指出國立大學教師待遇制度所面臨的主要問題：

1. **教師待遇內涵薪級結構未能突破公務人員俸給制度的框架**：長期以來，政府因受主客觀環境的限制，對於軍公教人員的待遇、福利或權益事項，未能依其特性加以規劃，有時更因考量資源分配的平衡性，而將其視作一視同仁的對待，從每次待遇調整，行政院統一發布《全國軍公教員工待遇支給要點》，由全國軍公教人員一體遵循可見一斑。
2. **學術研究費未充分發揮學術性誘因的功能**：大學教師不論資深或資淺、學術地位高低、學術研究成果有無，同等級教師均支領同樣的學術研究費，以致學術性誘因不足，降低大學競爭力。
3. **績效獎金機制有待檢討**：幾十年來政府一直採取公教合途之政策，敘薪以年資為重，終於演變成「平頭主義」。在此情形下，研究上表現優良者得不到應有的鼓勵，表現低劣者卻獲得同樣的待遇。長期以來，這種制度一直是大學追求卓越的主要障礙。
4. **教師待遇結構未考量市場供需因素**：我國大學教師薪級之起敘，係自所聘任等級最低級起敘，並未考量市場供需因素，市場需求高之科系教師待遇與市場需求低之科系教師待遇並無區別，對於某些供不應求的科系或新興領域的科系，吸引高水準師資的投入，則缺少了誘因。另外，和日本、韓國、新加坡、香港等地相比較，在考量到物價指數與生活水準，這些國家大學教師待遇均高於我國。我國大學教師待遇甚至不若同等級的司法人員，造成經濟景氣繁榮時，大學優秀教師流向其他產業。

二 我國教師待遇問題解決策略

(一) 教師與公務人員待遇制度宜個別考量與設計

關於「教師待遇內涵薪級結構未能突破公務人員俸給制度的框架」之問題，造成此現象的原因，在於長期以來，我國將公立學校教師視為廣義的公務員，對人事管理及待遇福利事項均一視同仁，被批評為僵化且不重視教育專業。所謂「公教分途」，就是希望政府對於公務人員與教師，這兩種屬性不同、養成不同、進用及保障均不同的人員，在設計人事管理及待遇制度時，不要單純以公平為理由，強求同等對待，而應充分考量個別特性及需求，以達成不同的目標（吳三靈，2000）。

朱靜玉（2004）指出在我國現制下，有關教師待遇制度的研擬和設計，仍然援引比照公務人員的架構，但是大學教師的薪資與公務人員的薪資水準站在所受教育的付出基準點來看，存在相當不合理性。吳三靈（1996）也認為教師與公務人員屬性不同，故其等級結構及待遇設計宜分途管理而不宜強求一致。另外，在基本待遇方面，不宜因任教於公私立學校而有不同，為考量公私立學校財源不同，除基本待遇外，其他獎金等附加給與，則允許私校得視其財源之豐吝做適度的彈性規定。

(二) 學術研究費宜有彈性規劃，以發揮學術性誘因的功能

關於「學術研究費未充分發揮學術性誘因的功能」之問題，未來可考慮將各級別教師學術研究費由現行的一級制作彈性調整，由學校視教師個人教學績效及學術研究成果，依評定等級發給，以發揮學術性誘因之功能。

(三) 大學教師待遇制度宜有績效獎金，或與教師績效連結之待遇制度

關於「績效獎金機制有待檢討」之問題，事實上，績效與待遇的連結，在私部門早已廣為應用，例如：利潤分享及目標獎金等。除去過去

依年資給薪的傳統方式，取而代之的是考量員工個人或組織整體的表現來計酬，亦即把績效當作給薪的基準，而酬勞是代表個人的工作貢獻而非職銜的產物（李青芬等譯，2002）。

另一方面，黃家凱、林侑毅、陳慶智（2022）研究新加坡與韓國大學教師待遇，認為這兩個國家提供大學教師彈性且具競爭力之薪資待遇，有助於大學留才與攬才。他們的研究認為，我國依據《公立學校教職員敘薪辦法》，國立學校教職員薪額分為36級，並依薪級進行核敘，相較新加坡及韓國大學教師薪資待遇而言，缺乏彈性。以新加坡而言，新加坡大學並無制式的教師薪資待遇，採績效給薪制，按照每位教師的能力與經歷，由受聘者與校方進行協商，故同一職位之教師其薪資可能會有所差異，績效導向的薪資制度讓大學教師為獲取更高的薪資待遇而努力。韓國大學雖然採固定薪資制度，但透過非固定薪資方面的競爭力，亦能有效延攬優秀人才。因此，該研究建議我國應給予更多彈性，適度放寬大學薪資待遇規範，以績效表現獲取相應之薪資待遇，方有助於大學吸引一流人才，進一步提升我國大學國際競爭力。

(四) 大學教師待遇制度宜考量市場供需因素

今後我國大學教師待遇結構，必須符合經濟均衡原則，並且考量市場供需因素，教師待遇應與民營企業機構保持均衡，才能吸引優秀人才從事教職。

歸納上述學者的觀點，我國現行大學教師待遇制度主要問題在於缺乏「彈性」與「績效」機制。在「彈性」方面，高美蘭（2016）指出具彈性的薪資制度，有利於鼓勵員工，達成留才的成效。但我國教師個人薪資高低主要是依據年資，齊頭式的平等薪資制度不僅缺乏彈性，更無法延攬吸引國際一流人才。在「績效」方面，我國大學教師績效與待遇無法有效連結，學術研究費未充分發揮學術性誘因，且研究上表現優良者得不到應有的鼓勵，表現不佳者卻獲得同樣的待遇。

除了前述之外，新近有一項對於大學教授「研究績效」有激勵的措施，也就是調高大學教授國科會專題計畫的主持費。自2001年起，我國研究計畫的平均經費呈現成長趨勢，且科學研究之特質不論蒐集文獻資料量或團隊合作人數，皆亦逐年成長。對主持人而言，要投入的心血與精力比過往更多。科技部（現更名為國科會）一般專題研究計畫之研究主持費為每月1萬元，自2001年起即未調整。為鼓勵更多優秀科研人才投入研究，除了基本薪資外，亦須構築優質的學術環境及提供足夠的相應資源。自2018年1月起，提高一般專題研究計畫主持費至每月15,000元（科技部，2017）。

三 教師績效獎金制度

在績效獎金制度方面，在國外，教師待遇制度的改革朝向強調績效的方向進行。美國教育行政體制強調地方分權與學校自主；美國公立大學屬於各州，教師待遇制度呈現多元化情況，不僅各州公立大學不同，州內學校間教師待遇不同，同一學校不同校區間待遇亦不同。美國大學教師待遇重視功績精神，強調彈性、教師專業領域，其決定過程有民主參與方式。這些美國現代大學教師待遇制度的發展趨勢，值得我國作為研究改進國立大學教師待遇制度之參考（林淑端，2004）。

洪榮良（2004）研究我國與英格蘭公立中小學教師待遇制度，認為兩國最大差異在於彈性度，英格蘭公立中小學教師與國家間的關係，長期為受雇者與雇用者，近年來英格蘭政府藉由提升教師專業發展與績效管理的政策，發展出給予不同表現的教師不同的薪資，降低年資在教師待遇的影響力，提升教師教學表現的重要性，強調好的教師應給予好的待遇，其教師待遇制度重視個別差異的調整。

我國大學教師待遇制度如要實施績效獎金制度，必須遵循一些原則以及避免後遺症：

(一) 制度的建立必須由教師充分參與訂定（王國明、顧志遠，1994），黃雅容（2003）認為實施績效獎金成功的學校，都有一個共同特點，就是教師積極參與計畫的擬訂。

(二) 黃雅容（2003）認為大學教師績效獎金實施前，有下列六個需要思考的問題，應與教師進行廣泛的溝通：獎金的類別要單一或多類？受獎教師占全體教師的比例要偏高或偏低？績效獎金的等級單一化或多元化？績效評鑑要用效標參照模式或是常模參照模式？績效獎金要強制實施於所有教師或是採自願申請方式？績效獎金的審核結果是否公開或是保密？

(三) 在績效評鑑制度、程序與指標方面，廖麗玲（2004）研究我國國立大學規劃實施教師績效獎金，問卷調查結果發現多數教師同意全校教師適用相同的教學及服務績效指標，但不同意全校教師適用相同的研究績效指標。多數教師認為實施績效獎金的相關配套措施，以明確的評量指標及適當的評量程序最為重要。洪世玲（2004）研究則發現實施教師績效獎金最需要規範的事項，包括：評量指標及評量標準、評量的程序、評量人員的組成及其專業性。

(四) 實施教師績效獎金可能遭遇到某些困難，例如：教師績效評量不易、評量機制的公正性與客觀性、經費支應會有困難等。至於實施績效獎金制度後則多數人擔心將衍生教師爭功諉過，產生校園不良氛圍，且不贊成將績效獎金之審核權交付給教評會（洪世玲，2004）。

綜上所述，目前我國大學教師待遇制度，主要具有以下問題：1.對大學教師過度保障，浪費有限的教育資源；2.齊頭式的平等薪資制度，缺乏彈性，無法延攬吸引國際一流人才；3.缺乏激勵機制；不同科系教師支領相同待遇，阻礙大學發展特色與提高競爭力，無法回應市場競爭需求。現行大學教師待遇制度強調公平性及依年資自動晉級，教學或研究上表現優異之教師得不到應有的鼓勵，無法真正發揮教師待遇制度彰顯教師之學術地位、維持生活水準、提振工作士氣的目的，亦無法真正提升個人與學校績效。因此，今後宜朝強調彈性以及具績效獎勵誘因的待遇制度方向改進，方能真正激發大學教師在教學、研究與服務上的績效，並帶動大學追求卓越發展。

㈤ 延攬及留住大專校院特殊優秀人才實施彈性薪資方案（彈薪方案）

一 彈薪方案實施背景與內容

國家和產業發展的重要基礎是人才，臺灣面臨國內優秀人才流失和國際人才間的競逐等情況，為加強延攬及留用國際產業優秀人才，以提高國家在全球的競爭力，達到實現「讓人才走進來、讓人才留下來」的目標，以強化臺灣人才資本，提高國家在產業界競爭力，增進國家經濟的永續發展（行政院，2016）。臺灣在長期低薪的環境中，對我國人才的競爭力產生重大的影響，對於招募人才、留住人才皆造成負面影響。在高通膨及高房價的因素，缺工、缺料的情況下，優秀人才被其他國家釋出高薪的誘因挖角，造成惡性循環（郭重附，2018）。

報載鄰近國家高薪挖角我國大學教授，造成人才嚴重外流，被政府視為「國安危機」。這項危機突顯長期以來，我國大學教授待遇與鄰近國家地區相較偏低，只有香港與新加坡的三分之一至四分之一，甚至還不如中國部分高等教育學校。因此，香港、新加坡以及中國祭出高薪與相關福利向我國挖角不少教授。值此國際人才競爭日漸白熱化階段，必須深思我國大學教授薪資待遇是否合理，以及是否能反應教師績效之問題。

我國大學教師薪資與各國相比普遍偏低（張靜文，2016），黃曙東（2012）以美、日、德、英等九國大學教師薪資，依該國2005至2006年資料，以世界銀行公告當地貨幣換算的購買力平價（PPP），比較九個國家大學教師的每月薪資水平高低，發現九個國家大學教師平均入門起薪（以助理教授或講師的薪資計算），加拿大的大學教師最高，其次，依序為美國、新加坡、澳洲、德國、英國、臺灣、日本、中國。我國大學初任教師薪資排第7名，約為加拿大大學教師薪資的60.72%、新加坡的73.12%。若比較各國大學正教授平均最高薪資，可發現我國大學教授僅高於中國，落後新加坡、加拿大、美國、澳洲、英國、德國、日本等甚遠，甚至僅新加坡正教授的29.22%。

除了大學教師薪資與各國相比普遍偏低之外，另外，教師薪資與教師績效並無連結，對提升教師效能毫無實質激勵（張火燦、許宏明，2008；楊朝祥，2007），造成我國公立大學無法延攬頂尖人才與優秀教師流出。而歐、美、日、中國、香港、新加坡等國家大學不斷以高薪挖角我國大學教授，引發社會輿論關切（林瑩秋，2010）。

面對我國大學教師被其他國家挖角，轉往薪資較為豐厚的歐美、港澳或是中國任教，長此以往，我國高等教育不僅無法廣納國際人才，反而出現高等教育教師人才流出的現象。

面對全球的人才挖角戰，行政院舉辦「全國人才培育會議」，研議如何留住優秀人才。教育部2010年宣布「延攬及留住大專校院特殊優秀人才實施彈性薪資方案」（簡稱彈薪方案），希望藉由實施大學教研人員及經營管理人才之彈性薪資，配合教師評鑑以打破現有採資歷為主的固定給薪制度，產生高教人員實質薪資的差異化，達到提高優秀教師人才薪資水準之誘因，避免人才流失的現象持續惡化。

彈薪方案係透過發給法定加給以外之給與，以不牽動現行月支本薪（年功薪）及學術研究加給等基本薪資結構改變之方式辦理。而高教深耕計畫實施後，教育部2018年訂定「教育部補助大專校院實施特殊優秀人才彈性薪資作業要點」作為補助依據；學校得運用該計畫經費自訂彈性薪資支給規定。

二 對彈薪方案的評論

雖然行政院與教育部提出彈薪方案，但是仍舊沒有完全解決大學教師的待遇問題，例如：齊頭式的平等薪資制度，缺乏彈性，無法延攬吸引國際一流人才；不同科系教師支領相同待遇，阻礙大學發展特色與提高競爭力，亦無法回應市場競爭需求。現行大學教師待遇制度強調公平性及依年資自動晉級，教學或研究上表現優異教師得不到應有的鼓勵，無法真正發揮教師待遇制度彰顯教師之學術地位、提振工作士氣的目的，亦無法真正提升個人與學校績效。

彈薪方案目的在攬才與留才，但此方案實施被批評為實質上幾乎沒有發揮「攬才」的效果。審計部（2012）審核報告指出，在「留才」方面，彈薪方案補助對象偏重現職人員，比率高達九成以上，未積極延攬優秀國內新進教研人員及國外知名教師，對國際人才之延攬較少，不利學校整體教師質量擴充。其次，接受補助為現職教授者達五成以上，雖係因資深學者較具豐富研究績效或成果，然而，資深與青年優秀教師人才兩者比率宜適切拿捏，以免人才流失並兼及經驗傳承之成效。歐婉如（2020）針對彈性薪資方案，也認為對留任人才雖具成效，惟青壯年學者所獲彈薪資源仍待提升，近年新聘之國際人才人數亦趨減少。

張靜文（2016）研究指出彈性薪資可能遭遇的問題，包括：

(一) 彈性薪資經費來源不穩定。
(二) 教師績效評估制度不健全。
(三) 彈性薪資發放方式未統一法制化。
(四) 優秀人才遴選機制不彰。
(五) 政府補助不公平等。

張靜文（2016）認為彈性薪資的運用，雖可提高我國大學教師實質所得，然而，薪資結構仍無法做到公教分流，且彈性薪資的財源部分來自大學校務基金，加上彈性薪資並未明文規定在《教師法》中，而是由各大學自主決定等問題，使得彈性薪資的實施可能產生過度倚賴教師評鑑制度，或是發生政策朝令夕改的現象。

張靜文（2016）針對我國彈性薪資，提出以下建議：

(一) 利用變動薪資結構達成彈性薪資的目的，以避免彈性薪資對其他教師產生實質減薪效應，引起組織不和諧的風險。
(二) 通過《教師待遇條例》，以使公教分途，讓各大學自主獨立制定教師薪級，就教研人員的專業表現給予不同待遇之差異化，獲得合理對應報酬。
(三) 在彈性薪資發放對象方面，應由校方建立統一遴選機制，就各專業領域之績優表現進行獨立審查，不再以學術著作掛帥。而為求公正客觀，成立專家遴選小組進行資格審閱，審閱後逕送該領域專家進行外審，以作為公正客觀認定彈性薪資發放資格之標準。

(四) 在發放金額的部分，由政府成立專款專用基金，公平給予各大專校院彈性薪資獎勵額度進行申請，並建立統一發放標準，避免大學間補助不公平的情事發生。

有關彈性薪資方案的未來發展，審計部（2012）提出宜積極運用彈性薪資作為誘因，吸引優秀教師任教；其次，因各校仍有挖角情勢，教育部規定學校執行計畫應有具體自國外延攬人才之策略與措施，避免自國內其他學校挖角或相互競爭，未來宜優先延攬國外人才，減少對其他學校教學研究發展之影響。

陸 教育部協助大專校院延攬國際頂尖人才實施計畫（玉山計畫）

一 玉山計畫實施背景與內容

關於我國大學教授待遇相較於其他國家偏低之問題，教育部為協助大專校院延攬國際頂尖人才，藉由提供符合國際競爭之薪資待遇，吸引國際人才來臺任教，2018年訂定「教育部協助大專校院延攬國際頂尖人才實施計畫」（簡稱為玉山計畫）。獲聘為玉山學者，補助非法定薪資每年至多新臺幣500萬元，一次核定3年；獲聘為玉山青年學者，每年補助非法定薪資至多150萬元，一次核定5年。另外，兩者皆提供每年至多150萬元之學術交流暨工作費（兩者年數不同）。

另外，玉山學者以3年為一期，玉山青年學者則以5年為一期，期滿仍得申請續聘。而未通過續聘申請者，學校可運用高教深耕彈性薪資經費繼續聘任。

二 對玉山計畫的評論

關於玉山計畫，學者提出相關建言。在「玉山學者」計畫成效方面，2018年至2022年5年間共協助國內大學延攬78名國際優秀人才（分別聘到17、13、15、13及20名玉山學者），但其中約六成是採每年服務至少3個月的「短期交流」方式，審計部報告認為此將不利我國學術能量長期累積，應延長為一學期或半年；學者認為，大學若只想讓玉山學者來提升國際排名，那效果僅會「曇花一現」，對提升我國學術水準的貢獻有限（林志成，2022）。歐婉如（2020）認為玉山（青年）學者招攬情形未如預期，宜持續檢討對外攬才環境，並適時公布研究成果，俾促進我國學術發展。

教育部回應，關於玉山學者目前多以短期交流形式聘任，究其原因，在於此類國際資深頂尖學者，早已於國外一流大學或學術研究機構擔任教職或研究職務，不易挖角，因此，先以短期形式邀請來臺研究交流，待雙方有一定的交流與研究成果，日後可進行更為長遠的合作。

不論是玉山計畫或是彈薪計畫，學者認為都是著眼於花費大筆經費，且僅強調研究的產出，成效將相當有限，反倒是衍生不少學術的弊端。黃厚銘（2017）認為，在教學與服務成效難以客觀評量和立即見效的情形下，不論是之前的「頂尖大學計畫」或是「玉山計畫」，都只著眼於研究產出。玉山計畫僅是強調個人競爭，但現行各項教育部彈性薪資方案或科技部的研究獎勵，早已超過玉山計畫的500萬年薪，如果這類個人主義的獎勵措施有助於臺灣的高教排名或教學品質，為何十餘年來未見成效？反倒是加劇掛名造假的問題，學術菁英不擇手段追求個人地位與利益，缺乏社會責任與視野。周平（2017）也指出「玉山計畫」透過偽市場化競爭機制的建立，預設個別學者在酬賞制度的利誘下，以功效（utility）作為知識生產的動機，進行以論文衡量換取最大化利益的學術活動，助長了臺灣高教體系朝向績效主義和新自由主義嚴重傾斜的弊端。

薪資待遇對於組織攬才、留才，甚至激勵員工，具有關鍵的影響力（Lawler, 2000）。一個國家所提供的教師待遇水準會影響其他國家的學術界，因為求職者會希望流動到薪酬和工作條件最好的地方（Altbach et al., 2012）。在高等教育環境競爭相當激烈的環境，各國無不推出各種政策，意欲提高大學排名或提升教育品質，提高大學教師薪資或學術研究獎金是各國大學最常使用的政策。但為解決這些問題，未來我國大學教師薪資待遇應至少符合兩項原則：「內部一致性」與「外部競爭性」。一則改善同酬不同工的不公平現象，獎勵有貢獻的績優教師。另外，面對其他大學或業界的人才挖角戰，方能以較高的待遇留住優秀人才。換言之，大學教師待遇制度的原則基本上要能反應工作績效，對於表現優異者應給予較高待遇，能夠適度突顯其報酬，以激勵士氣，提升學術研究與教學品質。在對外方面，必須符合經濟均衡原則，教師待遇應與民營企業保持均衡，才能吸引優秀人才從事教職。同時，教師薪資制度不宜僵化，應該保持彈性，能因地與因時制宜，也能隨社會經濟情況與物價波動加以調整。最後，教師待遇制度應配合市場機能，稀有類科教師的薪資應較一般類科教師的薪資高。

臺灣地狹人稠，天然資源有限，唯一可靠的資源就是「人才」，唯有掌握高階人才，才能發展國力。展望未來，今後大學教師薪資待遇宜強調彈性，朝具績效獎勵誘因的待遇制度方向改進，以真正激發大學教師在教學、研究與服務上的績效，並帶動大學追求卓越發展，謀求國家競爭力的提升。另一方面，我國官方在強調短期速效的思維之下，想到的最快方式即是砸大錢，希望在最短時間內能挖角國外大學教授人才，或短期內衝高論文篇數。這樣的思維模式，造就過去的5年500億政策，一直到現在的彈薪方案或玉山計畫。然而，吾人必須深思，過去那麼多年的時間過去了，花費大筆經費，但大學的教學品質變好了嗎？學用落差是否消弭？我國大學的世界排名是否提升？如果政策持續偏頗的引導大學一窩蜂往「重研究」、「拚速效」及「搶經費」的方向發展，而沒有從根本去省思現行大學面臨的內外在艱困環境，以及僵化的行政體制與法規束縛，給予大學必要的鬆綁與辦學空間，推出的各種教育政策將只會讓大學更加功利化，缺乏視野與高度。

參考文獻

王國明、顧志遠（1994）。績效獎勵制度建立之理論與實務。研考會雙月刊，**183**，32-41。

朱靜玉（2004）。公立大學教師待遇暨退休金之合理性——以教育投入觀點分析（未出版之碩士論文）。國立成功大學，臺南市。

行政院（2016）。重要政策——強化留才攬才 提升國家競爭力。取自https://www.ey.gov.tw/Page/5A8A0CB5B41DA11E/4a875db6-d607-41fd-b2a5-c7d4ae3d76e3

吳三靈（1996）。建構教師待遇制度之芻議。人事月刊，**23**(1)，14-24。

吳三靈（2000）。教育人員任用條例之修正與展望。人事月刊，**30**(4)，9-27。

李青芬、李雅婷、趙慕芬編譯（2002）。組織行為學（第9版）（*Organizational behavior*）（Stephen P. Robbins著）。臺北市：華泰文化。

周琬婷（2003）。我國大學教師待遇制度之探討——以中山大學為例（未出版之碩士論文）。國立中山大學，高雄市。

周平（2017）。玉山計畫的隱藏性矛盾。取自https://twstreetcorner.org/2017/11/07/chouping-2/

林文鑫（2000）。薪酬制度、組織氣候對工作滿足與工作表現之影響研究（未出版之碩士論文）。大葉大學，彰化縣。

林志成（2022）。玉山學者來去匆匆，效果恐曇花一現。審計部憂不利學術能量長期累積。中國時報。取自https://www.chinatimes.com/newspapers/20221122000345-260118?chdtv

林淑端（2004）。我國國立大學教師待遇制度改進之研究（未出版之碩士論文）。國立政治大學，臺北市。

林瑩秋（2010）。教授大出走。商業周刊，**1163**，48-62。

科技部（2017）。科技部新聞稿——調高研究主持費，提升科研創新動能。取自file:///C:/Users/NTCU/Downloads/%E5%A0%B11%20%E7%A7%91%E6%8A%80%E9%83%A8%E6%96%B0%E8%81%9E%E7%A8%BF.pdf

洪世玲（2004）。桃園縣國民小學教育人員對「教師待遇條例草案」意見之研究（未出版之碩士論文）。國立新竹師範學院，新竹市。

洪榮良（2004）。英格蘭與臺灣教師待遇調整機制之比較研究（未出版之碩士論文）。國立暨南國際大學，南投縣。

侯如芳（2006）。中英兩國中小學教師待遇制度之比較研究（未出版之碩士論文）。國立屏東教育大學，屏東縣。

施能傑（1999）。美國政府人事管理。臺北市：商鼎文化。

高美蘭（2016）。中小型室內設計公司留才策略之個案研究（未出版碩士論文）。國立臺灣師範大學，臺北市。

教育部人事處（2015）。教師待遇條例經行政院定自**104**年**12**月**27**日施行。取自https://depart.moe.edu.tw/ed4200/News_Content.aspx?n=82C0377ABB8CBDE3&sms=7947BFBC4B622A7D&s=5446417574946116

郭重附（2018）。臺灣青年勞工低薪原因探討及改善對策。國家發展委員會經濟研究，**19**，83-105。

陳麗珠（1992）。私立高級中等學校教師薪給問題。高雄師範大學學報，**3**，93-119。

黃雅容（2002）。大學教師的挑戰與發展，教育研究月刊，**104**，87-95

張火燦、許宏明（2008）。國際一流大學經營成功關鍵因素及啟示。教育資料與研究，**81**，77-94。

張榮顯（1996）。我國中小學教師待遇制度之研究（未出版之碩士論文）。嘉義大學，嘉義縣。

張靜文（2016）。淺談我國大學教師待遇與採行彈性薪資之要件。玄奘大學教學實務研究論叢，**3**，21-56。

黃厚銘（2017）。玉山計畫背後的個人主義式思考。臺灣社會研究季刊，**108**，225-232。

黃家凱、林侑毅、陳慶智（2022）。國際高等教育競爭力分析：以新加坡與韓國大學教師待遇與兼職制度爲例。教育科學研究期刊，**67**(2)，33-61。

黃曙東（2012）。臺灣公立大學教師彈性薪資制之研究。教育研究與發展期刊，**8**(1)，157-188。

楊朝祥（2007）。大專教師薪資制度與高教發展關係之探討。財團法人國家政策研究基金會國政研究報告。取自https://www.npf.org.tw/2/1592

廖麗玲（2004）。我國國立大學規劃實施教師績效獎金之研究（未出版之碩士論文）。國立臺灣師範大學，臺北市。

蓋浙生（1999）。教師待遇與教育發展。載於蓋浙生（主編），教育財政與教育發展（379-418）。臺北市：師大書苑。

審計部（2012）。中華民國**101**年度中央政府總決算審核報告。取自file:///C:/Users/

NTCU/Downloads/

歐婉如（2020）。教育部**110**年度單位預算評估報告。取自https://www.ly.gov.tw/Pages/Detail.aspx?nodeid=44183&pid=203169

蔡保田（1987）。教育行政專題研究。高雄市：復文。

Altbach, P. G., Reisberg, L., Yudkevich, M., Androushchak, G., Pacheco, I. F. (Eds.) (2012). *Paying the professoriate: A global comparison of compensation and contracts*. London: Routledge.

Lawler, E. E. (2000). *Reward excellence: Pay strategies for the new economy.* Jossey-Bass.

第十章

教師專業發展

本章大綱

壹、中小學教師專業發展

一、中小學教師專業發展實施現況與問題

二、中小學教師專業發展問題之解決策略與發展趨勢

貳、大學教師專業發展

一、大學教師專業發展意涵

二、我國大學教師專業發展現況

三、歐美大學教師專業發展演變與策略

四、大學教師專業發展面臨的問題

五、大學教師專業發展問題之解決策略

六、從美國大學教師專業發展反思我國大學教師專業發展未來方向

壹 中小學教師專業發展

一 中小學教師專業發展實施現況與問題

教師具有傳道、授業與解惑之責，但因為學術與知識發展日新月異，再加上教育政策不斷推出，教師必須定期充電、自我增能，才不會招致「用過去所學的知識，教現在的學生，面對未來的社會」之批評。

教師需要專業發展的原因有三：一為課程和知識基礎的增加與改變；二在教師自我革新的需要；三是社會對學校教育的要求（歐用生，1996）。教師專業發展不僅是知識的獲得，同時也是一種動態的學習歷程，藉以增進對教育工作環境的瞭解，而且強化教師反省的能力（Duke, 1990）。

依照《教師法》（2019版）第31條：教師享有「三、參加在職進修、研究及學術交流活動。」之權利，但第32條也明定教師負有下列義務：「五、從事與教學有關之研究、進修。」換言之，教師參加研究或進修，不僅是權利，更是義務。過去對於中小學教師訂有進修之規定，《高級中等以下學校及幼稚園教師在職進修辦法》第9條：「教師在職期間每一學年須至少進修18小時或一學分，或5年內累積90小時或五學分。」（該法已於2003年廢止），規範中小學每5年需進修研習90小時之規定，也就是每學年需研習18小時，這樣的規定對照公務人員每年應有40小時研習（後改為20小時）之規定，應該不算太過嚴格。然而，這樣的基本規定，不知為何竟然廢止了，導致有部分教師整年都沒有任何進修研習時數，不必進修研習，也不願意充實自我，與時俱進，被譏為「不進修，不退休，也不害羞！」

長期以來，中小學教師專業發展一向以研習進修為主，小學週三下午如無安排會議，更是固定此時段為教師進修時間。然而，長年下來，雖然中小學一年到頭皆有安排各種研習或進修活動，但教師專業發展有下列幾項問題（梁福鎮，2006）：

(一) 教師專業發展研究機構設置不足，教師專業發展問題的研究成果有限，所以我國教師專業發展的理論與實際仍然有許多問題。

(二) 教師專業發展缺乏專責機構，造成國內教師專業發展各自為政，彼此缺乏有效的聯繫，造成人力、物力的浪費，使得教師專業發展的成效不彰。

(三) 教師專業發展法規與制度不夠周延，讓各級學校教師在從事專業發展時無所適從，不知道應該遵守哪些法令的規定。

(四) 教師專業發展機構尚未規劃完整的課程，無法滿足教師專業發展的需要，難以落實教師專業發展的理想。

(五) 教師專業發展的網絡不夠暢通，各種教師專業發展機構的網絡林立，但是彼此間缺乏聯繫溝通，因此，無法滿足教師專業發展的需求。

(六) 教師專業發展缺乏評鑑與獎勵的措施，不具有規範督促的作用，影響教師在職進修的意願。

(七) 尚未整合各種教師專業發展的資源，造成教師專業發展機構資源的浪費，無法發揮教師專業發展機構的功能。

二 中小學教師專業發展問題之解決策略與發展趨勢

(一) 中小學教師專業發展問題之解決策略

針對上述教師專業發展問題，梁福鎮（2006）認為政府應該採取下列措施：

1. 在各大學廣設教師專業發展研究所（組），鼓勵研究生從事教師專業發展之研究。
2. 成立教師專業發展專責機構，負責教師專業發展政策制定。
3. 檢討現行法規和制度缺點，提出解決問題的辦法，以促進教師專業發展。
4. 調查學校教師需求，分析教師專業知能內涵，瞭解學校教師需要的專業知識與技能，作為規劃教師專業發展課程的依據。

5. 將各種教師專業發展網絡連貫互通起來，讓學校教師能夠根據自己的需求，選擇適合自己的專業發展模式，參加各種在職進修活動。
6. 建立教師專業發展評鑑與鼓勵的制度，讓教師經由評鑑瞭解自己不足處，進而積極的從事教師專業發展的活動。
7. 教育部可成立「教師專業發展委員會」，統籌各種教師專業發展資源，共同推動教師專業發展活動。

有關前述第（三）項「教師專業發展法規與制度不夠周延」之問題，1996年教育部曾發布《教師進修研究等專業發展辦法》，並於2020年修正《教師進修研究獎勵辦法》之舊名稱，改為新名稱《教師進修研究等專業發展辦法》。該項辦法明定教師專業發展之方式、請假、補助及獎勵等內容。不過，該辦法適用對象為「公立及已立案之私立學校編制內，按月支給待遇，並依法取得教師資格之專任教師。」並不包含代理代課教師，但準用於：「一、各級學校校長。二、具教師資格之公立幼兒園園長（主任）、公立幼兒園教師、中華民國一百年十二月三十一日以前已準用本法之私立幼兒園教師。」換言之，目前有關教師專業發展辦法僅規範於中小學編制內教師，並準用於中小學校長、幼兒園園長與教師，並不適用於代理代課教師。因現行中小學聘用代理代課教師比率甚高，針對代理代課教師也宜有適當之法律規範，同時，針對校長或園長，應針對其職務特殊性，研訂相關法規。

其次，根據前述第（四）項「教師專業發展機構尚未規劃完整的課程，無法滿足教師專業發展的需要」，已有所改善。根據「全國教師在職進修資訊網」，各縣市教育局／處會先進行中小學教師研習需求分析，再將這些高度需求的課程委請師培大學開課。綜觀近年來中小學教師具有高度需求研習的課程主要有：

1. **課程設計與教學策略**：如：資訊科技融入教學、創意教學、閱讀教學與寫作訓練……。
2. **班級經營與學生輔導**：如：班級經營、心理輔導與諮商、親職教育、青少年問題輔導策略……。

3. **教育重大議題**：如：性別平等教育、品德教育、環保教育……。

再者，教師增能研習宜系統性規劃，例如：差異化教學、多元評量、課堂即時補救教學與班級經營等，透過整合型精進教學內容，以達成有效教學。

2020年至2023年因COVID-19影響，推動數位教學或線上學習已是顯學，考量後疫情時代教育型態的變革，需善用雲端平臺與通訊軟體，運用數位學習的教育科技以培養學生自主學習力是當前教育發展趨勢。有關教師線上教學或學習平臺運用、線上學習教材研發，或指導學生運用科技媒體進行自主學習等，皆可以規劃為教師增能研習課程內容。

(二) 中小學教師專業發展趨勢

1. 實踐本位教師學習

1980年代起，教育界日益重視「實踐本位的教師學習」（practice-based teacher learning）。實踐本位的教師學習係指教師在教學現場的實踐與學習，透過不斷思考教學本身所需的實務技能，反省實踐與協同合作研究有關的教室教學實務，以提升教學實務智慧。誠如杜威（John Dewey）的名言：「做中學」（learning by doing），實踐本位的教師學習有其深遠的教育意義，與教師進修為當代教師專業發展中兩個並行不悖的主軸，可以發揮相輔相成的功效（張德銳，2015）。

我國師資職前培育向來「重理論、輕實務」，以及教師專業發展活動中「重在職進修活動，輕現場反思學習」的實務中，並沒有獲得足夠的、應有的重視。實踐本位教師學習強調教學現場中「學為良師」的歷程，教師實務知識的發展始於實際的教學經驗，而反省性教學（reflective teaching）是促進教師實際知識的關鍵。實踐本位的教師學習也強調「理論與實務交融」與「知、行、思三合一」，它可以矯正以往我國中小學教師學習偏重理論，以及教師進修的弊病（張德銳，2015）。

2. 教師專業發展日／週

學校除鼓勵教師進行課程教材教法研發與教學實務分享交流外，近來大部分中小學都安排有教師專業成長活動，例如：辦理「教師專業發展日／週」，學校在學期結束後或開學前，也就是寒、暑假期間，配合返校日或開學日，安排一日、數日或一週的時間，進行各項研習或工作坊活動，一方面可避免學期間過多的校內外研習，影響教師日常的教學活動；另一方面，透過教師專業發展日／週的進行，讓學校教師透過專家學者的演講或帶領，或是教師之間的專業分享與對話，進行教師增能。

3. 教師專業學習社群

「教師專業學習社群」是指一群志同道合的教育工作者所組成，持有共同的信念、願景或目標，為致力於促進學生獲得更佳的學習成效，努力不懈地以合作方式共同進行探究和問題解決。「教師專業學習社群」必須關注於學生學習成效的提升，不能僅止於教師專業知能的成長或個別興趣的追求而已（教育部，2009）。

「教師專業學習社群」的興起是想改變學校教師由上而下、被動聽令行事的文化，企圖將學校組織變成專業學習型組織，從學校內部形成由下而上的教育改革與進步的力量。「教師專業學習社群」的運作前提——改善學生學習成效的關鍵，在於教育工作者需持續不斷地專業成長與學習（DuFour, DuFour, Eaker, & Many, 2006）。其次，教師專業學習社群成員認同參與社群，有助於發展與同伴間的良性互動，並能培養專業態度、省思能力及終身學習的態度，實際落實專業表現（吳筱莉，2010）。

在實務運作上，可以將教師專業學習社群與現行重點教育政策結合。例如：鼓勵教師將學習診斷與學力促進、課程評鑑、跨領域教學（協同）及十二年國教新課綱相關議題等，納入教師專業學習社群發展主題內容，以提升教師有效教學能力。其次，因為十二年國教課綱規劃有「校訂課程」，需要花時間進行規劃，故可以鼓勵成立以「彈性學習課程規劃——校訂課程」為主軸之社群，透過社群的運作，同儕間的支持與合作，強化特色課程的規劃、教材的研發及課程的設計。再者，因中小學推動雙語教育政策，故可以將雙語師資培訓，或英語教學模組融入校訂課程，透過教師專業學習社群進行運作，以利雙語教育或英語精進教學策略發展之推動。總之，針對重點教育政策，例如：雙語教育、國際教育或人權教育，可指定學校或由學校主動籌組教師專業學習社群，進行研討，俾利重點教育政策能落實於中小學。

其次，教師專業學習社群宜有把關機制，並有成效檢核評估。教師專業學習社群應聚焦於學生的學習，而非教師休閒性質之社群。實務上可以見到，有些縣市在審查國中小教師專業學習社群時，審查通過率高達100%，連教師申請「太極拳與瑜伽教學」及「芳療與教學的實務運用」這樣明顯與學校教育或教學無關的社群亦獲通過，完全不符教師專業學習社群的精神與目的。

另一方面，因現行中小學師資分開培育，國小、國中與高中教師培育的過程、修習科目，甚至是實習機構皆不同，彼此對於對方階段的學生表現或是課程內容並不瞭解，造成不同學習階段上銜接之斷層。因此，未來可朝籌組中小學教師專業學習社群，讓中小學教師有交流與專業對話的機會，除可開拓視野，也可共同研討教學上的問題，並能瞭解不同階段學生學習的重點。

4. 代理代課教師增能研習

目前代理代課教師具有三種不同背景：第一種是已經具有教師證；第二種是有修習師資職前教育課程，但未具有教師證；第三種則是僅有大學畢業，不具任何教育背景。各縣市教育局（處）在暑假或開學初，會針對代理代課教師安排相關增能研習，不過，因有些代理教師已有教師證，有些則完全未修習任何師培課程，起點行為與背景完全不同，實在不宜安排在一起進行工作坊。另外，有些縣市為了安排方便，甚至將初任教師（指持有合格教師證書，首次受聘為學校編制內且服務年資3年內的正式教師。）也安排在一起研習。較合宜之作法是將初任教師與代理教師增能研習分開辦理，即使是代理代課教師，也應該依據不同背景，安排相對應之課程，如此，俾能針對不同需求之對象辦理研習。

另外，不僅需依照不同需求之對象安排研習課程，也需要安排合適之課程。筆者曾看過有縣市規劃之初任教師增能研習，安排之課程內容竟然是「學校校隊、語文競賽、科展之培訓策略指導」等，較偏行政或指導學生工作。事實上，縣市宜針對初任教師的研習「需求」，安排班級經營（如：班級常規獎懲、學生不良行為處理）、特殊教育學生、親師生溝通等較為迫切的需求課程。

貳 大學教師專業發展

教師專業成長乃影響教學效能及學術專業良窳之關鍵因素。在國內，有關教師專業成長之研究已漸漸為人重視，但對象多聚焦於中小學教師，至於大學教師專業成長之研究較少。究其緣由，可能因為刻板印象，認為中小學教師專業程度較低，而高等教育業已分化各專門領域，且多數教師均進行研究，故無須再強調專業成長，此種論點主要將「專業」定位在研究或學術專業，對教學專業則較少觀照。惟從專業成長之定義可知，大學教師專業成長除學術知能之增進外，亦包括教學專業知能。因此，大學教師專業成長之研究亦應給予相當之重視。且若將教師專業成長視為一種延續的、終身學習的、逐漸蛻變的、專業融合的及全校改進的觀點，大學教師更需要專業成長以促進專業效能（陳碧祥，2001）。

雖說大學教師專業成長問題日漸受到重視，然而，林思伶（2009）認為由於大學重視教師專業發展的時日尚短，相關人員仍在摸索。故以下先探討大學教師專業成長意涵與現況；其次，分析歐美大學教師專業發展演變與策略，最後，提出大學教師專業發展困境與解決策略。

一 大學教師專業發展意涵

教師專業發展是教師不斷地探究，持續學習的歷程，透過此種持續歷程，以提升專業水準與專業表現，並期改進教學，增進學生學習效果，實現教育目的（羅清水，1998）。教師專業發展是一個人經歷職前師資培育與在職教師階段，在這段教師專業工作歷程中必須持續地學習與研究，不斷發展其專業，逐漸使專業圓熟（饒見維，1996）。

教師專業發展具有下列特質：1.專業發展意涵全面性；2.專業發展方式多元性；3.專業發展的自主性；4.專業發展的多樣性；5.專業發展的持續性；6.專業發展包括：認知、技能及情意的成長；7.專業發展在人際網絡及情境中。

「大學教師專業發展」指大學教師從事教學、研究及服務工作時，經由獨立、合作、正式及非正式等多元活動，引導自我反省與理解，終能增進教學、研究及服務等專業知能與精神，目的在於促進個人自我實現、改進學校專業文化、達成學校教育目標，從而提升整體教育品質（陳碧祥，2001）。教師專業發展以教師終身學習為主軸，是持續的過程，早期教師專業發展大多是以教師個人、互動性低的方式為主，藉由演講、研討會、資深教師分享等，以被動方式呈現；另外，過去的大學教師為了升等，很多都是僅在專業領域進行研究，教學只是次要任務，變成傳播自己專業研究的一個手段（Mokhele & Jita, 2010）。

大學教師專業發展乃期望大學教師從事教學、研究及服務工作時，經由多元活動，引導自我反省與理解，不僅在人格道德成為典範，也能增進教學、研究及服務等專業知能，成為優質的大學教師，從而提升整體高等教育品質。大學身為最高學術殿堂，擁有一定程度學術自主與教授治校權力。不過基於社會變遷、民眾期許與學生期待，以及負有帶動國家社會知識與道德良知發展的神聖使命，對於大學教師有更高期待也是必然，因此，必須建構適當的教師專業發展機制，重視「教授專業發展」（Faculty Development，簡寫為FD），使其能勝任教學、輔導、研究、行政、服務等各項工作，因此，學校應建立教師專業發展機制（如：專業發展需求分析、專業發展目標訂定、專業發展課程設計與執行，以及專業發展成效評估）與專業發展系統（包括：專業支持導引、教師專業發展計畫建構、學術網絡社群建立等）（教育部，2013）。

鄭博真（2012）認為大學教師專業發展是大學規劃之活動和方案，以及其實施的歷程，包含大學教師個人發展、專業發展和組織發展，藉以促進教師個人發展，增進教師教學、研究和服務知能，提高學校辦學績效，以及確保學生學習成效（參見圖10-1）。

在大學教師專業發展議題方面，現今不同背景、不同族群的學生進入大學，越來越多大學強調「多元文化」這個項目，並且將它列為教師發展上最重要的議題之一。其次，因為科技快速成長，以及大眾的需求，教師們需要開發新的線上教學或是證照認證等課程。再加上許多大學大量聘請兼職或是全職，但不占終身職缺的教師，不論是傳統的教師職位或是短期、兼職的教授，大學都必須有充分的準備來協助這些新的教授們，讓他們能有效率的扮演好專業的角色（史美瑤譯，2012）。其次，大學教與學的學術研究（Scholarship of Teaching and Learning, SoTL）為近年來美國大學追求教學卓越的一個重要理念與手段，鼓勵大學教師不但針對自身學科領域進行探究，也能針對教學過程進行研究（王秀槐，2012）。

二 我國大學教師專業發展現況

根據《大學法》第1條第1項（2019）：「大學以研究學術，培育人才，提升文化，服務社會，促進國家發展為宗旨。」在上述多重目標的期許下，大學教師肩負著重責大任。特別是近幾年來，教育部推動許多高等教育政策，例如：5年500億元以發展國際一流大學與頂尖研究中心計畫、獎勵大學教學卓越計畫，或是高等教育深耕計畫等，主要目的不外乎在於追求大學卓越，同時也希望大學教師在研究、服務與教學等都有專業的精進。有鑑於歐美許多大學為提升教師專業發展，設立教

圖10-1

大學教師專業發展概念圖

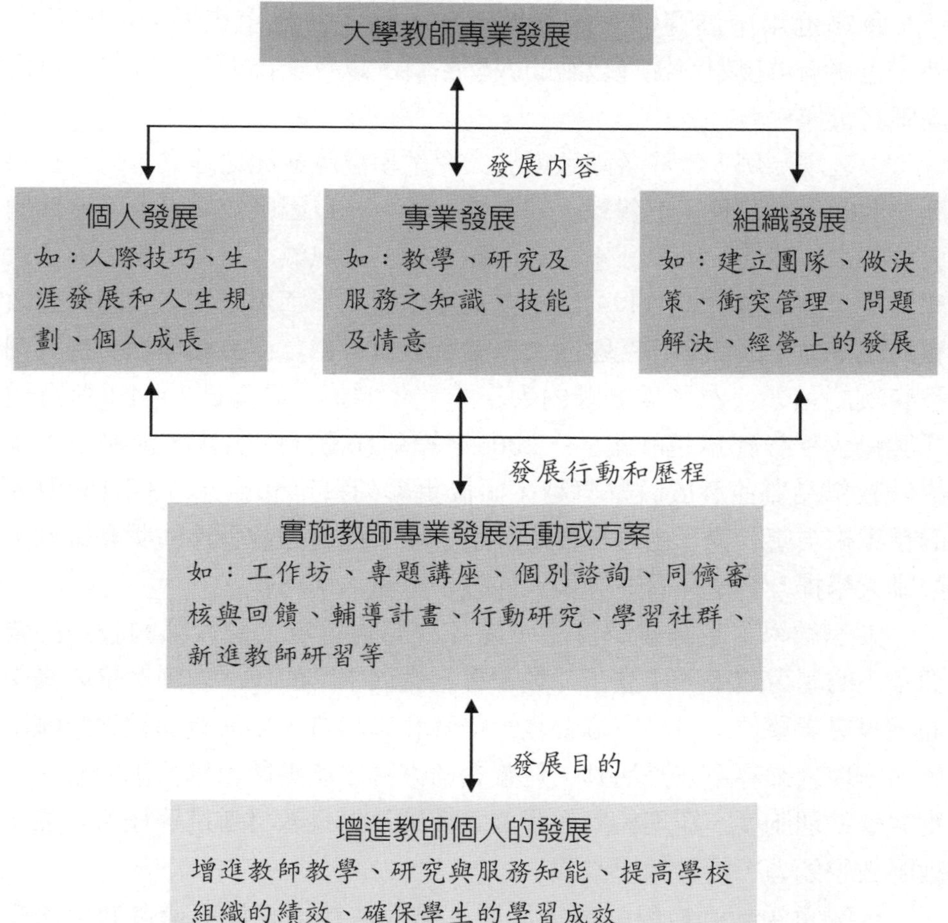

資料來源：鄭博真（2012）。我國大學教師專業發展之現況、困境與展望。

學中心（Teaching Center）已行之有年，國內許多大學也設置有教師專業發展單位。符碧真（2007a）歸納我國各大學所設置教師專業發展單位，可分為三大類：教學中心（63校）、追求教學卓越計畫（17校）及教務處（16校）。另外，也調查臺大、政大與成大等12所大學教學中心提供之教師專業發展服務項目，最多前三名：教學工作坊、新進教師研習、科技融入教學。

我國近年來高等教育的發展方向，除了傳統重視教師的研究之外，也逐漸重視如何提升教師的教學品質，以及重視大學教師的社會推廣服務工作。

以教學為例，世界各國致力於大學教學卓越典範之建立，以及提升大學教師專業素養，培養學生基本核心能力，以因應知識經濟下迫切的人才需求。然而，大學「重研究、輕教學」之風氣，長期以來造成了大學畢業生基本核心能力的欠缺，在全球化競爭下逐漸削弱了我國高等教育的競爭力。因此，探究國內大學發展教學卓越之作法與理念，實為刻不容緩的議題。為了重振國內大學的教學價值，教育部2004年特訂頒「獎勵大學教學卓越計畫」，2005年編列10億元的經費，鼓勵各大學提升教學品質並發展教學卓越，而後更編列每年50億元，3年150億元的預算來支應計畫，由各校提出計畫爭取，期透過競爭性的獎勵機制，鼓勵大學提升教學品質並發展國內教學卓越大學典範。

大學教學卓越計畫的實施，使各校開始重視大學教師的教學品質與學生的學習成果，成立了「教師專業發展中心」、「教師教學成長中心」等專責單位，目的在協助教師提升教學品質、協助新進教師認識學校、辦理教師專業成長活動、建置設備完善之多媒體教學資源中心、落實教學助理制度、辦理校內教學優良教師及優良教材遴選等任務，強化教師教學能力，提升教學成效。

大學重視教師教學的專業發展，體現在教學評鑑與遴選教學優良教師。陳琦媛（2006）研究我國公立大學教學評鑑，發現我國公立大學定期於學期末舉行教學意見調查，升等和教師評鑑時尚採用授課大綱、論文指導情形、授課時數、課程內容、教材研發、優良教師獲獎和他類課程支援等評鑑項目。教學意見調查內容主要著重於「教師教學情形」、「學生學習成效」和「課程綜合評述」，並輔以「學生背景資料」調查。此外，國內半數以上公立大學設有教學優良教師遴選辦法，由委員會負責遴選，以鼓勵教學優良教師。公立大學教學評鑑作法具有形式上之提醒和警惕作用，可砥礪教師更用心於教學，提升個人教學品質，並藉以瞭解本身教學和學生學習情形，可作為規劃課程及調整教學方法之依據。

在大學教師專業發展對象方面，林政逸、楊思偉、楊銀興（2012）研究發現，大學教師專業發展主要對象可以分成三個部分：新進教師、服務多年的教師，以及教師評鑑未通過的教師。在新進教師方面，學校會特別照顧新進的教師，由系（所）與新進教師相同專長的教師給予協助。另外，學校也會舉辦教學專業成長研習，讓新進教師學習如何教學。大學實施教師專業發展的形式有工作坊、傳習制度、教師專業社群、演講、研習與研討會等形式。在大學教師專業發展的問題方面，有些教師雖然拿到博士學位，卻沒有教學的專業與經驗，也不理解大學生的心理，必須透過教師教學專業成長提升教師的教學效能。其次，教師專業發展的目標應該要強調學生學習，達到學生學習效能的提升，並不是只由教師的觀點來辦理教師專業發展。另外，現在的升等注重教師研究績效，教師為了升等需要努力做研究，研究成為教師的專業發展主軸，教師花費較多精神在研究上，導致忽略教學與服務等方面的專業發展。

三 歐美大學教師專業發展演變與策略

史美瑤（譯）（2012）研究美國大學教師發展，將其分為五期：分別是專業學者時期、教師時期、發展人員時期、學習者時期及網路時期。2000年後至今進入了網路時期，教與學是教師專業發展的核心，教學科技、多元化教育、評鑑研究、課程和計畫評量仍在持續擴充當中，給予大學更大的挑戰。美國大學教師發展演進五個時期整理如表10-1。

表 10-1

美國大學教師發展演進時期

時期	年代	發展內容
專業學者時期	1950至1960年代	教師發展只可以幫助教師在學術能力上增長，當時正式教師專業發展項目和研究都不多。
教師時期	1960年中期至1970年代	1. 教師、教學和組織的擴展。 2. 主要重心放在改善教學內容。 3. 經由各種基金會支持教師發展中心逐漸成立。 4. 教師專業發展確立其專業性。
發展人員時期	1980年代	1. 從如何改善教學且擴大到制定新的學程，並延伸至教師個人教學生涯的需求。 2. 教學評量與教師成長績效評量的確立。
學習者時期	1990年代	1. 教學發展中心持續增加，有關教師發展的探討和複雜性，以及服務項目也逐漸增加。 2. 更多教育協會、基金會、專業協會和國際協會的成立，提供國際交流管道。
網路時期	目前	教師專業發展項目仍在持續擴充，也被廣泛的使用，面對新世紀教師發展人員需要與教授及學校行政更密切的接觸，精益求精。

資料來源：史美瑤（譯）（2012）。

陳琦媛、蘇錦麗（2013）研究北美洲、歐洲、亞太地區名校和我國頂尖大學及教學卓越計畫補助學校之教師發展策略，發現各國大學教師教學專業發展策略相當多元，北美洲的大學較重視個別教師的諮詢服務和教學研究經費；歐洲的大學重視教學的專業課程；亞太地區的大學重視教學優良教師的獎勵和教學專業課程；我國各大學則是給予教學優良教師獎勵，以及人力、技術及經費支援較多，且教學成長團體比重比其他國家多。然而，我國大學教師專業成長活動問題在於較偏重單次、短期的團體共同參與方式。

陳琦媛、蘇錦麗（2013）彙整各大學教學發展專責單位網站、專書及相關研究所採用之教學專業發展策略，參考了北美洲、歐洲和亞太地區各大名校的教師發展中心網站，將教師教學專業發展策略分為八類（參見表10-2）。

表 10-2

大學教師教學專業發展策略

發展策略	策略內容	策略說明
召開工作坊與研討會	工作坊、研討會、論壇、大型研討會、研習及演講等。	1. 工作坊與研討會是所有大學最普遍採用的教師教學專業發展策略。 2. 系統化及多元化的規劃，多利用餐敘時間辦理。定期辦理教學論壇與研討會，提供教學研討與研究成果的發表平臺。 3. 大學針對新進教師的教學工作設有引導機制，辦理新進教師研習。
提供個別教師諮詢	由學校所提供一對一或一對多的諮詢輔導服務、教學觀察、教學錄影及微型教學等。	1. 配合個別教師的需求，諮詢對象、內容及方式多元。 2. 結合教學觀察、教學錄影、微型教學與教學評鑑。
補助教學研究經費	由學校提供教學相關研究經費、教學經費補助等。	1. 發展教學與研究結合的觀念，可讓教師於教學中發揮其研究能力。 2. 多元類型的教學研究經費補助。
提供教學專業課程	針對一項教學主題進行長期且多次教學培訓，或針對高等教育教學與學習進行長期教學培訓並提供認證者。	1. 課程配合教師需求、國際潮流或教與學專業標準，部分課程提供認證。 2. 以長時間在職進修方式規劃課程。 3. 開設進階課程，並以認證制度建置教學專業體系。

表 10-2（續）

發展策略	策略內容	策略說明
提供教學專業資訊	包含與教學相關的網頁、雜誌、刊物等主題資訊。	1. 介紹教學知能供教師線上學習。 2. 透過電子報、雜誌與出版品主動傳播教學專業資訊。
成立教學成長團體	專業成長團體、教學社群、薪傳師徒制等。	1. 教學專業社群的建立。 2. 師徒制、薪傳導師的採用。
提供人力、技術及經費支援	人力培訓、助理培訓、技術培訓及經費支援。	1. 教學助理、未來教師、技術的培訓。 2. 經費補助，提升教學效能。
提供教學優良獎勵	學校所設置之獎勵教學優良相關獎項及其他教學獎勵等。	1. 教學優良獎項多元。 2. 教學獲獎者提供經驗分享。 3. 教學獎項與研究經費相結合。

資料來源：陳琦媛、蘇錦麗（2013）。大學教師教學專業發展策略之研究。

另外，在美國大學教師專業發展方面，林政逸（2018）研究發現美國大學教師專業發展上最重要的議題，主要有：學生學習成效評量、多元文化教育、科技在教學上的影響與應用等。美國大學教師發展注重強化大學教師的教學技巧與經驗，如：實施教學技巧工作坊；進行微縮教學；對研究生進行教學培訓，強化其未來擔任教職所需之教學能力；運用教學歷程檔案以及學術歷程檔案等，皆可作為未來我國大學教師專業發展之參考。

四 大學教師專業發展面臨的問題

多位學者指出我國大學教師專業發展面臨之問題。林政逸（2010）研究我國公立大學教師專業發展困境，發現公立大學對教師專業發展投入較少；教師參與專業發展活動的意願不高；偏重研究的專業發展，忽略教學與推廣服務方面的專業發展等困境。

鄭博真（2012）研究發現目前臺灣各大學幾乎都設立了負責教師專業發展的相關單位，大多數以單次、一天的研習會為主或以教師社群為主。各校教師專業發展實施，大致包含新進教師研習營、教師教學社群、專業社群、教師增能講座、專業知識教育訓練、優良教師教學經驗分享講座、教學諮詢，以及相關輔導措施等。教師發展內容大多以教學發展為主，研究發展次之，很少有個人及組織發展，教師專業發展需求大多與教學專業知能相關。

曾俐文、林政逸（2015）研究發現，我國大學教師專業發展面臨以下問題：大學教師發展組織缺乏專人負責；大學教學資源中心人員專業性有待精進；大學教師專業發展策略欠缺完整規劃；教師專業發展策略缺少整合性的規劃，以內容來說大多傾向於單一次、零碎的短期研習，或是被動性高、技巧性低的專題演講，再者最常辦理互動性普通的研討會為主；未能事先評估教師的專長與需求等。

歸納我國大學教師專業發展所面臨之問題，探討如下：

(一) 現行法規或政策不利於推動大學教師專業發展

大學教師專業發展有其重要性，但是許多法規與政策並不利於大學教師專業發展。例如：相較於欲擔任中小學教師必須修教育學程，大學教師卻缺乏相關規定；依照現行教師升等制度，研究成果以及學術著作仍舊是升等審查的最重要條件，但是這樣的規定將導致大學教師汲汲於學術研究工作，輕忽教學工作。欲改善此現象，必須檢視現行大學相關法規與政策，是否有不利於推動大學教師專業發展，並謀求改善。

(二) 部分大學欠缺負責推動教師專業發展專責單位

有鑑於大學教師專業發展之重要性，各大學成立專責單位以推動相關活動或事項。然而，根據符碧真（2007b）歸納我國各大學所設置的教師專業發展單位，除了教學中心及教務處之外，有些大學是以獲得教育部追求教學卓越計畫經費成立專責辦公室，負責推動相關業務。然而，教育部追求教學卓越計畫屬於競爭型經費，非常態性的經費來源，可能產生如未獲得經費，將導致推動教師專業發展工作中斷的情況。改善之道是成立專責單位來推動相關活動或措施。

(三) 缺乏對於新進教師導入階段的輔導

新進教師在面臨新環境時，通常會有一段適應期，對心裡造成衝擊。林思伶（2009）指出新進人員在進入新的工作環境時，可能會有文化衝擊（cultural shock）的現象，亦即個人會經歷該組織與其先前的想像或期待不一致，或是落差甚大的強烈感受。如果學校在導入階段能提供協助，則能縮短適應期。惟黃雅容（2002）指出目前大學對於新進教師較缺乏導入階段的輔導與幫助，新進教師在面臨繁重的研究、教學、輔導學生與行政工作時，學校方面很少提供這方面的訓練，新進教師只能自求多福、自行摸索。

(四) 大學教師「教學」專業發展的問題

近年來中外大學教育品質迭受批評，其中又以教學品質遭受之質疑最多。國內大專校院教師普遍擁有高學歷，其學科專業不容質疑，但是在教學知能養成上卻相對缺乏。檢視國內碩、博士的養成過程，大都只有「研究」導向的學習，忽略「教學」實務的訓練，大學教師在課程研發及教學專業革新方面的欠缺，是當前大學教學品質未盡理想的主要原因（行政院教育改革審議委員會，1996；林思伶，2009；王令宜，2004）。

另一方面，因為過去社會普遍認為大學教師學有專精，教學又重知識傳遞，存有大學教師在教學尚無困難的迷思；而且即便有些教師教得不好，大部分的學生不敢也不想反應；再加上師生與家長均認為大學已是成人，縱使教師教不好，也應該自己主動學習，具有學習是學生個人責任的迷思，這種種原因造成大學提升教學品質所面臨的挑戰。很多大學教師根據自己的學習經驗，以及其以前教師的教學方法與內容進行教學，忽略了個人過去經驗發生的情境脈絡與目前自己所面對的學生、教學情境及文化脈絡的差異（林思伶，2009）。

各大學為了瞭解教師教學現況以及提升教學品質，紛紛實施教學評鑑，但是根據陳琦媛（2006）的研究，我國公立大學教學評鑑執行上面臨以下問題：

1. 目前公立大學對於教學評鑑結果並無明確之獎懲和追蹤機制，教學評鑑結果對於教學品質之影響並不明顯。
2. 目前公立大學過於強調教師研究績效，間接抑制教師對於教學之熱情和付出。輕忽大學身為教育機構必須擔負之教學責任，可能導致未來教學績效每況愈下。
3. 多數公立大學採用同一版本教學意見調查問卷，評鑑多類課程，無法真實反應各類課程教學情形。
4. 目前公立大學教學意見調查之學生樣本無法掌握，認真填寫之學生亦未必能完整反應真正意見，開放意見填寫人數過少，調查結果並非完整且具代表性，評鑑結果之正確性和助益性有待評估。
5. 目前公立大學所執行之教學意見調查，學生之評分標準易受課程難易、給分情形、教師要求和本身能力所影響，不一定客觀呈現實際教學良窳，應避免作為教學評鑑唯一參考。

目前各大學雖然有要求老師要上網建置教學大綱，以及實施教學評鑑，但是實際上並沒有提供教師研修教育相關專業科目。黃雅容（2002）即指出，大學並沒有提供教師資源或機會，研讀或討論教育哲學、教育理念、學生發展、學習原理、教學法或教學科技，乃至於提供專家為教室教學做紀錄與分析。

(五) 大學教師「研究」專業發展的問題

林思伶（2009）認為大學教師初入職場時，如無適當的指導與帶領，且人格特質較內向者或不善人際交往者，往往只能在個人研究領域單打獨鬥，無法因其表現為學校帶來整體綜效。

(六) 大學教師「推廣服務」專業發展的現況與問題

隨著社會環境的改變，大學在實施校務基金制度，須自籌部分經費情形下，推廣教育在大學經營績效中所扮演的角色，日益重要。

然而，大學辦理推廣教育面臨諸多困難，杜娟娟（2002）指出大學教師缺乏對推廣教育的承諾，是目前大學推廣教育所面臨的困難。杜娟娟（1997）研究指出，「經費」問題是大學推廣教育部門的主要困難（占47.1%），其次，是師資的問題（占35.3%），例如：「缺乏獎勵制度，教師認同感不高」、「重學術，輕推廣」、「鐘點費低、教師授課時數與研究案多，參與意願不高」、「具實務經驗且學識好的師資難求」、「受升等考核壓力」，以及「無助升等，且必須夜間上課，教師參與意願不高。」

由以上研究可以發現，雖然一般認定教學、研究與服務三者為大學教師的主要任務與職責。然而，一方面受限於目前大學「重研究、輕教學與推廣服務」的普遍現象，另一方面，大學教師受限於升等壓力（強調研究績效），教學與研究工作的安排自然是優先於推廣服務工作，行有餘力才會參加推廣教育活動，更有甚者，基於研究與升等壓力，儘量少參與推廣活動。

(七) 大學系所主管面臨之挑戰

除了前述大學教師專業發展面臨之困境之外，許添明、陳玉娟、余穎麒、商雅雯（2020）研究大學系所主管圖像、挑戰與培訓。他們認為社會環境變遷，高等教育機構面臨不同以往的革新與挑戰，系所的發展牽動大學組織目標能否順利達成，因此，系所主管的領導效能與大學整體表現密不可分，有必要進行探究具備效能的系所主管，應具備的特質或能力為何？以及培訓方案內容有哪些？該研究指出影響系所主管行政效能的因素，如在個人因素層面，主要在於自身職涯歷練過程多在教學與研究領域，缺乏行政經驗、對法規不熟悉，容易陷入本位思考，無法完成作為中階主管應該扮演聯絡內外、承上啟下的溝通橋梁角色。因此，強調建立系所主管的支持與領導能力提升培訓方案，確實有其必要性。

五 大學教師專業發展問題之解決策略

以下針對上述大學教師專業發展問題，提出解決策略：

(一) 主管行政機關宜修訂相關法規或推動政策，促進大學教師專業發展

大學發展雖稱「學術自主」，但是各大學之整體發展不可否認仍深受教育部所推動之各項政策所影響與引導，因此，有鑑於前述大學教師專業發展的重要性及目前所面臨的困境，許多法規與政策須有修訂之重要性與迫切性。例如：以教學的專業性而言，相較於中小學教師必須修教育學程，大學教師卻缺乏相關的規定，因此，宜增訂擔任大學教師必須修讀教學或高等教育相關課程之規定。

(二) 大學應設置負責推動教師專業發展專責單位

陳碧祥（2001）認為各大學為改善遭到詬病與質疑之教學品質，漸漸重視大學教師的教學。舉凡各種新進教師進修課程方案、教學發展方案、傑出教學中心、教師教學研討會、傑出教學獎勵辦法、教學評鑑制度等。惟這些課程方案、教學獎勵辦法或教學研討會，多為臨時性方案或是總結性評量，無法長期持續協助大學教師在教學專業上精進。因此，為能周延完善地解決此類問題，各校設置「教學資源中心」實屬必要。藉由教學資源中心，定期舉辦各類教學專業理論及實務之研討，以增強教師教學知能，提升教學品質。

推動大學教師專業發展，無法期待教師各憑本事，自求發展，對於大學教師的專業性養成與持續性發展，均亟需一個專責單位來加以規劃執行，同時藉由負責推動教師專業發展專責單位的設置，以發揮大學教師實務經驗傳承與輔導的功能。因此，各大學應訂定推動教師專業發展

專責單位法源依據，成立專責辦理單位，統籌規劃並執行教師專業成長相關活動，透過創新教學與學習模式、同儕視導、協同教學與行動研究等方式，提升教師教學品質與學生學習成效，促進教師專業化。

符碧真（2007b）研究美國大學教師專業發展史，美國大學教學中心面臨三大挑戰：1.教授多數不是全職的永聘教授，取而代之的是許多兼任、非永聘的教授或是合聘教授；2.學生在種族、社經背景、性別、年齡、先前學術背景的組成上，都較過去更為多元，教師需要更多的協助；3.教學與學習的本質有所改變，包括：如何改進傳統的講述法及討論法，並更進一步發展另類教學法，例如：學生中心的學習、主動及問題導向的學習等，教學中心強調如何發展與延續新進教師、中年教師、兼任教師的活力；如何營造環境，培養教職員生珍視多元的價值、信念、世界觀，以及如何實施以學生為中心的教學、善用教學科技、評鑑、教學研究，改善教學品質。這些建議值得各大學教學中心參考。

(三) 建構教學、研究、服務、社會批判及專業實踐平衡發展之教師專業知能內涵

一般對於大學教師專業之刻板印象多聚焦在是否有足夠的專業領域知能，或僅指涉所謂的「專業研究能力」，鮮少論及教學、服務及專業實踐專業知能等內涵。從學校立場觀之，專事研究所帶來之聲譽及實質效益，遠大於研究、教學、服務等事務均衡發展，導致教師及學校立場頗為一致地傾向研究專業方面戮力。惟從大學教師任務及其專業內涵分析知悉，大學教師專業內涵絕不僅止於專業領域知能之研究，有關教學、服務及社會批判等同屬專業內涵（陳碧祥，2001）。王令宜（2004）也持相同看法，認為大學教師應追求研究、教學與輔導知能的均衡成長。因此，欲促進大學教師專業發展，必須重新釐清大學教師專業的內涵，加以重新概念化，並且尋求各項專業知能間動態平衡發展。

(四) 實施大學教師同儕輔導制度

教師同儕輔導（mentoring）制度（或稱傳襲、傳習制度），指的是學校為教師安排另一有經驗或聲望的資深教師，協助與支持其專業發展的功能，以傳遞適當的學校傳統與價值。一個完整的學校教師同儕管理模式，包括：1.分析與確認制度目的與目標；2.輔導歷程的展開與問題解決；3.實施成果的評估與回饋；4.輔導管理系統與輔導歷程的修正與其他支持方案的發展（林思伶，2009）。目前大多數大學已實施教師同儕輔導制，協助新進教師順利進行教學、研究與服務等工作。傳習制度可由各院、系所推薦「傳授者」（mentor），另由同儕教師申請為「學習者」（mentee），共同組成傳習團隊。傳授者以資深且具有教學或研究優良表現事蹟的教師擔任，進行經驗傳承。傳授者以專任教授或副教授為資格，每位傳授者帶領學習者人數不宜過多。在傳習活動方面，依傳授者與學習者之需求自行訂定，活動內容可包括：面談、座談會、講座、教學觀摩、校外參訪，或定期交流等。

林思伶（2009）認為大學實施教師同儕輔導制度，有助於參與教師個人的心理需求、專業能力提升及人際關係的維繫，進而影響其對學校事務的參與程度、選擇與信心。學校提供一位合適的資深輔導教師，陪伴新進教師走過進入組織最初的適應階段，正可滿足新進教師的需求，並達到安定人心的功能，以加速學校對成員組織社會化的功能達成。就學校來說，一位新進人員越早適應組織的典章與規範，對組織的安定越有幫助，而安定的環境是提供成員學習的必要條件。組織透過進行成員社會化的途徑，使其瞭解組織的文化與規範，如此，可建立成員與組織之間的適配度。另外，建立教師同儕輔導制度，也有助於學校建立教師專業社群，進行專業對話。

(五) 營造教師專業成長社群或教師專業成長團體

教師專業成長社群（Faculty Communities for Professional Development）是由院或系所透過課程或議題方式，邀請有相同興趣教師所組成。由舉辦社群活動、長期合作計畫、教師教學教法與經驗分享，提供教師在教學或研究上、多重自我訓練學習機會，提升專業發展。另外，透過教師專業成長團體的運作，亦能帶動個人學習與團體學習的有效途徑（許育齡，2008）。

(六) 建立教師專業成長支持系統與機制

大學教師在面臨教學、研究、推廣服務以及輔導學生等各方面的挑戰時，學校宜重視「教師發展」——透過各種方式，協助教師終其一生，在專業和個人方面成長，使其能勝任教學、輔導、研究、行政、服務等工作，包含從徵才和甄選，至新任教師的導入，到教師的評鑑、獎勵和生涯輔導，涵蓋教師生涯所有階段（黃雅容，2002）。因此，學校宜仿效企業界，建立教師專業成長機制（包含專業發展需求分析、專業發展目標訂定、專業發展課程設計與執行及專業發展成效評估）與專業成長系統（包含專業支持導引、教師專業發展計畫建構、學術網絡社群建立等）。

(七) 建立大學教師推廣服務定位與獎勵機制

欲改善大學辦理推廣服務之困境，首先應先對推廣服務工作性質加以重新定義。張有碧（2000）認為推廣服務未受該有的重視是導因自模糊的定義，服務工作似是指教學與研究之外的工作，然而，屬於「應用的學術」之推廣教育應指教師專業上的服務，如能由服務活動為出發點，「知識服務」或「專業服務」等詞更能清楚界定不同性質的服務工作，將其納入升等考核時才有專業及學術之關聯。

其次，大學亦須在觀念、法令、組織、經費、課程方面積極改善，才能發揮大學之社會服務功能（黃富順，2002）。在組織方面，推動成人教育已久的許多美國大學已經進行組織重整，整合成人教育單位（如：推廣教育中心、成人學習中心、遠距教學中心等），以使大學發揮更完善的推廣服務。另外，如何評量教師在推廣服務的貢獻，採用適切的考核系統，納入正式的教師評鑑，將影響大學推動推廣教育之成效（張有碧，2000）。

(八) 實施大學系所主管專業發展培訓方案

系所是大學的基礎，發展成效攸關大學的績效。許添明、陳玉娟、余穎麒與商雅雯（2020）研究指出宜建立大學系所主管培訓方案，方案重點在於認知其職責與重要性，以及建構系所與學校的良好溝通為主，釐清自身的角色任務，特別是提醒系所主管應關注系所成員的需求與期待，建立有效團隊。其次，系所主管承接主管職務前，難得有機會與全校行政單位互動，對校務發展更是陌生，培訓方案應扮演系所主管與學校行政端的溝通橋梁，透過雙方互動提高其工作動機與熱忱，以及凝聚系所主管對校務發展方向的認同。

六 從美國大學教師專業發展反思我國大學教師專業發展未來方向

筆者曾於2017年至2018年赴美訪學，並進行我國與美國大學教師專業發展之比較研究，在美國大學部分，選取哈佛與UCLA，在國內大學部分，則選擇中興大學、東吳大學及臺灣大學為個案，進行分析比較。茲將研究建議臚列如下（林政逸，2018）：

(一) 建立重視教學與教師專業成長之學校組織文化

從哈佛與UCLA的教師專業發展實際情況，可以發現這兩所研究能量很強且世界排名名列前茅的大學，對於教師的教學與學生學習仍舊相當重視，不會偏廢，哈佛大學甚至秉持必須有良好教學成效，才會有良好的學生學習表現的信念。相較於我國，大學「重研究、輕教學」的偏頗現象，雖然在教育部相關政策（如：教學卓越計畫）的推動下已有所改善，但不可否認，大學的教學品質仍遭質疑與詬病。

為改善大學的教育品質，無法只依靠外在的競爭型計畫經費支持，必須從根本做起，營造重視與珍視教師教學、學生學習，以及教師專業發展之學校組織文化，同時，透過行政的支援與經費的挹注，鼓勵教師進行各種精進教學的作為，例如：教學觀摩；進行共同備課、觀課與議課；進行多元的創新教學方法；組成教師專業學習社群，進行交流與分享等。唯有如此，大學教師專業成長方能永續發展。

(二) 鼓勵教師進行教學力提升與教學創新

近年來，各界日益重視大學的教學與學習成效，例如：教育部推動教學卓越計畫，各大學推動多元升等制度。哈佛、UCLA、中興、東吳、臺大等，也透過經費補助、觀課、社群、教學意見回饋等多元方式，提升教師之教學力。面對來源日益多元化的學生，大學教師的教學與評量也必須加以調整，為培養學習者知識與理解、批判性思考、關懷態度、技巧與行動能力，除了教師講述之外，教師也可視學科性質運用多元教學方法，讓學生進行批判性思考或擴散性思考。一方面能不斷精進教師自己的教學，另一方面也可以提升學生學習動機與學習成效，使學生喜歡學習、樂於學習，以及有能力學習。

(三) 落實教學諮詢與輔導

不論是美國的哈佛、UCLA，或是我國的臺大、東吳或中興大學，其教師專業發展的項目都很重視教師的教學諮詢與輔導。教師教學諮詢輔導對象可分為三類：一種是教師自覺有專業成長需求者，透過諮詢與輔導可以讓教師教學更精進；第二種是新進教師的輔導，透過諮詢與輔導讓新進教師減少文化衝擊，及早熟悉學校的法規，瞭解可以運用的教學資源；第三種則是教學評量成績及教師評鑑之教學項目經認定不佳需參加教學諮詢與輔導者，透過諮詢與輔導使其具備基本的教學知能與技巧，例如：引起學生動機、師生問答、停頓、班級經營、學習活動轉換等，並能熟悉基本的教學流程。

(四) 以多元方式協助教師進行教師發展

北美許多大學正嘗試以多元方式協助教師發展，例如：採用網絡模式（network-based model）對教師的職涯發展提供支援輔導，以及使用歷程檔文件來作為大學教師自我成長紀錄、評估升等關鍵資料，以及行政主管遴選參考等措施（李紋霞，無日期）。

反觀我國，各大學近年來重視教師的專業成長，然而，方式較為單一，且部分課程或研習方案、教學獎勵辦法或教學研討會，多為一次性課程或活動，較無法長期持續協助大學教師在教學專業上精進。未來亟需專責單位加以規劃執行，定期舉辦各類教學專業理論及實務研討，統籌規劃並執行教師專業成長相關活動，透過創新教學與學習模式、同儕輔導、協同教學與行動研究等方式，提升教師教學品質與學生學習成效，促進教師專業化。其次，亦可成立教師專業學習社群或教師專業成長團體，由相同興趣的教師組成教師專業學習社群，舉辦社群活動、教師教學法與教學經驗分享，提供教師在教學或研究的成長機會。

(五) 研議以教師教學歷程檔案作為評鑑教師的資料來源之一

目前我國大學大都有進行教師評鑑，或期末時，學生上網評鑑教師教學。然而，學生的評鑑分數和文字意見只是單方面顯示學生主觀的滿意度，無法透過這種方式瞭解教師自身的教學理念、教學方法、教學努力與教學省思，也無法呈現學生的學習成效。因此，未來有需要思考如何改善目前各大學普遍使用的學生上網評鑑教師教學的方法。可研議使用普遍運用於北美與加拿大的教師教學歷程檔案，作為教師評鑑或評估教師教學成效的資料來源之一，如此，方能更精確地顯現出教師的教學理念、課程發展與設計、教學評量以及教學省思。

(六) 強化博士生的教學能力與教學經驗

由哈佛或UCLA的實際經驗可以發現，兩者皆很重視博士生的教學經驗與教學能力養成，不論是擔任教學助理跟課、參加Teaching Conference或Teaching Week、參加教授所主持之seminar或計畫專案等，參加培訓合格者甚至頒給certificate，以證明其接受過教學相關培訓，並有助於未來至大學任教時，具有基本的教學專業知能。在我國部分，與此類似的有臺大的Future Faculty計畫。因此，未來各大學可特別加強博士生的教學經驗，以利未來擔任大學教職能順利銜接，也有助於大學教育品質的提升。

(七) 擴大教師專業發展或學生學習之服務範圍

由哈佛或UCLA教師專業發展的實際經驗可以發現，教師專業發展的範圍不侷限於校園內，早已擴大到社區與中小學。UCLA將大學的資源帶到洛杉磯政府服務較不足（under-served）的社區。Community Based Learning Program（CBL）運用大學的資源，協助洛杉磯的青少年與青年進行發展活動、就業培訓和教育服務。

在我國部分，東吳大學在學生的學習方面，學生可申請計畫或參加校內教師主持的USR計畫，透過實際行動，發覺東吳大學及周遭社區的問題，並提出解決方案。諸如此類的計畫，透過教授帶領學生，運用所學貢獻於社區或鄰近中小學，一方面可以結合理論與實務，讓師生都獲得成長；另一方面，更可善盡大學之社會責任。此點可作為未來各大學教師專業發展或學生學習之項目。

(八) 提升教師專業發展單位之位階與編制

由哈佛或UCLA教師專業發展的實際經驗可以發現，學校所設立之教師專業發展單位不僅已有四、五十年以上的歷史，而且屬於學校層級的行政單位，並配置有充沛的行政與研究人員。從教師專業發展單位之位階與充沛人力配置，可看出學校對於教師專業發展的高度重視，教師專業發展單位在大學內絕對不是「冷衙門」。

為澈底實踐教師專業發展，未來我國各大學宜設法提升教師專業發展單位層級，並充裕經費聘任行政與研究人力，從根本上協助教師進行專業發展相關課程、研究、計畫或活動。

參考文獻

王令宜（2004）。大學教師教學專業發展理論與實務。教育研究月刊，**126**，60-73。

王秀槐（2012）。大學教與學的學術研究。國立臺灣大學教學資源網教學資料庫。

史美瑤（譯）（2012）。開創教師發展新紀元：學習過去，瞭解當下（原作者：Sorcinelli, M. D., Austin, A. E., Eddy, P. L., & Beach, A. L.）。臺北市：高等教育。（原著出版年：2006）

行政院教育改革審議委員會（1996）。教育改革總諮議報告書。臺北市：作者。

李紋霞（無日期）。教師歷程檔系列一：教學歷程檔。取自http://ctld.ntu.edu.tw/tr/?p=627

吳筱莉（2010）。教師學習社群與教師專業發展關係之研究——以國立臺灣海洋大學為例（未出版之碩士論文）。國立臺灣海洋大學，基隆市。

杜娟娟（1997）。大學推廣教育部門與大學之間的關係。臺灣經濟，**243**，78-95。

杜娟娟（2002）。大學教師對推廣教育的承諾——理論模式的建構。師大學報：教育類，**47**(2)，143-158。

林思伶（2009）。大學教師專業發展的人際途徑——教師同儕輔導歷程與管理模式。教育研究月刊，**178**，24-37。

林政逸（2010）。我國公立大學策略性人力資源管理模式之建構（未出版之博士論文）。國立臺灣師範大學，臺北市。

林政逸（2018）。臺灣與美國大學教師專業發展之比較研究。赴美訪學研究報告。

林政逸、楊思偉、楊銀興（2012）。我國大學教師人力資源管理實施現況、問題與解決策略。高等教育，**7**(2)，37-78。

許育齡（2008）。教師專業發展與教師專業成長團體之運作。竹縣文教，**37**，8-10。

許添明、陳玉娟、余穎麒、商雅雯（2020）。大學系所主管圖像、挑戰與培訓——以一所國立大學爲例。教育實踐與研究，**33**(1)，1-32。

梁福鎮（2006）。我國教師專業發展的現況、問題與對策。教育科學期刊，**6**(2)，77-90。

張有碧（2000）。高等教育推廣服務的教師職責與評量。成人教育，**57**，35-43。

張德銳（2015）。方案十四：發展實踐本位教師學習方案。載於楊思偉、陳木金、張德銳、黃嘉莉、林政逸、陳盛賢、葉川榮（2015）。師資培育白皮書解說：

理念與策略。新北市：心理。

教育部（2009）。中小學教師專業學習社群手冊（再版）。臺北市：作者。

教育部（2013）。中華民國師資培育白皮書。臺北市：作者。

符碧真（2007a）。大學教師專業成長。取自http://www.ntnu.edu.tw/aa/aa5/sb5/file/070518a.pdf

符碧真（2007b）。從學者到網絡：美國大學教師專業發展史與教學中心的發展。取自http://www.fdc.leader.edu.tw/ teacher_link_experience02.htm

陳琦媛（2006）。我國公立大學教師教學評鑑之研究（未出版之博士論文）。國立政治大學，臺北市。

陳琦媛（2014）。高等教育教師教學培訓課程之研究。課程與教學，**17**(1)，1-30。

陳琦媛、蘇錦麗（2013）。大學教師教學專業發展策略之研究。教育研究與發展期刊，**9**(4)，149-176。

陳碧祥（2001）。我國大學教師升等制度與教師專業成長及學校發展定位關係之探究。國立臺北師範學院學報，**14**，163-208。

曾俐文、林政逸（2015）。我國大學教師專業發展現況、問題與解決策略。高等教育研究紀要，**3**，71-84。

黃富順（2002）。全球化與成人教育。載於中華民國成人教育公會（主編），全球化與成人教育，1-27。臺北市：師大書苑。

黃雅容（2002）。大學教師現今的挑戰與教師發展。教育研究月刊，**104**，87-95

歐用生（1996）。教師專業成長。臺北市：師大書苑。

鄭博真（2012）。我國大學教師專業發展之現況、困境與展望。教育研究與發展，**8**(1)，61-92。

羅清水（1998）。終生教育在國小教師專業發展的意義。研習資訊，**15**(4)，1-7。

饒見維（1996）。教師專業發展——理論與實務。臺北市：五南。

DuFour, R., DuFour, R., Eaker, R., Many, T. (2006). *Learning by doing*: *A handbook for professional learning communities at work.* Bloomington, IN: National Education Service.

Duke, D. L. (1990). Setting goals for professional development. *Educational Leadership*, *47*(8), 71-76.

Mokhele, M. L., Jita, L. C. (2010). South African teachers' perspectives on continuing professional development: A case study of the Mpumalanga Secondary Science Initiative. *Procedia Social and Behavioral Sciences*, *9*, 1762-1766.

第十一章

教師評鑑

本章大綱

壹 教師評鑑理論與相關研究

自1980年代以來，受到新管理主義（new managerialism）與新自由主義（new liberalism）思潮的影響，歐美先進國家大學的治理逐漸採用市場機制。大學經營管理也受到影響，透過市場化機制，更加重視效率（efficiency）、效能（effectiveness）與卓越（excellence），以提升大學教育品質，有效因應國際競爭的壓力，追求大學的永續發展。歐美先進國家已將提升大學教育品質列為大學經營的首要工作，而高等教育的品質管制與品質保證亦成為各國共同追求的目標，大學的「品質」與「績效」已成為21世紀國家競爭力的一項重要表現指標（楊國賜，2008）。

歐美先進國家設立品質保證專責單位或評鑑團體對大學進行品質管制，以有效確保大學教育品質之提升。有鑑於績效管理之重要性，《大學法》（2019年）第21條明文規定：「1.大學應建立教師評鑑制度，對於教師之教學、研究、輔導及服務成效進行評鑑，作為教師升等、續聘、長期聘任、停聘、不續聘及獎勵之重要參考。2.前項評鑑方法、程序及具體措施等規定，經校務會議審議通過後實施。」因有《大學法》的明文規定，各大學實施教師評鑑，以瞭解大學教師在教學、研究、輔導及服務等任務上的績效。在探討我國大學教師評鑑之前，先針對教師評鑑理論與相關研究進行探究。

一 教師評鑑意義與目的

(一) 教師評鑑意義

教師評鑑是「對教師表現價值判斷和決定的歷程。其步驟為依據教師表現的規準，蒐集一切有關訊息，以瞭解教師表現的優劣得失及其原因。」（歐陽教、張德銳，1993）教師評鑑是一個連續性與系統化的歷程。藉由評鑑者與被評鑑者共同合作，幫助教師釐清個人的優缺點及表現，更重要的是要提供必要的支援與輔導，協助教師克服困難，安排適當的進修訓練，充分發揮教師潛能。其最終目的在協助教師改進教學，以及行政上決定教師任用或獎懲的依據。

在大學教師評鑑的意義方面，對於大學教師評鑑意義的界定，隨著教育評鑑典範的轉移，以及教師主體性的重視而有不同的詮釋。例如：彭森明（2006）認為大學教師評鑑為：「大學教師評鑑係依據審慎、客觀的量化與質性規準與指標，系統化的蒐集大學教師在教學、研究和服務等方面的事實表現與資料，進行專業性價值判斷與客觀性績效評估之歷程。」孫志麟（2007）從當前評鑑的發展趨勢——彰權益能評鑑（empowerment evaluation）理論的發展及推廣下，將大學教師評鑑的意義重新概念化為：「大學教師評鑑是透過評鑑者與被評鑑者之間的參與、溝通、對話與協商，在真實情境中蒐集有關教師表現的資訊，並提供回饋及改進意見，以達到相互理解的過程，進而促進教師的專業發展。」

(二) 教師評鑑目的

1. 在教師評鑑的目的方面，Iwanicki（1990）認為教師評鑑包括下列四個目的：
   (1) **績效**（accountability）：確保有效能的教師在教室中教學。
   (2) **專業成長**（professional growth）：促進新進教師與現任教師的專業成長。
   (3) **學校革新**（school improvement）：促使學校改善教學品質和增進學生學習成果。
   (4) **遴選教師**（selection）：確保聘僱品質最佳教師。
2. 歐陽教與張德銳（1993）亦持相似的見解，認為教師評鑑的目的可以分成形成性及總結性兩方面。
   (1) **在形成性目的方面**：教師評鑑可協助教師改進教學，促進教學革新，以提高教學效果達成教學目標，並且可以就教師教學表現的弱點提供教師適當的在職進修課程，促進教師專業發展。

(2) **在總結性目的方面**：作為聘任教師、續聘教師，決定教師薪資水準、表揚優秀教師，以及處理不適任教師依據，藉以促進學校人事的新陳代謝。

3. 教師專業評鑑的目的也可從教師、學生與家長、學校三方面來看：

(1) **對教師而言**：教師專業評鑑不是找教師麻煩，而是讓教師可以檢視自己的教學狀況，透過診斷與輔導，提供自我成長機會。讓表現好的教師，得到肯定與鼓勵；表現不好的教師，也知道缺點何在，加以改進，以提升教學品質。

(2) **對學生與家長而言**：建立一套好的教師評鑑制度，維持一定教學水準，可以維護學生的學習權，讓家長放心。同時，家長藉由參與評鑑工作，瞭解教育改革的理念與作法，進而關心子女的教育問題。

(3) **對學校而言**：除了提供教師成長機會，也可協助可能成為不適任的教師，或教學／班級經營面臨困難之教師，有持續改進機會，進而提升學校的辦學績效。

4. 孫志麟（2007）將大學教師評鑑目的分為「績效控制／人事決定」和「專業發展／改進表現」。「績效控制／人事決定」取向著重於學校需求的滿足或組織發展的達成，藉以提升學校績效及競爭力；而「專業發展／改進表現」取向則重視教師知識、能力與態度的發展，改善教師的專業表現。

(1) **績效控制評鑑取向**：又稱為科層取向（bureaucratic approach）或垂直式（vertical approach）評鑑取向，其形成與盛行於教師評鑑的傳統時期，且與1990年代績效責任制度主張相互結合，迅速發展成為大學管理的重要手段。在評鑑焦點上，此一評鑑取向集中於教師過去的表現，特別關注教師在評鑑前的工作表現，判斷教師的工作結果與表現是否達到預設的評鑑規準，以便作出獎勵或懲罰的決定。

績效控制評鑑取向是一種典型的總結性教師評鑑制度，尤其注重教師評鑑的結果，較少關注教師專業發展的過程。此種面向過去的評鑑，重點在於檢視教師有什麼（what）的分析性問題，而不在乎教師發展的潛力及其可能性。大學教師在此一評鑑取向中僅是被動接受評鑑的「客體」，教師甚少參與關於自己的評鑑活動，教師的主體性及真實聲音被行政科層所淹沒。績效控制模式過度偏重社會管制、工具理性、重視權威、講求技術，形成一種績效掛帥的評鑑取向。

(2) **專業發展評鑑取向**：又稱為教育取向（educative approach）或水平式（horizontal approach）的評鑑取向，其形成與發展在於對傳統的教師評鑑進行反思，揚棄科學管理的科層控制，主張評鑑只是一種手段、方法或過程，而評鑑的真正目的在於促進教師的專業發展。

在評鑑焦點上，此一評鑑取向是以一種面向未來的思維看待教師的專業發展，重點在於理解教師如何形成與發展，這是「How」的評鑑問題，也是一種形成性教師評鑑制度。大學教師在此一評鑑取向中，必須被視為評鑑的「主體」，教師必須主動參與評鑑活動，透過民主開放的機制，讓教師的聲音與行動被聽見、被看見。專業發展評鑑取向強調教師賦權增能、專業自主、學習與發展，重視評鑑過程中的溝通、協商、對話、探究，且以一種支持、協作的方式，形塑專業的評鑑文化，共同致力於教師發展和學校發展（孫志麟，2007）。

績效控制取向和專業發展取向大學教師評鑑兩者之差異，如表11-1所示。

綜合上述，教師評鑑的目的主要有二：其一主要是幫助教師瞭解自己的優缺點，進行專業成長工作；其二是確保教育品質及建立教師淘汰機制。另外，教師評鑑制度必須要能有效的結合教師專業發展的機制，在評鑑過程中強調教師彰權益能、專業自主、與同僚之間的學習與發

表 11-1
績效控制評鑑取向與專業發展評鑑取向大學教師評鑑差異表

項目	績效控制評鑑取向	專業發展評鑑取向
理論基礎	• 科學管理理論 • 績效管理理論	• 動機需求理論 • 專業發展理論
評鑑目的	• 績效控制	• 專業發展
評鑑主體	• 機構	• 教師
評鑑本質	• 科層取向、垂直式 • 行政控制、集權 • 穩定、統整	• 教育取向、水平式 • 專業自主、分權 • 變通、分化
評鑑動力	• 外在壓力 • 由外而內	• 內在動機 • 由內而外
評鑑原則	• 責任、競爭、激勵、獎懲、公平原則	• 理解、診斷、發展、回饋、民主原則
評鑑過程	• 標準化、嚴格管制、重視權威、講求技術	• 溝通、協商、對話、探究
評鑑問題	• 分析性問題 • 強調結果 • 面向過去	• 反思性問題 • 重視過程 • 面向未來
評鑑者角色	• 判斷	• 諮詢、協助、引導
受評者角色	• 被動接受 • 評鑑的「局外人」	• 主動參與、學習 • 評鑑的「主體」
評鑑利用	• 以過去成果作爲人事決定 • 作爲教師升等、聘任、續聘、長聘、獎勵、懲罰之依據	• 以進展運作爲促進專業成長 • 與獎懲機制脫勾

資料來源：孫志麟（2007）。績效控制或專業發展？大學教師評鑑的兩難。

展，重視評鑑過程的溝通、協商與對話，且以一種支持與協助的方式，形塑專業的評鑑文化，共同致力於教師專業發展和學校發展，達到評鑑的真正目的。

二 教師評鑑要素、模式、項目與方法

(一) 教師評鑑要素

Iwanicki（1990）認為良好有效的教師評鑑應該包括下列三項要素：1.完整的評鑑目的；2.具體的評鑑規準；3.合宜的評鑑歷程。張德銳與呂木琳（1993）認為，決定「評鑑目的」是教師評鑑工作中最重要的一環。教師評鑑應以形成性目的為主，因教師評鑑最主要的目的在於幫助教師改進教學與鼓勵教師專業發展；而教師評鑑的次要目的，才是在於聘僱新教師、解聘不適任教師和區別教師表現效能。

其次，教師評鑑應有具體的評鑑規準。合理的教師評鑑規準應具四項特性：配合評鑑目的、評鑑內涵應和教師工作表現有關（以教學工作為主）、評鑑項目力求具體明確並有客觀衡量標準，以及教師應參與教師評鑑規準的決定（張德銳、呂木琳，1993）。以評鑑指標為例，如果評鑑指標設立不當，則再好的評鑑方法、分析，也無法蒐集到適當或者合用的教師評鑑資料。因此，宜兼顧質性與量化指標，使教師行為描述更具體明確。

另外，一個合宜的教師評鑑歷程，至少應具備教師自評、評鑑者評鑑，以及研擬改進計畫並進行改進等三個歷程（張德銳、呂木琳，1993）。在這些歷程當中，也應做好後設評鑑，根據教師評鑑整體方案（評鑑目的、評鑑項目、評鑑指標、評鑑方法、評鑑人員、評鑑流程……），進行檢視與改進，以謀求教師評鑑方案的精進與完整。

(二) 教師評鑑模式

簡紅珠（1997）提出兩種不同的教師評鑑模式：

1. **教師專業發展模式**：主要目的是嘉許良好的教師表現、找出教師有能力改善的地方、協助教師的專業與生涯發展、統合學校與教

師以找出互利的利益、支持與計畫教師的在職進修。

2. **績效責任模式**：主要目的是辨識教師表現不佳之處、找出不適任教師予以解僱、評定教師表現以為加薪與晉級的依據，提供證據作為行政處理的依據。

(三) 教師評鑑項目

一般公立大學教師評鑑的項目，以教學、研究、服務與輔導為範疇，各校採取彈性的評分比重來評量（張鈿富，2008）。

(四) 教師評鑑方法

吳政達（2001）綜合國內外學者的研究，認為若就教師評鑑的評鑑者而言，評鑑的方式可分為教師自我評鑑、同儕評鑑、上級—部屬評鑑、由學生評鑑教師教學、校外人士評鑑、非教育人士評鑑等方式。茲將其內涵整理，如表11-2。

表 11-2

教師評鑑方式（依教師評鑑的評鑑者區分）

	評鑑方式	優點	缺點
依評鑑者身分區分	教師自我評鑑	可作爲評鑑過程一環，教師本身最能深入瞭解自我教學表現，且可促進教師增加反省、批判之能力。	1. 可能造成教師額外工作負擔。 2. 造成教師自我評鑑的月暈效應，即給予自己較佳評價，自認表現比同僚較佳，易產生仁慈的錯誤（leniency error）。
	同儕評鑑	評鑑者與受評鑑者較易相互認同，評鑑過程較融洽、有教學相長之效。	評鑑者與受評鑑者間關係較佳時，易造成包庇、袒護之態度；反之，則易造成吹毛求疵等之評鑑結果。
	上級—部屬評鑑	便於學校之運作、經營，且較能配合教育政策之執行。	可能形成上級權力過大，不當施壓於教師，造成部分教師產生恐懼或奉承上級之心理。

表 11-2（續）

	評鑑方式	優點	缺點
依評鑑者身分區分	由學生評鑑教師教學	在教師教學的各類評鑑中，由學生評鑑教師教學已被研究證實爲最直接的評鑑方式，在大專院校較爲盛行。	國民中小學階段因學生成熟度不高，故較不適用。
	校外人士評鑑（指其他學校的教師、校長等）	可避免同事間人情關係的影響。	評鑑者對教師實際教學表現可能無法深入瞭解。
	非教育人士評鑑	家長、家長委員、其他社會人士等主要納稅者應有此權利，可經由網站讓家長和學生表達對教師表現之看法。學生爲受教對象，透過此管道可保障其受教權。	若由家長評鑑可能會聽學生不實意見；而由民意代表等社會人士評鑑教師，可能造成政治因素的介入。

資料來源：整理自吳政達（2001）。教師評鑑方法之探討（上）。

貳 大學教師評鑑實施現況與問題

因中小學教師並無實施教師評鑑，因此，以下以大學教師為研究對象。在探討大學教師績效管理方面，以大學教師評鑑為探討內容。因大學教師以研究、教學、推廣服務為主要任務，故各大學教師評鑑皆以評鑑這三項的績效為主。

有鑑於績效管理之重要性，《大學法》（2019年）第21條明文規定：「大學應建立教師評鑑制度，對於教師之教學、研究、輔導及服務成效進行評鑑，作為教師升等、續聘、長期聘任、停聘、不續聘及獎勵之重要參考」。大學實施教師評鑑以瞭解大學教師在教學、研究、輔導及服務等任務的績效。

以下先針對大學教師評鑑現況與法規進行分析；其次，探究大學教師評鑑面臨之困難；最後，針對大學教師評鑑面臨之困難提出解決策略。

一 教師評鑑現況與法規分析

(一) 大學教師評鑑現況

有關大學教師評鑑現況，張鈿富（2008）曾研究32所公立大學的教師評鑑文件，獲致以下結果：

1. **名稱方面**：各校以採「教師評鑑辦法」者最多，占50%以上；其次，採「教師評鑑準則」占15.6%（臺大、海洋大學採「教師評估準則」，政大採「教師基本績效評量辦法」，清大、交大、高雄大學採「教師評量辦法」，成大則稱「教師評量要點」）。
2. **實施時間**：最早實施的時間是1998年，2006年至2007年完成法定程序的大學有22所，占68.75%；至2007年，臺灣的公立大學皆已訂定教師評鑑相關辦法。如果一般教師以5年接受評鑑為週期，這項規定真正的影響力在2010年以後。
3. **評鑑內容**：在教師評鑑內容方面，一般公立大學以教學、研究、服務與輔導為範疇，採取彈性的評分比重，以教學占30%至50%，研究占30%至50%，服務與輔導占10%至30%的規定較多。而通過分數以70分為準，也有規定75分為通過者。
4. **免評鑑年齡**：65.6%有免評鑑年齡的規定，年齡為60歲，但也有附帶規定，例如：滿60歲但須服務15年以上，或是60歲但必須為教授，才能享有免評鑑的基本條件。
5. **評鑑執行單位**：一般規定以院級為一審單位，組成小組或院教評會來執行，也有學校規定以系、院或是院、校兩級來處理。

前述32所公立大學公布的教師評鑑相關辦法，有以下異同（張鈿富，2008）：

1. 評量規準稍不同，大致為教學、研究、輔導與服務，但有分成三項，或輔導、服務分開計算。
2. 對象大致相同，皆為專任教師，少數規範兼任教師、研究員、計畫研究員等。
3. 評量週期差異大，2年至6年均有，與教師職級有關。
4. 大都有免評鑑條款、評鑑結果與罰則連結。
5. 負責執行單位為院級教評會，或另組評鑑委員會。

(二) 大學教師評鑑法規

另外，在大學教師評鑑法規方面，為瞭解大學教師評鑑的法規現況與異同，茲舉3所不同屬性（公私立、綜合型與文理型）大學：國立臺灣大學、國立臺中教育大學、私立逢甲大學，將教師評鑑辦法做進一步說明與比較，如表11-3所示。

表 11-3

臺灣大學、臺中教育大學、逢甲大學3校教師評鑑法規比較表

	臺灣大學	臺中教育大學	逢甲大學
1. 名稱	教師評估準則（2021）	教師評鑑辦法（2021）	教師評鑑辦法（2021）
2. 訂定時間	1998年	2007年	2007年
3. 目的（評鑑內容）	爲評鑑教師之教學、研究、服務各項成效	提升教學、研究、輔導及服務之品質	提升教學與輔導、研究、服務之品質與維持教育水準追求卓越發展
4. 週期	1. 副教授及教授：5年 2. 講師與助理教授3年或5年	5年（不論教師職級）	1. 副教授及教授：5年 2. 講師與助理教授：3年

表 11-3（續）

	臺灣大學	臺中教育大學	逢甲大學
5. 免評鑑條件	共有八項條件，教授符合條件者可申請，由所屬學院向校方推薦爲免評鑑教師。（節錄如下） 一、獲選爲中央研究院院士者。 二、曾獲頒教育部學術獎或國家講座者。 三、曾擔任國內外著名大學講座教授經本校認可者。 四、獲聘爲本校特聘教授者。 五、曾獲本校教學優良獎十五次者。	一、爲中央研究院院士。 二、獲頒教育部學術獎或國家講座。 三、曾獲頒科技部傑出研究獎二次以上者。 四、曾獲科技部專題研究計畫十五次以上者。 五、曾獲本校教學優良獎項三次以上者。 六、年滿60歲。	共有八項條件：（節錄如下） 一、獲選爲中央研究院院士、或國際學術機構院士者。 二、曾獲頒教育部學術獎、國家講座、或科技部傑出研究獎三次者。 三、曾獲國際著名學術獎或在學術上有卓越貢獻，經本校教師評審委員會認定者。 四、曾任本校講座教授者。 五、曾任本校校長者。 六、年滿60歲。
6. 評鑑執行單位	各學院（包括共同教育中心）	初審： 各學院（通識教育中心）教師評審委員會 複審： 校教師評審委員會	初評： 院級教師評鑑小組 複評： 校級教師評鑑小組
7. 評鑑結果與罰則	不得申請教授、副教授休假研究，且自次一學年起不予晉薪、不得在外兼職、兼課或借調，亦不得延長	輔導期間不得領超支鐘點費、不得校外兼職與兼課，並應於2年內接受複評，複評通過後，	評鑑不通過者，次年度維持原俸，且不得提出升等、教授休假、彈性授課、在外兼職或兼課之申請，亦不得申請退

表 11-3（續）

	臺灣大學	臺中教育大學	逢甲大學
	服務或擔任校內各級教評會委員或行政、學術主管。	自次年解除前述限制。 2年內未申請複評或複評未通過者，次一年不得年資晉級加薪、不得校外兼職與兼課、不得領超支鐘點費、不得兼任行政（或學術）主管、不得借調、不得申請教授休假研究、不得帶職帶薪進修。	休後延長服務或擔任校內各級教評會委員。
8. 改善機制	評鑑不通過者，學院應敘明具體理由通知受評教師，並就其教學、研究、服務方向及成果提出改善建議，且由學院協調學系（所、學位學程）給予協助於2年內（自評鑑未通過之次學期起算）由學院進行複評。	評鑑未通過者，所屬系（所、中心、學位學程、處）與教務處教學發展中心應予輔導協助，受評人並須提出改善計畫。	專任教師評鑑結果未通過者，由學院協調系所給予輔導，次年起每年可申請再評鑑。
9. 申訴制度	有	有	無

資料來源：整理自3所大學教師評鑑法規。

註：臺灣大學講師與助理教授，1998年1月9日以前聘任者，每5年評鑑一次；1998年1月10日以後聘任者，應於來校服務3年至5年內由各學院實施第一次評鑑。

以下比較前述3所大學的教師評鑑法規：

1. **名稱**：臺灣大學原先是「教師評估準則」，但後來名稱改成跟臺中教育大學與逢甲大學名稱相同，都是「教師評鑑辦法」。
2. **訂定法規時間**：臺灣大學早在1998年即已訂定；臺中教育大學與逢甲大學則都是2007年訂定。
3. **評鑑內容**：臺灣大學是「教學、研究及服務」三個項目；逢甲大學與臺中教育大學則是「教學與輔導、研究、服務」，多了「輔導」這一項目。
4. **評鑑週期**：3所大學略有不同，原本3所大學評鑑週期分為3年與5年兩種，基本上講師與助理教授3年要接受評鑑，副教授與教授則為5年。但臺中教育大學2021年新的教師評鑑辦法，已改為不論教師職級，皆為每5年應接受評鑑。

   其次，臺灣大學講師與助理教授的教師評鑑週期較為複雜，主要有3年或5年兩種。講師與助理教授1998年1月9日以前聘任者，皆為每5年評鑑一次；講師與助理教授如為1998年1月10日以後聘任者，評鑑週期與規定有所不同。

   講師如為1998年1月10日以後聘任者，應於來校服務3年至5年內由各學院實施第一次評鑑，評鑑通過者，其後每3年內應由各學院實施一次評鑑。

   助理教授如為1998年1月10日以後至2016年7月31日以前聘任者，應於來校服務3年至5年內由各學院實施第一次評鑑，評鑑通過者，其後每3年應由各學院實施一次評鑑；2016年8月1日以後聘任者，依第6條相關規定實施評鑑（結合教師升等制度，亦即教師應經評鑑通過，始得提請升等）。
5. **免評鑑條件**：3所大學免評鑑條件皆以研究表現傑出為主，例如：獲選為中央研究院院士者、曾獲頒教育部學術獎或國家講座者，或國科會（科技部）專題研究計畫者。但後續3校將獲得教學獎項或導師獎項也列入，臺灣大學將獲得教學傑出獎或教學優良獎納入，臺中教育大學將獲教學優良獎項納入，逢甲大學將獲得該校終身優良導師者，或當選教育部友善校園之傑出導師者納入。如此修法方向，反應出大學要扭轉往常大學常常給人「重研究，輕教學與服務」的刻板印象，同時，也給予認真教學或認真擔任導師的教師肯定。

另外，3所大學免評鑑條件呈現些許差異。臺灣大學免評鑑法規注明必須是「教授」；逢甲大學另外將曾任該校校長者亦列入免評鑑範圍。此外，在年齡方面，臺中教育大學與逢甲大學皆有年滿60歲免評鑑之規定，但臺灣大學則無。

6. **評鑑單位**：臺灣大學以各學院為主導；逢甲大學與臺中教育大學皆分為兩階段，初評或初審由院教評會／院級教師評鑑小組辦理，複評或複審由校教評會／校級教師評鑑小組辦理。
7. **評鑑結果**：3校皆與罰則做連結，例如：不得領超支鐘點費、不得校外兼職與兼課、不得休假研究，或是不得擔任主管或委員。
8. **改善機制**：臺灣大學與逢甲大學皆由學院協調系所給予未通過評鑑之教師輔導，但臺中教育大學則明定所屬系（所、中心、學位學程、處）與教務處教學發展中心給予輔導協助，並規範受評人須提出改善計畫。
9. **申訴制度**：臺灣大學與臺中教育大學皆有條文明定教師可對評鑑結果提出申訴，臺灣大學規定「各級教師對評鑑結果有異議者，得於通知送達之次日起三十日內，向教師申訴評議委員會提起申訴，或向教育部提起訴願。」臺中教育大學亦有提到類似規定：「得於收到通知後次日起十五日內，以書面檢具證明文件，向所屬學院（通識教育中心）或校級教師評審委員會提出申覆一次。」比較特別的是，逢甲大學條文中未提及申訴制度。

二 大學教師評鑑面臨困難

雖然教師評鑑具備協助教師改進教學、促進教師專業發展，以及達成學校教學革新等目的，然而，真正要實施，可能會遭遇以下困難。

(一) 對教師評鑑產生誤解或疑慮，且有評鑑的壓力可能破壞校園和諧

教育評鑑對教育工作者來說，經常被視為重要甚至必要，但不喜歡，卻又不瞭解的事物。雖然教師可能認知到評鑑的功能與優點，但提到評鑑一般人心理免不了認為是在挑毛病、找麻煩，因而造成心理的不安，進而產生排斥的心理；其次，面對評鑑，不免要準備相關資料，會增加教師負擔，也會增加受評教師之壓力。這兩種原因就是所謂評鑑的「原罪」（郭昭佑，2015），也是評鑑會讓人覺得「顧人怨」的原因。因此，實施大學教師評鑑時，若沒有適當的宣導與溝通，可能會造成教師心理的排斥，甚至產生誤解。

由於大多數教師對於教師評鑑的客觀性與公平性可能有疑慮，特別是教育成效不是短時間能看出。「十年樹木，百年樹人」，教育不僅需要長期培養學生，而其成就也要在較長的時間後才會顯現出來。以教學評鑑為例，影響學生學習成就的因素很多，除了教師的教學優劣外，學生本身的素質高低、家長是否關心子女的教育亦是重要原因。另外，教學兼具「科學」與「藝術」兩種特性，科學容易評定成效，而藝術則不易評估成果。是以，要評估教師的專業成效，雖然有其必要性，但也有其困難度。

另外，倘若教師評鑑和具有威脅感的措施結合在一起，恐將引起教師強烈的反彈、排斥與抗拒。此外，教師評鑑不但會增加教師的工作負擔與心理壓力，亦可能破壞教師同儕的信任及互動關係，學校當局必須加以留意，謀求對策，以避免或降低教師評鑑所帶來的副作用。國外的研究即發現評鑑會增加教師工作負擔，Hoecht（2006）訪談任職於大學的教師，研究結果發現評鑑的機制需要許多老師密切合作以共同完成評鑑工作，但這樣常會因為評鑑的利害關係而破壞同事間的情誼，引起同事間的摩擦，且教師在研究與從事教學工作之餘，還需要準備關於評鑑工作的資料，評鑑又包含學科、機構與研究等層面，重重評鑑工作所導致的身心壓力，將是教師工作的重擔。

(二) 實施教師評鑑所需人力與時間的限制

教師評鑑是長期的發展性工作，需要長期蒐集資料、觀摩與討論。然而，以目前大學教師繁重的教學、研究、服務與行政工作，無論實施自我評鑑、同儕評鑑，抑或是實施校外人士評鑑，對於教師本身皆有時間上的壓力與人力上的限制。

(三) 教師評鑑著眼於績效管理與控制的思維，未能與教師發展相結合

我國大學教師評鑑著眼於績效管理與控制的思維，忽略教師專業發展的課題（王令宜，2004；孫志麟，2007；郭昭佑，2007；張鈿富，2008）。教師評鑑未能與教師發展相結合，偏重總結性評鑑，忽略形成性評鑑，且評鑑結束之後，如未對成績不佳的教師加以輔導，或提供改善建議，將失去評鑑的真正意義。

(四) 懲罰導向

大多數大學教師評鑑結果與罰則連結（孫志麟，2007；張鈿富，2008）。評鑑不通過之教師將面臨下列「處罰」：不得提出升等、不得校外兼職與兼課、不得領超支鐘點費、不得兼任行政或學術主管、不得借調、教授不得休假研究、不得帶職帶薪進修。如此的評鑑制度，將使大學教師感到恐懼、不安，甚或排斥，而且偏重懲罰、缺少獎勵，也缺少「發展」與「改進」的作用。

(五) 評鑑指標的問題

大學教師評鑑指標所造成的問題，可歸納為以下幾點：

1. **評鑑指標偏重研究，輕忽教學，且反映世界體系強權宰制的現象**：我國大學教師評鑑指標重研究，輕教學（孫志麟，2007；張鈿富，2008；畢恆達，2009），例如：檢視各大學教師評鑑辦法，對於免受評鑑者的資格限定，大多以研究為判定指標，而忽

略教學、輔導與服務等工作的貢獻與價值，反映出評鑑指標偏研究而輕教學與服務的心態。此種指標訂定偏頗的結果，使大學教師為能通過評鑑，將大部分時間投入研究工作，相形之下忽略了教學工作的準備與投入，對於大學教學品質的提升有所損害。

另外，各大學將大學教師發表於SCI、SSCI、EI等資料庫的期刊列入評分項目，且每篇期刊所占配分明顯高於國內資料庫或期刊，在在反映出世界體系強權宰制的評鑑指標。陳伯璋（2005）指出目前國內將學者的學術論文能否刊登在國外（特別是列在美國的SSCI）的學術專業刊物，作為判定一份研究成果的好壞與界定學者品質的標準；以此「客觀」標準，界定所謂「學有專精」的學者，如此重外國而輕本土、重期刊而輕專書、重理工而輕人文、重英文而輕華文，反映出認同世界學術文化體系「中心一邊陲」的強權宰制，充滿著西方學術文化霸權的味道。

2. **研究評鑑指標偏重論文篇數、輕忽論文品質**：大學教師評鑑指標偏重論文的篇數，產生忽略論文品質的副作用。畢恆達（2009）認為為了刺激與管理學術生產的競爭力，國科會與教育體制產生了一套量化評鑑指標（主要是SCI、SSCI論文發表數），以量化得分對大學、系所與教授進行獎懲。雖使臺灣發表的論文篇數逐年提高，甚至已經超過規模跟我們相當的先進國家，例如：芬蘭、愛爾蘭和以色列。然而，代表論文品質的被引用次數卻仍偏低，跟鄰近的菲律賓、泰國和印尼相差無幾。
3. **重理工，輕人文**：大學教師評鑑指標偏重SCI、SSCI論文發表數，將產生偏重理工、輕視人文的現象。畢恆達（2009）認為宜思考一味的追求SCI、SSCI，使我國的學術成為西方學術生產下游的代工而已，且我國大學教師評鑑制度都以理工思維來評價社會人文。劉維琪（2008）也持相同觀點，他認為在人文社會科學領域方面，一來國內學者的研究範圍多聚焦於國內問題，以英文為主的SCI、SSCI論文統計結果，據以論斷大學的學術表現有失公允；二來人文藝術社會領域有許多專書、創作與展演作品，也是研究成果的重要部分，絕對不是單靠統計SCI、SSCI、A&HCI論文的發表數量就可以取代。採用建立研究論文引用索引的文獻計量法，再加以統計與排序，其缺點在於所收錄的對象僅限以英語出版的期刊論文，專書與中文期刊都不在其收錄與統計的範圍之列；且在研究方法上又以計量為主，論文品質的好壞難以兼顧。

4. **偏重期刊，輕忽專書**：現行大學教師評鑑指標偏重教師發表期刊的篇數，導致教師只重視期刊的發表，忽略專書等其他形式學術的產出。王如哲（2008）認為在研究工作上，雖然目前研究績效衡量首重個人研究成果對科學知識之貢獻度，因而學術期刊論文往往成為測量研究績效之主要依據，但不能因此忽視對社會與文化可能有更為深遠影響之其他形式學術產出，例如：專書。就現實而言，撰寫專書所需的長時間投入，可能不如將時間集中於期刊論文發表來得更有績效，但學者應平衡考慮到學術工作對於社會與文化之長遠效益，尤其是社會與人文學科更應如此。

(六) 大學教師評鑑衍生出師資聘任問題

歸納各大學教師評鑑辦法可以發現，大學教師評鑑造成各大專校院在聘任教師的主要問題有二：1.師資聘任不以學校發展方向、課程專長或學生需求為主，而以在大學評鑑或教師評鑑能獲分數較高為導向；2.師資聘任以能帶來最多研究經費或利潤之教師為主要考量。

第一個問題，各大學幾乎都訂有若獲得中央研究院院士、教育部學術獎、國家講座或國科會甲種研究獎等獎項，可依所獲得之獎項等級，給予免接受評鑑資格或毋須每年評鑑的規定。然而，這樣的教師評鑑條款規定，無形中鼓勵各學院或系所，為在系所評鑑或教師評鑑能拿到高分，在徵聘教師時，聘請已是「教授」職級之人才，而不是思考應聘任符合各系所目標、課程專長或學生真正所需的師資人才。

第二個問題，目前各大專院校，特別是私立大專院校，為在學術評鑑之研究項目獲得較多分數，在師資聘任上，偏重考量前來應徵的教師目前是否「有案在身」（有幾件研究案）？有幾件國科會計畫？能替該系所或學院帶來多少計畫經費？至於應徵的教師能開什麼課？教學是否優秀？這些問題反倒不是那麼重要了。

(七) 教學評鑑實施現況與問題

大學教師評鑑在實施上發生許多問題。陳琦媛（2007）研究我國公立大學教師教學評鑑制度，發現我國公立大學教學評鑑執行上有一些問題，導致大學教師對「教學評鑑制度」感到不滿，例如：目前公立大學過於強調教師研究績效，間接抑制教師對於教學之熱情和付出；同儕評鑑之時間、人員和標準難以規劃，教師教學可能因同儕評鑑而受到干擾，或因此調整教學方式以配合評鑑，最後淪為單堂課程教學演示，徒增教師工作負擔；全面公開教師教學評鑑結果，雖可作為學生選課參考並惕勵教師提升教學品質，但可能導致教師為提高評鑑成績而改變教學內容或評分方式，僅迎合學生喜惡而非改善教學品質，讓學生以教學評鑑分數評斷教師教學良窳並不妥適。

陳琦媛（2007）認為大學在規劃大學教師教學績效評鑑項目與指標時，可採取單一教學評鑑項目與指標作為升等、教師評鑑、教學評鑑之共同參考依據，並且對不同指標給予不同權重計分。在評鑑方式方面，可以用教師教學資料、同儕教師審查、學生意見調查和系所資料審查等多元方式進行。其次，學生意見調查可作為最基礎的評鑑方式，然後，輔以同儕評鑑兼顧專業性，並且與每學年定期舉行之教師評鑑作配合，使教學評鑑流程具備教學成長、人事決策、後續追蹤輔導和獎懲機制等功能。

三 大學教師評鑑實施問題之改善策略

面對大學教師評鑑實施所發生的問題，以下提出改善策略：

(一) 發展以教師專業成長與改善為導向之教師評鑑機制

確立評鑑目的在評鑑活動中具有關鍵的作用，它影響著評鑑主體、評鑑視角和評鑑利用，也影響整個評鑑活動的進行。Stufflebeam（1983）認為評鑑最重要的意圖不是為了證明（prove），而是為了改進（improve）（The goal of evaluation is not to "prove" but to "improve"）。然而，在大學逐漸增加對教師工作和專業活動控制的氛圍下，學校行政人員採取了績效控制取向評鑑教師的表現，反而忽略了教師專業發展的目的。教師評鑑淪為績效控制的工具，很難作為專業發展的有效機制（孫志麟，2007）。

然而，教師評鑑只是一種手段，而不是目的。大學教師評鑑的目的並不在於把教師分類或作為獎懲的工具，而是要作為提供教師改進表現的回饋訊息，協助教師反省與行動，確定教師專業發展需求，設定未來的發展目標，以增進專業學習與成長。郭昭佑（2007）認為教育評鑑的績效責任目的是脫離不了發展改進的，因為教育不像企業管理，在評鑑後可以去蕪存菁、擇優汰劣，而是必須針對較弱的環節，例如：表現不好者，加以改進並促使發展，而不在譴責或汰劣。另外，在評鑑領域中，隨著評鑑典範的轉移，對於評鑑目的、評鑑者與被評鑑者角色轉變的看法皆有很大的不同。近十餘年逐漸興起的彰權益能評鑑（empowerment evaluation），其評鑑模式強調放棄傳統上評鑑者是一位客觀、獨立且具指導性的角色，相對地，評鑑者係以一位協助方案參與者進行評鑑的角色進入現場。評鑑的主體從過去的評鑑者，轉為方案參與者，著重參與者的自我決定與權能的提升，期冀參與者透過評鑑過程得以解放（liberation），成為得以掌控自我的生命主體（Fetterman, 2000; Fetterman & Wandersman, 2005）。

我國大學教師評鑑宜確立專業發展才是教師評鑑的核心目的，大學應發展以改善為導向之教師評鑑機制（王令宜，2004；孫志麟，2007），方能有效發揮促進教師專業發展與改善之功能。

(二) 建立合宜的評鑑標準、指標及相對權重

有鑑於前述我國大學教師評鑑指標的問題：偏重研究、輕忽教學；研究評鑑指標偏重論文篇數、輕忽論文品質；重理工、輕人文……，因此，改善之道在於建立一套適宜的評鑑指標。

大學教師的主要職責與角色，包括：研究、教學、服務，此三大領域構成了教師評鑑標準的內容，不過，由於大學教師工作的差異及其角色不同，各學門領域發展研究的取向亦有差異，因此，大學教師評鑑各項標準或指標應考量其差異性與相對權重，建構適切的評鑑標準，以符合實際現況，同時，也可讓每一位教師發揮自己的專長及特點，進而增進其專業發展。換言之，大學教師評鑑標準與指標應該是彈性、多元的，並非只以一套標準套用於不同學門的教師；不同專業特性或職級的大學教師，可以自行設定評鑑標準及相對權重，以反映專業差異及生涯發展階段的需求。

(三) 大學教師評鑑應兼顧形成性評鑑與總結性評鑑

大學教師評鑑之目的主要是提升教師教學、研究與服務品質，然而，若只重視總結性評鑑而忽略形成性評鑑，則易讓評鑑成為行政附庸，對教師本身及教學、研究與服務品質改進均無實質助益，故教師評鑑應兼顧形成性評鑑與總結性評鑑，才能真正把握教師評鑑的精神。

(四) 教師評鑑的成員與進行方式應具多元性

教師評鑑會為教師所排斥，其主要原因乃是傳統上較重視上級對下級的評鑑方式，以及大多數教師對於教師評鑑的客觀性與公平性可能有所疑慮。要解決此問題可使用360度績效評估（360-degree appraisal）（又稱360度回饋，360-degree feedback）加以解決。360度績效評估是近年來最備受關注的一個績效評估方法，藉由蒐集員工周遭各層面，諸如：上司、下屬、同事、客戶、自己，以及外部相關人員等，對該員工在工作上的表現及其他相關資訊，並將這些資訊應用在員工的訓練與發展上。其主要功能在透過全面與多元資料的蒐集與分析過程，協助個人

成長、發展或作為評鑑個人績效的一種方法，做到更公平與公正的評鑑（吳清山、林天祐，2002；吳清山、張素偵，2002）。因此，在評鑑過程中，除應重視民主化及人性化的需求，給予教師應有的尊重，教師評鑑的成員，也可參照360度績效評估，有多元化的參與，除校長、院系所主管等行政人員參與評鑑外，也可透過教師之同儕視導，加強評鑑過程的公正性。

此外，評鑑方式應多元化，讓教師可以在各種評鑑方式中瞭解自我及加強改進之處，因此，教師評鑑應重視方式的多元化及重視教師的需求。

(五) 建立評鑑成為學校內部的自發機制

這一波的大學教師評鑑，發起的動力並不是來自大學內部，而是來自於教育部。這樣的動機是外鑠的，不是內建於學校內。潘慧玲（2005）認為為使評鑑能發揮學校與教師自我改善以追求品質的功能，宜使評鑑成為學校組織內建機制，將評鑑視為學校發展中的一部分，讓學校文化珍視評鑑，使評鑑成為學校組織中的一項核心價值，以促進學校的成長與進步。評鑑不僅可用來評估績效，亦可用來培育成員能力或是促進學校發展，近年所提出的「評鑑主流化（mainstreaming）」概念，更訴求讓評鑑成為組織中日常運作的一部分，而非僅是外加且間歇性執行的任務，如此，評鑑方能實際帶動組織的發展（潘慧玲，2005；Sanders, 2002）。

(六) 其他相關配套措施

1. **進行宣導、試辦並依法實施**：學校首先應加強大學教師對於教師評鑑正確觀念的宣導與溝通，去除教師心中的疑慮，建立教師正確的評鑑觀念。在正式實施前，可先進行試辦，在試辦的過程中對制度的缺失不斷加以修正改進。
2. **重視利害關係人的觀點**：Stake提出回應式評鑑（responsive evaluation），認為評鑑應關心利害關係人的福利，辨認在評鑑方案中人們所擁有的特定利害關係，且期待這個評鑑方案對其是有幫助的，以支持實務工作者，改善其實務工作（Worthen, Sanders, & Fitzpatrick, 1997）。因此，大學教師評鑑應重視利害關係人的觀點，學校與和此政策相關的利害關係人——教師，應共同協商，訂出適合學校發展需求及特色之評鑑指標。

3. **建立教師自評及申訴制度**：配合推動教師評鑑制度，校方可要求教師先進行自我評鑑，以作為推動後續其他評鑑方式的基礎。同時，為因應教師評鑑結果可能會有不利於教師的情形，例如：評鑑未通過，應建立有效且公正、公平之申訴管道。
4. **建立績效獎勵制度**：因績效管理的管理性目的在於依績效評核結果制定管理決策，例如：調薪、升遷等，故教師評鑑制度應與績效獎勵制度相互配合，對於評鑑優良者應給予獎勵，以適度激勵大學教師工作士氣。

參 大學教師多元升等制度

大學教師主要的工作可分為研究、教學與服務三大部分，但長期以來升等仍以研究為主要參考依據。為了激勵教授從事研究，大學多以各種不同制度來達成研究目標，諸如：鼓勵休假進修、頒發研究獎金、抵免教學時數與訂定升等辦法，其中尤以升等制度為影響大學教師生涯發展的關鍵（田芳華，1999）。教學是大學教師的首要職責，然而，大學卻在科學研究的功利主義盛行下，造成了偏重科學，輕忽人文；著重學科專業，忽視學生需求；注重研究，而忽略教學的偏差現象（楊洲松，2008；陳碧祥，2001）。從各大學升等方式，「專門著作」送審所占比率甚高（占90%以上），可以看出國內的升等生態：第一，在強調「專門著作升等」模式下，大學教師將所有的時間與精力投入學術研究，雖可增加學術產出，但是卻也產生偏重學術的問題；第二，由中央訂定一套升等制度，導致未能結合學校特色（倪周華，2013）；第三，升等單軌制度不符國際潮流趨勢。前哈佛大學校長Bok也指出大學教育的主要問題在於：沒有任何壓力迫使大學教師持續尋求更新、更好的教學方法（張善楠譯，2008）。這亦使得在大學現場中，辛勤投入教學工作的年輕教授難以藉由職級的晉升，獲得相對應的學術認可。

大學教授升等制度緣起於歐美等先進國家，近年來，歐、美、日等國家陸續針對大學教授升等制度進行改革，例如：2002年德國大學引進新的學士和碩士學程制度，同時採用「初級教授制度」（Junior professor）以及教授備選資格審查（Habilitation）。近年來日本為培育年輕學者，跳脫原來年功序列的師徒制，仿照美國引進終身職（tenure）制度。而中國近年來也針對大學教授升等制度進行革新（林政逸，2017）。總之，先進國家高等教育機構教師資格發展制度皆以大學學術自主為依歸，且制度與配套措施能符應學校／院系定位發展及其教師專業分工進行規劃，並強調學校自主（何希慧，2015）。

為解決前述大學教師升等制度相關問題，教育部2013年訂定「教育部補助大專校院推動教師多元升等制度試辦學校計畫審查作業要點」，透過補助導引學校推動教師多元升等、建立升等審查外審人才資料庫及辦理多元升等研討會等，以透過該項計畫鼓勵學校結合職涯發展，引導教師專長分流，鼓勵教師投入教學及技術應用實務領域，俾利學校多元化發展。教育部2013年開始試辦多元升等制度，推動目標有三（教育部，無日期）：

(一) 建立多元升等制度、引導教師專業多元分工。

(二) 結合學校校務發展、賦予學校自主審查機制。

(三) 配合學校教師評鑑、建立完整職涯發展路徑。

規劃有三種升等策略，除了傳統以學術研究為主的升等制度外（助理教授、副教授、教授），尚有以技術能力為參酌的「技術應用研究教師」（技術應用研究型助理教授、技術應用研究型副教授、技術應用研究型教授），以及以教學專長升等的「教學研究型教師」（教學研究型教師、教學研究型資深教師、教學研究型教授）。

自2013年起推動教師多元升等制度，可以看出透過多元升等管道升等的教師數有增加的趨勢（教育部，2018）。其次，教育部於107學年度提出「教師實踐研究計畫」，將教師多元升等制度與高等教育深耕計畫結合，以利持續推動教師多元升等，提升各校教學品質及學生學習成效。

張堯雯（2019）進行大學教師多元升等政策評估，探究大學教師多元升等政策實施現況、教師覺知政策情形，並運用IPA分析大學教師多元升等政策中可持續及優先改進之項目。研究有幾項重要發現：大學教師知覺大學教師多元升等政策實施現況成效普通，但在教學實踐研究升等與技術應用升等部分成效良好。其次，大學教師多元升等政策能確實發揮教師專長，但建議教育部仍需持續推動大學教師多元升等政策，提升各校對大學教師多元升等之重視，改善教師升等制度偏重一般研究升等，展現多元升等之價值，引導教師專業分工及提升教學實踐研究成果之重要性。

另外，張堯雯的研究也發現大學教師對於技術應用升等認同度高。然而，在對於學校發展方向及學校重視程度上，卻歸屬於優先改善項目。因此，建議學校在推動教師多元升等制度時應配合學校發展，且公立大學應提高對技術應用升等之重視，以提高校內教師對於技術應用升等之認同度。

參考文獻

王令宜（2004）。大學教師教學專業發展理論與實務。教育研究月刊，**126**，60-73。

王如哲（2008）。國際大學研究績效評鑑。臺北市：高等教育。

田芳華（1999）。我國大學教師升等制度對獎勵研究生產力功效之分析——事件史分析法應用實例。人文及社會科學，**11**(3)，359-394。

吳清山、林天祐（2002）。360度回饋。教育資料與研究，**49**，101。

吳清山、張素偵（2002）。教師評鑑：理念、挑戰與策略。載於中華民國師範教育學會（主編），師資培育的政策與檢討（頁177-218）。臺北市：學富。

吳政達（2001）。教師評鑑方法之探討（上）。教育研究月刊，**83**，109-112。

何希慧（2015）。國內外高等教育機構教師資格發展暨其升等制度規劃之研究。教育部委託計畫結案報告。

林政逸（2017）。世界各主要國家大學教授升等制度革新方向之研究。高等教育研究紀要，**6**，51-57。

倪周華（2013）。推動教師多元升等制度示範學校暨全面授權自審方案。101學年度全國公私立大學校院教務主管聯席會議。取自http://amaaa.nsysu.edu.tw/ezfiles/258/1258/img/1547/200341783.pdf

孫志麟（2007）。績效控制或專業發展？大學教師評鑑的兩難。教育實踐與研究，**20**(2)，95-128。

郭昭佑（2007）。教育評鑑研究——原罪與解放。臺北市：五南。

郭昭佑（2015）。教育評鑑研究——原罪與解放（二版）。臺北市：五南。

張善楠（譯）（2008）。大學教了沒？哈佛校長提出的**8**門課（*Our underachieving Colleges*）（原著者：D. Bok）。臺北市：天下遠見。

張堯雯（2019）。大學教師多元升等政策評估之研究（未出版之博士論文）。臺北市立大學，臺北市。

張鈿富（2008）。大學教師評鑑制度的建立。教育研究月刊，**168**，21-28。

張德銳、呂木琳（1993）。教師評鑑的新方向——教師發展評鑑系統。國立編譯館館刊，**22**(1)，269-303。

陳伯璋（2005）。學術資本主義下臺灣教育學門學術評鑑制度的省思。載於反思會議工作小組，全球化與知識生產反思臺灣學術評鑑（頁205-234）。臺北市：

臺灣社會研究季刊。
陳琦媛（2007）。**我國公立大學教師教學評鑑之研究**（未出版之博士論文）。國立政治大學，臺北市。
陳碧祥（2001）。我國大學教師升等制度與教師專業成長及學校發展定位關係之探究。**國立臺北師範學院學報，14**，163-208。
教育部（無日期）。**教育部推動教師多元升等制度試辦計畫**。chrome-extension://efaidnbmnnnibpcajpcglclefindmkaj/https://ws.moe.edu.tw/Download.ashx?u=C099358C81D4876CE33C455F1B761E1E9C1B1C9D4C5C3D01DF483FE2E8AAAC21C34972FD673D1EE0C16DE2BE50654AAA53A3459CD4E954D787A267E1350C95E5DC2471993105043912509C30AFAD2DDA&n=905E48CF6AEF1A0D30B60E036A137878D472CD0B8431F1E904D06DA0233F847C3016C86BDFD340808FC0AC6A9C606F46&icon=..pdf
教育部（2018）。**108年教學實踐研究補助計畫推動說明及介紹**。取自https://tpr.moe.edu.tw/newsDetail/4b1141f265f0a20501661517ee6503c2
畢恆達（2009年3月24日）。一味追求SCI的怪現象，聯合新聞網。取自http://udn.com/NEWS/OPINION/OPI4/ 4806750.shtml
彭森明（2006）。**大學教師評鑑機制之研究**。教育部委託專案研究計畫成果報告。
楊洲松（2008）。大學教育中的文化涵養——Otega《大學的使命》一書引介。**通識在線，18**，36-38。
楊國賜（2008）。推薦序。載於王如哲（2008）。**國際大學研究績效評鑑**。臺北市：高等教育。
劉維琪（2008）。推薦序。載於王如哲（2008）。**國際大學研究績效評鑑**。臺北市：高等教育。
歐陽教、張德銳（1993）。教師評鑑模式之研究。**教育研究資訊，1**(2)，90-100。
潘慧玲（2005）。邁向下一代的教育評鑑：回顧與前瞻。載於潘慧玲（主編），**教育評鑑的回顧與展望**，1-36。臺北市：心理。
簡紅珠（1997）。專業導向的教師評鑑。**北縣教育，16**，19-22。

Fetterman, D. M. (2000). *Empowerment evaluation*. London: Sage.
Fetterman, D. M., Wandersman, A. (Eds.) (2005). *Empowerment evaluation principles in practice*. New York: Guilford Press.
Hoecht, A. (2006). Quality assurance in UK higher education: Issues of trust, control,

professional autonomy and accountability. *Higher Education*, *51*(4), 541-563.

Iwanicki, E. F. (1990). Teacher evaluation for school improvement. In J. Millman & L. Darling-Hammond (Eds.). *The new handbook of teacher evaluation: Assessing elementary and secondary school teacher* (pp. 158-174). Newbury Park, California: Sage Publications.

Sanders, J. R. (2002). Presidential address: On mainstreaming evaluation. *American Journal of Evaluation*, *23*(3), 253-259.

Stufflebeam, D. L. (1983). The CIPP model for program evaluation. In G. F. Madaus, M. S. Scriven, & D. L. Stufflebeam (Eds.). *Evaluation models*: *Viewpoints on educational and human services evaluation* (pp. 117-141). Boston: Kluwer-Nijhoff Publishing.

Worthen, B. R., Sanders, J. R., Fitzpatrick, J. L. (1997). *Program evaluation: Alternative approaches and practical guidelines* (2nd ed.). New York: Longman.

第十二章

大學校務基金進用教學人員與工作人員

本章大綱

壹、大學校務基金進用人員

貳、大學校務基金教師制度優點

參、大學校務基金教師制度缺點

肆、大學校務基金教師制度弔詭處

伍、校務基金教師制度的未來

壹 大學校務基金進用人員

英國管理思想家Handy提倡新型態的企業組織——酢漿草組織（Shamrock Organization），將組織的構成比喻為酢漿草的三葉瓣，第一葉瓣代表專業核心，由專業人員、技術人員以及管理人員組成企業的核心人力；第二葉瓣代表契約廠商，例如：外部廠商或是協力廠商；第三葉瓣則是由臨時性聘僱人員所組成的契約人力。因此，Handy預見未來企業要保持必要的彈性，「核心工作團隊、約聘人員以及彈性勞工」是不可避免的組成方式（引自林昭吟，2004）。

在企業方面，林昭吟（2004）研究人力資源彈性運用策略與工作者反應，發現不同僱傭關係專業人員對企業採用人力彈性策略均為負面認知，認為主要是為了降低僱用成本，並且對組織長期績效有負面影響。企業採用差別待遇之人力僱用型態與工作者所期待之雇主責任不符，例如：提供公平的工作環境、人力資本投資，以及穩定長期的組織生涯發展。研究結果發現，尊重開放的企業文化、一視同仁的工作環境、適當的僱用比例，以及管理者支持的態度，對不同僱用關係專業人員的良好互動有正面影響。

在公部門部分，萬榮水（2001）從勞雇關係屬性的改變，探討我國公務人員管理機能的調整，研究發現勞雇關係正在結構性的調整，僱用安排由以往的集體、統一轉向權宜化、短期化、個人化，由法制層面轉向心理層面。勞雇關係改變不僅顯現在形式上，而且有性質上的改變。相對於以往的制度，政府與公務人員的勞雇關係屬性由「隸屬型」轉向「合夥型」，政府人力資源管理的機能調整趨向於「人才資本連結」的機能。

在高等教育方面，高等教育機構在教職員聘任制度也朝具有彈性的方向發展。《大學法》第14條：「國立大學非主管職務之職員，得以契約進用，不受前項規定之限制，其權利義務於契約明定。」

教育部1998年訂定「國立大學校務基金進用教學人員研究人員及

工作人員實施原則」，此類教學人員、研究人員或工作人員，是以校務基金自籌經費支出之編制外人員，給予大學聘任教師、研究人員或工作人員的彈性。

校務基金進用編制外契約工作人力情形發展至今，各校之趨勢均為大量進用編制外行政人力，各校編制外工作人員人數幾乎已超出正式編制人員，且該類人員已逐漸成為國立大學主要行政人力來源，對於大學內部的運作及校務發展之推動均有極大的影響。不過，相對而言，也產生缺點，例如：在校務基金進用工作人員部分，因薪資待遇較低、缺乏晉升管道等各種因素，導致流動率較高，不利於人事的穩定與培育，以及業務的推動（湯堯、成群豪、楊明宗，2006）。

黃裕銘（2022）研究國立大學校務基金工作人員考核制度，指出編制外校務基金進用工作人員雖然在校內同樣承擔著重要的基層職務，卻與編制內行政人員有著截然不同的考評制度，甚至在大學與大學之間的考核制度差異性亦十分巨大，恐怕會產生組織內或組織間公平性之疑慮。績效考核制度的實施對於內部人員影響甚鉅，每年定期的考評結果，攸關校務基金工作人員次年續約與否、薪資晉級、升遷資格、績效獎金，甚至是淘汰退場；換句話說，絕大部分的人力資源管理制度皆因績效考核制度而有所影響，也因此考核制度在人事管理上具有牽一髮而動全身的地位，且受評者對於績效考核結果亦十分重視。黃裕銘針對校務基金工作人員考核制度，提出幾項建議：1.提高校務基金工作人員考核制度法規位階層級。將考核制度及相關表件單獨立法成冊，不僅可以建立完整公正之考評依據，亦可明定其修法依據、適用對象、獎金發放規定等制度，達到法規意義非難以理解、受規範者所能預見等法律明確性原則，使勞雇雙方對於執行績效考核更有信心，提高其對組織之承諾感。2.研議績效獎金制度。在校務基金不造成學校實質虧損及國庫負擔之前提下，給予工作績效傑出的校務基金工作人員績效獎金，以激勵士氣。3.於績效考核程序中增加受評者自評項目。4.透過勞資會議進行協商績效考核制度。

教育部2022年將「國立大學校務基金進用教學人員研究人員及工

作人員實施原則」修正名稱為「國立大學校務基金進用研究人員及工作人員實施原則」，並自該年8月1日生效。該原則所稱「研究人員及工作人員」，指「學校編制內專任教職員及依聘用人員聘用條例、行政院與所屬中央及地方各機關約僱人員僱用辦法擬訂約聘僱計畫經行政院核定有案，列入學校年度預算員額進用之約聘僱人員以外，以校務基金自籌經費支出之編制外研究人員及工作人員。」「學校進用研究人員及工作人員，應本公平、公正、公開之原則辦理。」

至於在教師部分，則改適用2022年發布之「專科以上學校進用編制外專任教學人員實施原則」（該法規適用之教學人員，以下簡稱為校務基金教師）。

貳 大學校務基金教師制度優點

不論是「國立大學校務基金進用研究人員及工作人員實施原則」或是「專科以上學校進用編制外專任教學人員實施原則」，皆給予大學聘任教師、研究人員或行政人員彈性，具有增加人事聘任彈性、降低人事成本、增加系所聘任教師之需求彈性，以及精進教學品質等優點。

一 增加聘任彈性

因校務基金教師屬於編制外，並非編制內，在聘任上給予大學較大的彈性。

二 降低人事成本

依照「國立大學校務基金進用教學人員研究人員及工作人員實施原則」規定，校務基金教師差假、報酬標準及福利，是由學校自行訂定相關規定，就筆者所知，有些大學校務基金教師報酬是比照編制內教師，但也有些大學的校務基金教師薪酬較編制內教師略低。至於「專科以上學校進用編制外專任教學人員實施原則」，則規定校務基金教師本薪（年功薪）及加給比照學校編制內專任教師待遇項目；但獎金及福利，由學校自行訂定相關規定。但不論是前述哪種法規，校務基金教師的薪資成本，相較於編制內教師，頂多相等或略低，對於需要「節流」的大學，都有降低人事成本之效果。

至於國立大學聘任之校務基金工作人員，其薪資水平則遠較公務人員為低。

三 增加系所聘任教師之需求彈性

部分大學為避免長聘制度所導致的過度保障問題，會先以校務基金教師予以試聘數年之時間，觀察其表現，作為未來是否聘任為編制內教師的參考依據。另外，聘任教師時，如果應徵教職者在教學、研究、服務等各方面表現皆在中上程度，但可能某項條件略有不足（例如：研究能量稍弱、缺乏頂級期刊……），經教評會考量，考量這類應徵者仍具有學術發展的相關潛力或其他優秀條件，即先以校務基金教師聘任。如果經過數年時間各方面表現優良，則有機會可再度參加聘任，成為編制內教師。

四 精進教學品質

校務基金教師另一項優點是可以增進系所之教學品質。大學教師不若中小學教師其主要工作在於教學與輔導學生，大學教師主要任務包含教學、研究、服務及輔導學生，美其名要兼顧，但事實上，備多力分，能夠兼顧各項任務、面面俱到者寥寥可數。因此，系所為求精進教學品質，可以聘任校務基金教師（也有以專案教師管道加以聘任者），此類情形的校務基金教師主要任務在於教學，可能會負擔比較多的授課時數，也必須花費更多時間在於教學準備，以精進教學品質。

參 大學校務基金教師制度缺點

雖然目前各大學多有聘任校務基金教師，但多屬於一年一聘性質，對於受聘者而言，較無保障與安定感，是否會如企業聘任僱傭關係專業人員產生影響受聘者的組織承諾，或是較高的流動率，值得進一步探究。以下針對校務基金教師之缺點，羅列說明如下：

一 應聘者認為校務基金進用教師較無保障感，接受意願較低

一般而言，不論是哪種工作，大家都偏好「編制內」的職務，原因是感覺有保障，待遇較佳，也不會像編制外人員有矮人一截之感。然而，校務基金教師是以校務基金自籌經費支出之「編制外」人員，感覺沒有保障，不見得每個人都可以接受。因此，在筆者實際參與多年的教評會經驗上，如果跟應徵者提到是否願意接受以校務基金教師聘任，還是有不少人會斟酌，甚至放棄，寧可留在原來的學校，不願意接受校務基金教師這樣的職缺。

二 未來轉為編制內專任教師，必須重新進行三級三審流程

校務基金教師／編制外專任教學人員轉任服務學校編制內專任教師時，無法「直接轉任」。《大學法》第18條明定：大學教師之聘任，分為初聘、續聘及長期聘任三種；聘任應本公平、公正、公開之原則辦理。因此，校務基金教師轉為編制內時，學校應依教師聘任程序重新審查。但是如此一來，等於要再重來一次系所教評會、院教評會，以及校教評會三級三審的流程，相當耗時費力。

三 校務基金教師可能面對較為不佳之聘任條件

校務基金教師的聘任條件，頂多與編制內教師持平，也有可能較編制內教師差。在薪資部分，有的大學比照編制內教師，但也有的大學

校務基金教師薪資略遜於編制內教師，故此部分，完全視應聘的學校規定。其次，在退休撫卹方面，法規明定：校務基金教學人員之服務年資不得採計為退休撫卹年資，這明顯是較為不利的條件。另外，在授課節數方面，有的大學完全按照教育部的規定，與編制內教師無異，但亦有大學給予校務基金教師比較高的授課時數要求，每週甚至可能高達十多節課。整體而言，校務基金教師的聘任條件，相較於編制內教師為差。

肆 大學校務基金教師制度弔詭處

前面提到，校務基金教師轉編制內教師，必須重新辦理三級三審，無法不經過相關程序，「直接轉任」編制內。但實務上，校務基金教師能否順利轉編制內，仍有一套運行「模式」。很多大學系所在新聘教師時，會視應徵者之條件，要求先擔任數年校務基金教師，觀察其表現，若表現不錯、通過教學評鑑，且有編制內職缺釋出招聘，原則上系所會「有默契」地優先錄取已擔任過數年校務基金教師，且表現優良之應徵者。

但弔詭處即在於此，依照《大學法》第18條規定：大學教師之聘任，應本公平、公正、公開之原則辦理。按照《大學法》規定，教師聘任一律要「公開」進行，才能合乎法規規定；然而，即使是這樣進行，但系所已有默契要錄取誰，又導致有內定之嫌，如何公正與公平呢？但反過來說，如果沒有這樣的默契，誰願意犧牲自己數年的時間，接受較為不佳的聘任條件，來擔任數年的校務基金教師呢？這點是這項制度相當弔詭之處！

伍 校務基金教師制度的未來

近年來各大學聘用校務基金教師（或專案教師）有增加的趨勢，但因為此項制度較缺乏法律保障，校務基金教師（或專案教師）甚至被稱為「免洗筷」。於是教育部祭出「上限令」，規範自112學年度起各校不得增加專案教師人數，且需逐年調降比率，至120學年度需降至8%，未達標學校將扣減獎補助款。

教育部這項規定，雖限縮大學持續增聘校務基金教師（或專案教師），但有負面效應，像是校務基金教師雖是編制外員額，但對於剛拿到博士學位的年輕大學教師仍是一項機會，至少可以提早進入學術圈發展。但教育部的限縮令一下，減少聘任校務基金教師，某種程度就是少了工作機會，這個負面效應，恐對競爭力稍弱的年輕大學教師有較大影響。再加上少子女化持續惡化，私立大學教職開缺機會日益萎縮。另外，獲頂尖大學聘任擔任教師的門檻又特別高，再加上教育部的限縮令產生的副作用，將使得大學教職缺越來越少，且越來越沒有吸引力，連想要退而求其次擔任校務基金教師的機會都會變得很稀少。一旦念完博士擔任大學教師的機會變少，將連帶使得各大學博士班招生受到嚴重影響。如果沒有優秀的人才願意投入大學教職，對我國高等教育的發展將有嚴重的影響。

其次，教育部應儘速釐清明定校務基金教師／專案教師的身分究竟適用於《教師法》或《勞動基準法》，並完善進用原則、申訴程序等工作權益保障之相關措施，除對校務基金教師／專案教師有保障之外，也可以有效協助降低高教退場，對教師、學生及整體社會的衝擊。

參考文獻

林昭吟（2004）。人力資源彈性運用策略與工作者反應之探討——以不同僱傭關係專業人員為例（未出版之碩士論文）。國立中山大學，高雄市。

國立大學校務基金進用教學人員研究人員及工作人員實施原則（1998）。

國立大學校務基金進用研究人員及工作人員實施原則（2022）。

專科以上學校進用編制外專任教學人員實施原則（2022）。

湯堯、成群豪、楊明宗（2006）。大學治理：財務、研發、人事。新北市：心理。

黃裕銘（2022）。國立大學校務基金工作人員考核制度對組織承諾感影響之研究（未出版之碩士論文）。國立政治大學，臺北市。

萬榮水（2001）。從勞雇關係屬性的改變論我國公務人員管理機能的調整（未出版之博士論文）。國立交通大學，新竹市。

附錄一

教師法

民國108年6月5日修正

第一章　總則

第1條

為明定教師權利義務，保障教師工作及生活，提升教師專業地位，並維護學生學習權，特制定本法。

第2條

本法所稱主管機關：在中央為教育部；在直轄市為直轄市政府；在縣（市）為縣（市）政府。

軍警校院及矯正學校依本法規定處理專任教師之事項時，除資格檢定及審定外，以其所屬主管機關為本法所稱主管機關。

第3條

本法於公立及已立案之私立學校編制內，按月支給待遇，並依法取得教師資格之專任教師適用之。

軍警校院及矯正學校依本法及教育人員任用條例規定聘任之專任教師，除法律另有規定者外，適用本法之規定。

第4條

教師資格檢定及審定、聘任、解聘、不續聘、停聘及資遣、權利義務、教師組織、申訴及救濟等事項，應依本法之規定。

第二章　資格檢定及審定

第5條

教師資格之取得分檢定及審定二種：高級中等以下學校之教師採檢定制；專科以上學校之教師採審定制。

第6條

高級中等以下學校教師資格之檢定，另以法律定之；經檢定合格之教師，由中央主管機關發給教師證書。

第7條

專科以上學校教師資格之審定分學校審查及中央主管機關審查二階段；教師經學校審查合格者，由學校報請中央主管機關審查，再審查合格者，由中央主管機關發給教師證書。但經中央主管機關認可之學校審查合格者，得逕由中央主管機關發給教師證書。

第8條

專科以上學校教師資格審定辦法，由中央主管機關定之。

第三章　聘任

第9條

高級中等以下學校教師之聘任，分初聘、續聘及長期聘任，除有下列情形之一者外，應經教師評審委員會審查通過後，由校長聘任之：

一、依師資培育法規定分發之公費生。

二、依國民教育法或高級中等教育法回任教師之校長。

前項教師評審委員會之組成，應包括教師代表、學校行政人員代表及家長會代表一人；其中未兼行政或董事之教師代表，不得少於總額二分之一，但教師之員額少於委員總額二分之一者，不在此限。

高級中等以下學校教師評審委員會於處理第十四條第一項第七款及第十款、第十五條第一項第一款至第四款時，學校應另行增聘校外學者專家擔任委員，至未兼行政或董事之教師代表人數少於委員總額二分之一為止。

前三項教師評審委員會之任務、組成方式、任期、議事、迴避及其他相關事項之辦法，由中央主管機關定之。

第10條

高級中等以下學校教師之聘任，以具有教師證書者為限。

高級中等以下學校教師聘任期限，初聘為一年；續聘第一次為一年，以後續聘每次為二年；續聘三次以上服務成績優良者，經教師評審委員會全體委員三分之二以上審查通過後，得以長期聘任，其聘期由各校教師評審委員會訂定之，至多七年。

專科以上學校教師之聘任及期限，分別依大學法及專科學校法之規定辦理。

第11條

高級中等以下學校科、組、課程調整或學校減班、停辦或解散時，學校對仍願繼續任教且在校內有其他適當工作可以調任之合格教師，應優先輔導調整職務；在校內無其他適當工作可以調整職務者，學校或主管機關應優先輔導介聘。

高級中等以下學校或主管機關依前項規定優先輔導介聘之教師，經學校教師評審委員會審查發現有第三十條各款情形之一者，其聘任應不予通過。

第12條

專科以上學校系、所、科、組、課程調整或學校減班、停辦、解散時，學校對仍願繼續任教且有其他適當工作可以調任之合格教師，應優先輔導遷調，各該主管機關應輔導學校執行。

專科以上學校依前項規定優先輔導遷調之教師，經教師評審委員會審查發現有下列各款情形之一者，其聘任得不予通過：

一、第十四條第一項、第十五條第一項或第十六條第一項各款情形之一，尚在解聘或不續聘處理程序中。

二、有第十八條、第二十一條、第二十二條第一項或第二項之情形，尚在停聘處理程序中或停聘期間。

三、第二十七條第一項第二款或第三款情形之一，尚在資遣處理程序中。

第13條

教師除有第十四條至第十六條、第十八條、第十九條、第二十一條及第二十二條情形之一者外，不得解聘、不續聘或停聘。

第四章　解聘、不續聘、停聘及資遣

第14條

教師有下列各款情形之一者，應予解聘，且終身不得聘任為教師：

一、動員戡亂時期終止後，犯內亂、外患罪，經有罪判決確定。

二、服公務，因貪汙行為經有罪判決確定。

三、犯性侵害犯罪防治法第二條第一項所定之罪，經有罪判決確定。

四、經學校性別平等教育委員會或依法組成之相關委員會調查確認有性侵害行為屬實。

五、經學校性別平等教育委員會或依法組成之相關委員會調查確認有性騷擾或性霸凌行為，有解聘及終身不得聘任為教師之必要。

六、受兒童及少年性剝削防制條例規定處罰，或受性騷擾防治法第二十條或第二十五條規定處罰，經學校性別平等教育委員會確認，有解聘及終身不得聘任為教師之必要。

七、經各級社政主管機關依兒童及少年福利與權益保障法第九十七條規定處罰，並經學校教師評審委員會確認，有解聘及終身不得聘任為教師之必要。

八、知悉服務學校發生疑似校園性侵害事件，未依性別平等教育法規定通報，致再度發生校園性侵害事件；或偽造、變造、湮滅或隱匿他人所犯校園性侵害事件之證據，經學校或有關機關查證屬實。

九、偽造、變造或湮滅他人所犯校園毒品危害事件之證據，經學校或有關機關查證屬實。

十、體罰或霸凌學生，造成其身心嚴重侵害。

十一、行為違反相關法規，經學校或有關機關查證屬實，有解聘及終身不得聘任為教師之必要。

教師有前項第一款至第三款規定情形之一者，免經教師評審委員會審議，並免報主管機關核准，予以解聘，不受大學法第二十條第一項及專科學校法第二十七條第一項規定之限制。

教師有第一項第四款至第六款規定情形之一者，免經教師評審委員會審議，由學校逕報主管機關核准後，予以解聘，不受大學法第二十條第一項及專科學校法第二十七條第一項規定之限制。

教師有第一項第七款或第十款規定情形之一者，應經教師評審委員會委員三分之二以上出席及出席委員二分之一以上之審議通過，並報主管機關核准後，予以解聘；有第八款、第九款或第十一款規定情形之一者，應經教師評審委員會委員三分之二以上出席及出席委員三分之二以上之審議通過，並報主管機關核准後，予以解聘。

第15條

教師有下列各款情形之一者，應予解聘，且應議決一年至四年不得聘任為教師：

一、經學校性別平等教育委員會或依法組成之相關委員會調查確認有性騷擾或性霸凌行為，有解聘之必要。

二、受兒童及少年性剝削防制條例規定處罰，或受性騷擾防治法第二十條或第二十五條規定處罰，經學校性別平等教育委員會確認，有解聘之必要。

三、體罰或霸凌學生，造成其身心侵害，有解聘之必要。

四、經各級社政主管機關依兒童及少年福利與權益保障法第九十七條規定處罰，並經學校教師評審委員會確認，有解聘之必要。

五、行為違反相關法規，經學校或有關機關查證屬實，有解聘之必要。

教師有前項第一款或第二款規定情形之一者，應經教師評審委員會委員二分之一以上出席及出席委員二分之一以上之審議通過，並報主管機關核准後，予以解聘。

教師有第一項第三款或第四款規定情形之一者，應經教師評審委員會委員三分之二以上出席及出席委員二分之一以上之審議通過，並報主管機關核准後，予以解聘；有第五款規定情形者，應經教師評審委員會委員三分之二以上出席及出席委員三分之二以上之審議通過，並報主管機關核准後，予以解聘。

第16條

教師聘任後，有下列各款情形之一者，應經教師評審委員會審議通過，並報主管機關核准後，予以解聘或不續聘；其情節以資遣為宜者，應依第二十七條規定辦理：

一、教學不力或不能勝任工作有具體事實。

二、違反聘約情節重大。

教師有前項各款規定情形之一者，應經教師評審委員會委員三分之二以上出席及出席委員三分之二以上之審議通過。但高級中等以下學校教師有前項第一款情形，學校向主管機關申請教師專業審查會調查屬實，應經教師評審委員會委員二分之一以上出席及出席委員二分之一以上之審議通過。

第17條

主管機關為協助高級中等以下學校處理前條第一項第一款及第二十六條第二項情形之案件，應成立教師專業審查會，受理學校申請案件或依第二十六條第二項提交教師專業審查會審議之案件。

教師專業審查會置委員十一人至十九人，任期二年，由主管機關首長就行政機關代表、教育學者、法律專家、兒童及少年福利學者專家、全國或地方校長團體代表、全國或地方家長團體代表及全國或地方教師組織推派之代表遴聘（派）兼之；任一性別委員人數不得少於委員總數三分之一。

第一項教師專業審查會之組成及運作辦法，由中央主管機關定之。

教師專業審查會之結案報告摘要，應供公眾查閱。

第18條

教師行為違反相關法規，經學校或有關機關查證屬實，未達解聘之程度，而有停聘之必要者，得審酌案件情節，經教師評審委員會委員三分之二以上出席及出席委員三分之二以上之審議通過，議決停聘六個月至三年，並報主管機關核准後，予以終局停聘。

前項停聘期間，不得申請退休、資遣或在學校任教。

第19條

有下列各款情形之一者，不得聘任為教師；已聘任者，應予以解聘：

一、有第十四條第一項各款情形之一。

二、有第十五條第一項各款情形之一，於該議決一年至四年期間。

有前條第一項情形者，於該停聘六個月至三年期間，其他學校不得聘任其為教師；已聘任者，應予以解聘。

前二項已聘任之教師屬依第二十條第一項規定通報有案者，免經教師評審委員會審議，並免報主管機關核准，予以解聘，不受大學法第二十條第一項及專科學校法第二十七條第一項規定之限制；非屬依第二十條第一項規定通報有案者，應依第十四條或第十五條規定予以解聘。

本法中華民國一百零二年六月二十七日修正之條文施行前，因行為不檢有損師道，經有關機關查證屬實而解聘或不續聘之教師，除屬性侵害行為；性騷擾、性霸凌行為、行為違反相關法令且情節重大；體罰或霸凌學生造成其身心嚴重侵害者外，於解聘或不續聘生效日起算逾四年者，得聘任為教師。

第20條

教師有第十四條第一項、第十五條第一項、第十八條第一項及前條第一項、第二項規定之情形者，各級主管機關及各級學校應依規定辦理通報、資訊之蒐集及查詢。

學校聘任教師前，應查詢其有無前條第一項及第二項規定之情形；已聘任者，應定期查詢。

各級主管機關協助學校辦理前項查詢，得使用中央社政主管機關建立之依兒童及少年性剝削防制條例、性騷擾防治法第二十條或兒童及少年福利與權益保障法第九十七條規定受行政處罰者之資料庫。

前三項之通報、資訊之蒐集、查詢、處理、利用及其他相關事項之辦法，由中央主管機關定之。

第21條

教師有下列各款情形之一者，當然暫時予以停聘：

一、依刑事訴訟程序被通緝或羈押。

二、依刑事確定判決，受褫奪公權之宣告。

三、依刑事確定判決，受徒刑之宣告，在監所執行中。

第22條

教師涉有下列各款情形之一者，服務學校應於知悉之日起一個月內經教師評審委員會審議通過後，免報主管機關核准，暫時予以停聘六個月以下，並靜候調查；必要時，得經教師評審委員會審議通過後，延長停聘期間二次，每次不得逾三個月。經調查屬實者，於報主管機關後，至主管機關核准及學校解聘前，應予停聘，免經教師評審委員會審議：

一、第十四條第一項第四款至第六款情形。

二、第十五條第一項第一款或第二款情形。

教師涉有下列各款情形之一，服務學校認為有先行停聘進行調查之必要者，應經教師評審委員會審議通過，免報主管機關核准，暫時予以停聘三個月以下；必要時得經教師評審委員會審議通過後，延長停聘期間一次，且不得逾三個月。經調查屬實者，於報主管機關後，至主管機關核准及學校解聘前，得經教師評審委員會審議通過後，予以停聘：

一、第十四條第一項第七款至第十一款情形。

二、第十五條第一項第三款至第五款情形。

前二項情形應經教師評審委員會委員二分之一以上出席及出席委員二分之一以上之審議通過。

第23條

教師停聘期間，服務學校應予保留底缺；終局停聘期間遇有聘約期限屆滿情形者，學校應予續聘。

依第十八條、前條第一項或第二項規定停聘之教師，於停聘期間屆滿後，學校應予復聘，教師應於停聘期間屆滿次日向學校報到復聘。

依前條第一項或第二項規定停聘之教師，於停聘期間屆滿前，停聘事由已消滅者，得申請復聘。

依前項規定申請復聘之教師，應經教師評審委員會委員二分之一以上出席及出席委員二分之一以上之審議通過後復聘。

依第二十一條規定停聘之教師，於停聘事由消滅後，除經學校依前條第二項規定予以停聘外，學校應予復聘，教師應於事由消滅後次日向學校報到復聘。

經依法停聘之教師，未依第二項規定於停聘期間屆滿次日或未依前項規定於事由消滅後次日向學校報到復聘，或未依第三項規定於停聘事由消滅後三個月內申請復聘者，服務學校應負責查催，教師於回復聘任報到前，仍視為停聘；如仍未於接到查催通知之日起三十日內報到復聘者，除有不可歸責於該教師之事由外，視為辭職。

第24條

受解聘、不續聘或停聘之教師，依法提起救濟後，原解聘、不續聘或停聘決定經撤銷或因其他事由失去效力，除得依法另為處理者外，其服務學校應通知其復聘，免經教師評審委員會審議。

依前項規定復聘之教師，於接獲復聘通知後，應於三十日內報到，其未於期限內報到者，除經核准延長或有不可歸責於該教師之事由外，視為辭職。

依第一項或前條第二項、第三項或第五項規定復聘之教師，服務學校應回復其教師職務。

第25條

依第十八條第一項或第二十一條第二款、第三款停聘之教師，停聘期間不發給待遇。

依第二十一條第一款、第二十二條第一項、第二十三條第六項停聘之教師，於停聘期間不發給待遇；停聘事由消滅後，未受解聘或終局停聘處分，並回復聘任者，補發其停聘期間全數本薪（年功薪）。

依第二十二條第二項停聘之教師，於停聘期間發給半數本薪（年功薪）；調查後未受解聘或終局停聘處分，並回復聘任者，補發其停聘期間另半數本薪（年功薪）。

第26條

學校教師評審委員會、性別平等教育委員會或依法組成之相關委員會依第十四條至第十六條規定作成教師解聘或不續聘之決議，或依第十八條規定作成教師終局停聘之決議後，除本法另有規定外，學校應自決議作成之日起十日內報主管機關核准，並同時以書面附理由通知當事人。

高級中等以下學校教師涉有第十四條至第十六條或第十八條規定之情形，學校教師評審委員會未依規定召開、審議或決議，主管機關認有違法之虞時，應敘明理由交回學校審議或復議；屆期未依法審議或復議者，主管機關得敘明理由逕行提交教師專業審查會審議，並得追究學校相關人員責任。

前項教師專業審查會之決議，應依該案件性質，以學校教師評審委員會原應經之委員出席比率及表決比率審議通過；其決議視同學校教師評審委員會之決議。

專科以上學校教師涉有第十四條至第十六條或第十八條規定之情形，學校教師評審委員會未依規定召開、審議或決議，主管機關認有違法之虞時，應敘明理由交回學校審議或復議；屆期未依法審議或復議者，主管機關得追究學校相關人員責任。

教師解聘、不續聘或終局停聘案尚在處理程序中，其聘約期限屆滿者，學校應予暫時繼續聘任。

第27條

教師有下列各款情事之一者，應經教師評審委員會審議通過，並報主管機關核准後，得予以資遣：

一、因系、所、科、組、課程調整或學校減班、停辦、解散時，現職已無工作又無其他適當工作可以調任。

二、現職工作不適任且無其他工作可調任；或經中央衛生主管機關評鑑合格之醫院證明身體衰弱不能勝任工作。

三、受監護宣告或輔助宣告，尚未撤銷。

符合退休資格之教師有前項各款情形之一，經核准資遣者，得於資遣確定之日起一個月內依規定申請辦理退休，並以原核准資遣生效日為退休生效日。

第28條

學校於知悉教師涉有第十四條第一項或第十五條第一項所定情形之日起，不得同意其退休或資遣。

教師離職後，學校始知悉該教師於聘任期間涉有第十四條第一項或第十五條第一項所定之情形者，學校仍應予以解聘，並依第二十條規定辦理通報。

第29條

高級中等以下學校依本法所為教師之解聘、不續聘、停聘或資遣程序及相關事項之辦法，由中央主管機關定之。

第30條

高級中等以下學校現職教師，有下列各款情形之一者，不得申請介聘：

一、有第十四條第一項、第十五條第一項或第十六條第一項各款情形之一，尚在調查、解聘或不續聘處理程序中。

二、有第十八條第一項、第二十一條、第二十二條第一項或第二項情形，尚在調查、停聘處理程序中或停聘期間。

三、有第二十七條第一項第二款或第三款情形，尚在調查、資遣處理程序中。

第五章　權利義務

第31條

教師接受聘任後，依有關法令及學校章則之規定，享有下列權利：

一、對學校教學及行政事項提供興革意見。

二、享有待遇、福利、退休、撫卹、資遣、保險等權益及保障。

三、參加在職進修、研究及學術交流活動。

四、參加教師組織，並參與其他依法令規定所舉辦之活動。

五、對主管機關或學校有關其個人之措施，認為違法或不當致損害其權益者，得依法提出申訴。

六、教師之教學及對學生之輔導依法令及學校章則享有專業自主。

七、除法令另有規定者外，教師得拒絕參與主管機關或學校所指派與教學無關之工作或活動。

八、教師依法執行職務涉訟時，其服務學校應輔助其延聘律師為其辯護及提供法律上之協助。

九、其他依本法或其他法律應享有之權利。

前項第八款情形，教師因公涉訟輔助辦法，由中央主管機關定之；另其涉訟係因教師之故意或重大過失所致者，應不予輔助；如服務學校已支付涉訟輔助費用者，應以書面限期命其繳還。

第32條

教師除應遵守法令履行聘約外，並負有下列義務：

一、遵守聘約規定，維護校譽。

二、積極維護學生受教之權益。

三、依有關法令及學校安排之課程，實施適性教學活動。

四、輔導或管教學生，導引其適性發展，並培養其健全人格。

五、從事與教學有關之研究、進修。

六、嚴守職分，本於良知，發揚師道及專業精神。

七、依有關法令參與學校學術、行政工作及社會教育活動。

八、非依法律規定不得洩漏學生個人或其家庭資料。

九、擔任導師。

十、其他依本法或其他法律規定應盡之義務。

前項第四款及第九款之辦法，由各校校務會議定之。

第33條

各級學校教師在職期間應主動積極進修、研究與其教學有關之知能。

教師在職進修得享有帶職帶薪或留職停薪之保障；其進修、研究之經費得由學校或所屬主管機關編列預算支應。

為提升教育品質，鼓勵各級學校教師進修、研究，中央主管機關應規劃多元之教師進修、研究等專業發展制度，其方式、獎勵相關事項之辦法，由中央主管機關定之。

高級中等以下學校各主管機關應建立教師諮商輔導支持體系，協助教師諮商輔導；其辦法由各該主管機關定之。

第34條

教師違反第三十二條第一項各款之規定者，各聘任學校應交教師評審委員會評議後，由學校依有關法令規定處理。

第35條

教師因婚、喪、疾病、分娩或其他正當事由，得依規定請假；其基於法定義務出席作證性侵害、性騷擾及霸凌事件，應給予公假。

前項教師請假之假別、日數、請假程序、核定權責與違反之處理及其他相關事項之規則，由中央主管機關定之。

第36條

教師之待遇，另以法律定之。

第37條

公私立學校教師互轉時，其未核給退休、撫卹、離職及資遣給與之任職年資應合併計算。

第38條

教師之退休、撫卹、離職、資遣及保險，另以法律定之。

第六章　教師組織

第39條

教師組織分為三級：在學校為學校教師會；在直轄市及縣（市）為地方教師會；在中央為全國教師會。

學校班級數少於二十班時，得跨區（鄉、鎮）合併成立學校教師會。

各級教師組織之設立，應依人民團體法規定向該管主管機關申請辦理。

地方教師會應有行政區內半數以上學校教師會加入，始得設立。全國教師會應有半數以上之地方教師會加入，始得成立。

第40條

各級教師組織之基本任務如下：

一、維護教師專業尊嚴與專業自主權。

二、與各級機關協議教師聘約及聘約準則。

三、研究並協助解決各項教育問題。

四、監督離職給付儲金機構之管理、營運、給付等事宜。

五、派出代表參與教師聘任、申訴及其他與教師有關之法定組織。

六、制定教師自律公約。

第41條

學校不得限制教師參加教師組織或擔任教師組織職務。

學校不得因教師參加教師組織、擔任教師組織職務或參與活動，拒絕聘用、解聘或為其他不利之待遇。

第七章　申訴及救濟

第42條

教師對學校或主管機關有關其個人之措施，認為違法或不當，致損害其權益者，得向各級教師申訴評議委員會提起申訴、再申訴。

教師因學校或主管機關對其依法申請之案件，於法定期間內應作為而不作為，認為損害其權益者，亦得提起申訴；法令未規定應作為之期間者，其期間自學校或主管機關受理申請之日起為二個月。

申訴之提起，應於收受或知悉措施之次日起三十日內以書面為之；再申訴應於申訴評議書達到之次日起三十日內以書面為之。

前項期間，以申訴評議委員會收受申訴書或再申訴書之日期為準。

第43條

教師申訴評議委員會委員，由教師、社會公正人士、學者專家、該地區教師組織代表，及組成教師申訴評議委員會之主管機關或學校代表擔任之；其中未兼行政職務之教師人數不得少於委員總數三分之二。

前項教師組織代表在直轄市、縣（市）由直轄市、縣（市）教師會推薦；在專科以上學校由該校教師會推薦，其無教師會者，由該學校教育階段相當或直轄市、縣（市）教師會推薦；在中央教師申訴評議委員會由全國教師會推薦。

教師申訴評議委員會之組織、迴避、評議程序與方式及其他相關事項之準則，由中央主管機關定之；軍警校院及矯正學校適用之規定，得由各該主管機關另定之。

各級教師申訴評議委員會組織與第一項及第二項規定不符者，應於本法中華民國一百零八年五月十日修正之條文施行之日起一年內完成修正。

第44條

教師申訴之程序分為申訴及再申訴二級如下：

一、專科以上學校分學校及中央二級。

二、高級中等以下學校分直轄市、縣（市）及中央二級。但中央主管機關所屬學校為中央一級，其提起之申訴，以再申訴論。

教師不服申訴決定者，得提起再申訴；學校及主管機關不服申訴決定者，亦同。

教師依本法提起申訴、再申訴後，不得復依訴願法提起訴願；於申訴、再申訴程序終結前提起訴願者，受理訴願機關應於十日內，將該事件移送應受理之教師申訴評議委員會，並通知教師；同時提起訴願者，亦同。

教師依訴願法提起訴願後，復依本法提起申訴者，受理之教師申訴評議委員會應停止評議，並於教師撤回訴願或訴願決定確定後繼續評議；原措施屬行政處分者，應為申訴不受理之決定。

本法中華民國一百零八年五月十日修正之條文施行前，尚未終結之事件，其以後之程序，依修正施行後之本法規定終結之。

原措施性質屬行政處分者，其再申訴決定視同訴願決定；不服再申訴決定者，得依法提起行政訴訟。

第45條

評議決定確定後，就其事件，有拘束各關係機關、學校之效力；原措施之學校或主管機關應依評議決定執行，主管機關並應依法監督其確實執行。

學校未依前項規定辦理，主管機關得依相關法規追究責任，並作為扣減或停止部分或全部學校獎勵、補助或其他措施之依據。

第46條

直轄市、縣（市）及中央教師申訴評議委員會之評議書應主動公開。但其他法律另有規定者，依其規定。

前項公開，應不包括自然人姓名以外之自然人國民身分證統一編號、護照號碼及其他足資識別該個人之資料。

第八章　附則

第47條

各級學校兼任教師之資格檢定與審定，依本法之規定辦理。

兼任、代課及代理教師之權利、義務、資格、聘任、終止聘約、停止聘約之執行與其通報、資訊之蒐集、查詢及其他相關事項之辦法，由中央主管機關定之。

各級學校專業、技術科目教師及擔任健康與護理課程之護理教師，其資格均依教育人員任用條例之規定辦理。

第48條

前條第三項之護理教師，其解職、申訴、進修、待遇、福利、退休、資遣、撫卹事項，準用教師相關法令規定。

經主管機關介派之護理教師具有健康與護理科合格教師資格者，主管機關得辦理介聘為健康與護理科教師；其介聘辦法，由中央主管機關定之。

第49條

本法各相關條文之規定，於下列幼兒園教師準用之：

一、公立幼兒園教師，其聘任、解聘、不續聘、停聘、資遣、教師組織、申訴、救濟及其他管理相關事項。

二、中華民國一百年十二月三十一日以前已準用本法之私立幼兒園教師，其聘任、進修、研究、離職、資遣、教師組織及申訴相關事項。

第50條

各級學校校長，得準用教師申訴之規定提起申訴。

第51條

本法授權中央主管機關訂定之各項法規命令，中央主管機關應邀請全國教師組織代表參與訂定。

第52條

本法施行細則，由中央主管機關定之。

第53條

本法施行日期，由行政院定之。

附錄二

教育人員任用條例

民國103年1月22日修正

第一章　總則

第1條

教育人員之任用，依本條例行之。本條例未規定者，適用其他有關法律之規定。

第2條

本條例所稱教育人員為各公立各級學校校長、教師、職員、運動教練，社會教育機構專業人員及各級主管教育行政機關所屬學術研究機構（以下簡稱學術研究機構）研究人員。

第二章　任用資格

第3條

教育人員之任用，應注意其品德及對國家之忠誠；其學識、經驗、才能、體能，應與擬任職務之種類、性質相當。各級學校校長及社會教育機構、學術研究機構主管人員之任用，並應注重其領導能力。

第4條

國民小學校長應持有國民小學教師證書，並具下列資格之一：

一、曾任國民小學教師五年以上，及各級學校法規所定一級單位主管之學校行政工作三年以上。

二、曾任國民小學或國民中學教師三年以上或合計四年以上，及薦任第八職等以上或與其相當之教育行政相關工作二年以上。

三、曾任各級學校教師合計七年以上，其中擔任國民小學教師至少三年，及國民小學一級單位主管之學校行政工作二年以上。

前項第三款國民小學一級單位主管之學校行政工作年資，於師資培育之大學所設附屬國民小學校長，得為大學法規所定一級單位主管之學校行政工作年資。

第5條

國民中學校長應持有中等學校教師證書，並具下列資格之一：

一、曾任國民中學教師五年以上，及各級學校法規所定一級單位主管之學校行政工作三年以上。

二、曾任國民小學或中等學校教師三年以上或合計四年以上，及薦任第八職等以上或與其相當之教育行政相關工作二年以上。

三、曾任各級學校教師合計七年以上，其中擔任國民中學教師至少三年，及國民中學一級單位主管之學校行政工作二年以上。

師資培育之大學附設國民中學校長資格，除依前項各款規定辦理外，得曾任教育學院、系專任講師及中等學校教師各三年以上，並應持有中等學校教師證書；前項第三款國民中學一級單位主管之學校行政工作年資，並得為大學法規所定一級單位主管之學校行政工作年資。

持有國民中學主任甄選儲訓合格證書之高級中等學校附設國民中學部教師，其兼任高級中等學校主任者，得以該主任年資，採計為第一項第三款國民中學一級單位主管之學校行政工作年資。

第6條

高級中等學校校長應持有中等學校教師證書，並具下列資格之一：

一、曾任高級中等學校教師五年以上，及各級學校法規所定一級單位主管之學校行政工作三年以上。

二、曾任中等學校教師三年以上，及薦任第九職等以上或與其相當之教育行政相關工作二年以上。

三、曾任各級學校教師合計七年以上，其中擔任高級中等學校教師至少三年，及高級中等學校一級單位主管之學校行政工作二年以上。

師資培育之大學附設高級中等學校校長資格，除依前項各款規定辦理外，得曾任教育學院、系專任副教授或曾任與擬任職業學校性質相關學科專任副教授，及中等學校教師各二年以上，並具各級學校法規所定一級單位主管之學校行政工作一年以上，且應持有中等學校教師證書；前項第三款高級中等學校一級單位主管之學校行政工作年資，並得為大學法規所定一級單位主管之學校行政工作年資。

民族藝術高級中等學校校長資格，除依第一項各款規定辦理外，得曾任高級中等學校或專科以上學校之戲劇、藝術或其相關科、系（所、學程）教師二年以上，及各級學校法規所定主管職務、薦任第九職等以上或與其相當之教育、文化行政工作二年以上。

第6-1條

特殊教育學校校長應持有學校所設最高教育階段教師證書及具備特殊教育之專業知能，並具下列資格之一：

一、曾任特殊教育學校（班）教師五年以上，及各級學校法規所定一級單位主管之學校行政工作三年以上。

二、曾任特殊教育學校（班）教師三年以上，及薦任第九職等以上或與其相當之教育行政相關工作二年以上。

三、曾任各級學校教師合計七年以上，其中擔任特殊教育學校（班）教師至少三年，及高級中等以下學校一級單位主管之學校行政工作二年以上。

第7條

（刪除）

第8條

專科學校校長應具下列第一款各目資格之一及第二款資格：

一、具下列資格之一：

（一）中央研究院院士。

（二）教授。

（三）曾任相當教授之教學、學術研究工作。

（四）曾任副教授三年以上。

（五）曾任相當副教授三年以上之教學、學術研究工作。

二、曾任學校、政府機關（構）或其他公民營事業機構之主管職務合計三年以上。

第9條

（刪除）

第10條

大學校長應具下列第一款各目資格之一及第二款資格：

一、具下列資格之一：

（一）中央研究院院士。

（二）教授。

（三）曾任相當教授之教學、學術研究工作。

二、曾任學校、政府機關（構）或其他公民營事業機構之主管職務合計三年以上。

獨立學院校長資格，除依前項各款規定辦理外，得以具有博士學位，並曾任與擬任學院性質相關之專門職業，或簡任第十二職等以上或與其相當之教育行政職務合計六年以上者充任之。

大學及獨立學院校長之資格除應符合前二項規定外，各校得因校務發展及特殊專業需求，另定前二項以外之資格條件，並於組織規程中明定。

第10-1條

本條例中華民國一百年十一月十五日修正之條文施行前曾任或現任各級學校校長，或經公開甄選儲訓合格之國民中學、國民小學校長候用人員，或符合修正前高級中等以上學校校長聘任資格者，具有同級學校校長之聘任資格；主管教育行政機關已依修正前第四條、第五條規定資格辦理校長候用人員儲訓作業者，其儲訓合格之人員，亦同。

專科學校改制為技術學院設有專科部者，其校長得由原專科學校校長繼續擔任至任期屆滿為止。

本條例中華民國一百年十一月十五日修正之條文施行前，主管教育行政機關、學校或董事會已依修正前第四條至前條規定資格辦理校長遴選作業中者，其校長聘任資格得依修正前規定辦理。

第11條

師範大學、師範學院、師範專科學校校、院長，除應具備本條例相關各條規定之資格外，並以修習教育者為原則。

第12條

國民小學教師應具有左列資格之一：

一、師範專科學校畢業者。

二、師範大學、師範學院各學系、或教育學院、系畢業者。

三、本條例施行前，依規定取得國民小學教師合格證書尚在有效期間者。

第13條

中等學校教師應具有左列資格之一：

一、師範大學、師範學院各系、所畢業者。

二、教育學院各系、所或大學教育學系、所畢業者。

三、大學或獨立學院各系、所畢業，經修習規定之教育學科及學分者。

四、本條例施行前，依規定取得中等學校教師合格證書尚在有效期間者。

第14條

大學、獨立學院及專科學校教師分為教授、副教授、助理教授、講師。

大學、獨立學院及專科學校教師應具有專門著作在國內外知名學術或專業刊物發表，或已為接受且出具證明將定期發表，或經出版公開發行，並經教育部審查其著作合格者，始得升等；必要時，教育部得授權學校辦理審查。

大學、獨立學院及專科學校體育、藝術、應用科技等以技能為主之教師聘任或升等，得以作品、成就證明或技術報告代替專門著作送審。

大學、獨立學院及專科學校教師之聘任、升等均應辦理資格審查；其審查辦法由教育部定之。

第15條

大學、獨立學院及專科學校得聘任助教協助教學及研究工作。

助教應具有左列資格之一：

一、大學或獨立學院畢業，成績優良者。

二、三年制專科學校畢業，曾從事與所習學科有關之研究工作、專門職業或職務二年以上；或二年制、五年制專科學校畢業，曾從事與所習學科有關之研究工作、專門職業或職務三年以上，成績優良者。

第16條

講師應具有左列資格之一：

一、在研究院、所研究，得有碩士學位或其同等學歷證書，成績優良者。

二、大學或獨立學院畢業，曾任助教擔任協助教學或研究工作四年以上，成績優良，並有專門著作者。

三、大學或獨立學院畢業，曾從事與所習學科有關之研究工作、專門職業或職務六年以上，成績優良，並有專門著作者。

第16-1條

助理教授應具有左列資格之一：

一、具有博士學位或其同等學歷證書，成績優良，並有專門著作者。

二、具有碩士學位或其同等學歷證書，曾從事與所習學科有關之研究工作、專門職業或職務四年以上，成績優良，並有專門著作者。

三、大學或獨立學院醫學系、中醫學系、牙醫學系畢業，擔任臨床工作九年以上，其中至少曾任醫學中心主治醫師四年，成績優良，並有專門著作者。

四、曾任講師三年以上，成績優良，並有專門著作者。

第17條

副教授應具有左列資格之一：

一、具有博士學位或其同等學歷證書，曾從事與所習學科有關之研究工作、專門職業或職務四年以上，並有專門著作者。

二、曾任助理教授三年以上，成績優良，並有專門著作者。

第18條

教授應具有左列資格之一：

一、具有博士學位或其同等學歷證書，曾從事與所習學科有關之研究工作、專門職業或職務八年以上，有創作或發明，在學術上有重要貢獻或重要專門著作者。

二、曾任副教授三年以上，成績優良，並有重要專門著作者。

第19條

在學術上有傑出之貢獻，並經教育部學術審議會委員二分之一以上出席及出席委員四分之三以上之決議通過者，得任大學、獨立學院或專科學校教師，不受前四條規定之限制。

第20條

偏遠或特殊地區之學校校長、教師之資格及專業科目、技術科目、特殊科目教師及稀少性科技人員之資格，由教育部定之。

在民國八十三年二月七日前已考進師範學院幼教系及八十四年十一月十六日前已考進師範學院進修部幼教系肄業之師範生，參加偏遠地區國民小學教師甄試，其教育學科及學分之採計，由原就讀之師資培育機構依實質認定原則處理之。

參加八十九學年度各縣市偏遠地區國小教師甄試錄取未獲介聘，符合前項規定者，應比照辦理。

第21條

學校職員之任用，依其職務類別，分別適用公務人員任用法或技術人員任用條例之規定，並辦理銓敘審查。

本條例施行前已遴用之學校編制內現任職員，其任用資格適用原有關法令規定，並得在各學校間調任。

各學校編制內現任職員，在本條例修正施行前，已具有公務人員或技術人員法定任用資格者，依現職改任換敘；其改任換敘辦法由考試院會同行政院定之。

學校人事人員及主計人員之任用，分別依照各該有關法律規定辦理。

公立學校職員升等考試規則由考試院定之。

第22條

社會教育機構專業人員及學術研究機構研究人員之聘任資格，依其職務等級，準用各級學校教師之規定。

前項機構一般行政人員之任用資格，依公務人員有關法規之規定。

第22-1條

各級學校專任運動教練之資格，由中央體育主管機關定之；聘任程序及聘期，由中央主管機關定之。

第三章　任用程序

第23條

（刪除）

第24條

（刪除）

第25條

（刪除）

第26條

各級學校教師之聘任，應本公平、公正、公開之原則辦理，其程序如左：

一、高級中等以下學校教師除依法令分發者外，由校長就經公開甄選之合格人員中，提請教師評審委員會審查通過後聘任。

二、專科學校教師經科務會議，由科主任提經教師評審委員會評審通過後，報請校長聘任。

三、大學、獨立學院各學系、研究所教師，學校應於傳播媒體或學術刊物刊載徵聘資訊後，由系主任或所長就應徵人員提經系（所）、院、校教師評審委員會評審通過後，報請校長聘任。

前項教師評審委員會之設置辦法，除專科以上學校由學校組織規程規定外，其辦法由教育部定之。

第27條

國民中、小學校長之遴選，除依法兼任者外，應就合格人員以公開方式甄選之。

中等學校教師，除分發者外，亦同。

第28條

學校職員之任用程序，除主計人員、人事人員分別依各該有關法律規定辦理外，由校長就合格人員中任用，並報主管教育行政機關核備。

第29條

社會教育機構專業人員、學術研究機構研究人員，由各該首長遴選合格人員，報請主管教育行政機關核准後聘任。

第30條

學校教師經任用後，應依左列程序，報請審查其資格：

一、國民中、小學教師應送由服務學校報請該管縣（市）政府轉報省教育廳審查。

二、高級中等學校教師應送由服務學校轉報省教育廳審查。

三、直轄市所屬公私立中、小學教師應送由服務學校轉報市教育局審查。

四、師範校院，設有教育院、系之大學附屬中、小學及國立中等學校教師，應送由服務學校層轉所在地區之省（市）教育廳（局）審查。

五、專科以上學校教師應送由服務學校轉報教育部審查。教師資格審查、登記辦法由教育部定之。

第30-1條

本條例修正施行前已取得講師、助教證書之現職人員，如繼續任教而未中斷，得逕依原升等辦法送審，不受大學法第二十九條之限制。社會教育機構專業人員及學術研究機構研究人員原依本條例聘任者，得比照辦理。

第四章　任用限制

第31條

具有下列情事之一者，不得為教育人員；其已任用者，應報請主管教育行政機關核准後，予以解聘或免職：

一、曾犯內亂、外患罪，經有罪判決確定或通緝有案尚未結案。

二、曾服公務，因貪汙瀆職經有罪判決確定或通緝有案尚未結案。

三、曾犯性侵害犯罪防治法第二條第一項所定之罪，經有罪判決確定。

四、依法停止任用，或受休職處分尚未期滿，或因案停止職務，其原因尚未消滅。

五、褫奪公權尚未復權。

六、受監護或輔助宣告尚未撤銷。

七、經合格醫師證明有精神病尚未痊癒。

八、經學校性別平等教育委員會或依法組成之相關委員會調查確認有性侵害行為屬實。

九、經學校性別平等教育委員會或依法組成之相關委員會調查確認有性騷擾或性霸凌行為，且情節重大。

十、知悉服務學校發生疑似校園性侵害事件，未依性別平等教育法規定通報，致再度發生校園性侵害事件；或偽造、變造、湮滅或隱匿他人所犯校園性侵害事件之證據，經有關機關查證屬實。

十一、偽造、變造或湮滅他人所犯校園毒品危害事件之證據，經有關機關查證屬實。

十二、體罰或霸凌學生，造成其身心嚴重侵害。

十三、行為違反相關法令，經有關機關查證屬實。

教育人員有前項第十三款規定之情事，除情節重大者及教師應依教師法第十四條規定辦理外，其餘經議決解聘或免職者，應併審酌案件情節，議決一年至四年不得聘任為教育人員，並報主管教育行政機關核定。

第一項教育人員為校長時，應由主管教育行政機關予以解聘，其涉及第八款或第九款之行為，應由主管機關之性別平等教育委員會或依法組成之相關委員會調查之。

被告為教育人員之性侵害刑事案件，其主管教育行政機關或所屬學校得於偵查或審判中，聲請司法機關提供案件相關資訊，並通知其偵查、裁判結果。但其妨害偵查不公開、足以妨害另案之偵查、違反法定保密義務，或有害被告訴訟防禦權之行使者，不在此限。

為避免聘任之教育人員有第一項第一款至第十二款及第二項規定之情事，各主管機關及各級學校應依規定辦理通報、資訊之蒐集及查詢；其通報、資訊之蒐集、查詢及其他應遵行事項之辦法，由教育部定之。

本條例中華民國一百零三年一月三日修正之條文施行前，因行為不檢有損師道，經有關機關查證屬實而解聘或免職之教育人員，除屬性侵害行為；性騷擾、性霸凌行為、行為違反相關法令，且情節重大；體罰或霸凌學生造成其身心嚴重侵害者外，於解聘或免職生效日起算逾四年者，得聘任為教育人員。

第32條

各級學校校長不得任用其配偶或三親等以內血親、姻親為本校職員或命與其具有各該親屬關係之教師兼任行政職務。但接任校長前已在職者，屬於經管財務之職務，應調整其職務或工作；屬於有任期之職務，得續任至任期屆滿。

第33條

有痼疾不能任事，或曾服公務交代未清者，不得任用為教育人員。已屆應即退休年齡者，不得任用為專任教育人員。

第34條

專任教育人員，除法令另有規定外，不得在外兼課或兼職。

第34-1條

專任教育人員，除法律另有規定外，因育嬰、侍親、進修、借調或其他情事，經服務之學校、機構或主管教育行政機關核准後，得辦理留職停薪。

前項教育人員留職停薪之事由、核准程序、期限、次數、復職及其他應遵行事項之辦法，由教育部定之。

第35條

第三十二條之規定，於社會教育機構、學術研究機構首長準用之。

第五章　任期

第36條

各級學校校長均採任期制，其任期應依相關法規規定。

前項校長卸任後，持有教師證書者，得免經教師評審委員會審議，依下列規定回任教師：

一、專科以上學校校長：逕行回任原校教師。

二、高級中等以下學校校長：依各級各類學校法律之規定辦理。

第37條

專科以上學校教師之聘期，初聘為一年，續聘第一次為一年，以後續聘，每次均為二年。

中等學校教師之聘期，初聘為一年，以後續聘，每次均為二年。

第38條

學校在聘約有效期間內，除教師違反聘約或因重大事故報經主管教育行政機關核准者外，不得解聘。

教師在聘約有效期間內，非有正當事由，不得辭聘。

第39條
（刪除）

第六章　附則

第40條
學校校長、教師及運動教練之職務等級表，由教育部定之；學校職員之官等、職等及職務列等，適用公務人員任用法之規定。
本條例施行前遴用之職員適用之原有薪級表，得配合相當職務列等予以修正。
第41條
私立學校校長、教師之任用資格及其審查程序，準用本條例之規定。但宗教研修學院校長，得以大學畢業，具有宗教研修教學經驗十年以上及宗教事業機構主管職務經驗六年以上者充任之。
第41-1條
高級中等以上學校擔任軍訓護理課程之護理教師，其資格、遴選、介派（聘）、遷調辦法，由中央主管機關定之。
第42條
本條例施行細則，由教育部定之。
第43條
本條例自公布日施行。
本條例中華民國九十八年十月二十三日修正之條文，自九十八年十一月二十三日施行。

國家圖書館出版品預行編目(CIP)資料

教育人力資源管理：核心實務與議題／林政逸著. -- 初版. -- 臺北市：五南圖書出版股份有限公司, 2024.08
面； 公分
ISBN 978-626-393-431-3(平裝)

1.CST: 教育人事行政
2.CST: 人力資源管理

526.6 113007983

1I85

教育人力資源管理
核心實務與議題

作　　者 — 林政逸
企劃主編 — 黃文瓊
責任編輯 — 陳俐君、李敏華
文字校對 — 陳俐君
封面設計 — 姚孝慈
出 版 者 — 五南圖書出版股份有限公司
發 行 人 — 楊榮川
總 經 理 — 楊士清
總 編 輯 — 楊秀麗
地　　址：106臺北市大安區和平東路二段339號4樓
電　　話：(02)2705-5066　　傳　　真：(02)2706-6100
網　　址：https://www.wunan.com.tw
電子郵件：wunan@wunan.com.tw
劃撥帳號：01068953
戶　　名：五南圖書出版股份有限公司

法律顧問　林勝安律師

出版日期　2024年8月初版一刷
定　　價　新臺幣450元

經典永恆・名著常在

五十週年的獻禮——經典名著文庫

五南，五十年了，半個世紀，人生旅程的一大半，走過來了。
思索著，邁向百年的未來歷程，能為知識界、文化學術界作些什麼？
在速食文化的生態下，有什麼值得讓人雋永品味的？

歷代經典・當今名著，經過時間的洗禮，千錘百鍊，流傳至今，光芒耀人；
不僅使我們能領悟前人的智慧，同時也增深加廣我們思考的深度與視野。
我們決心投入巨資，有計畫的系統梳選，成立「經典名著文庫」，
希望收入古今中外思想性的、充滿睿智與獨見的經典、名著。
這是一項理想性的、永續性的巨大出版工程。
不在意讀者的眾寡，只考慮它的學術價值，力求完整展現先哲思想的軌跡；
為知識界開啟一片智慧之窗，營造一座百花綻放的世界文明公園，
任君遨遊、取菁吸蜜、嘉惠學子！